Masaaki Saito
Christopher Stanton
Mark Shlaes
Ken Jakubzak
Scott Ramsey
Larry Williams

トレードの成功哲学

NLP Trader Coaching

**NLPでネガティブな無意識の欲求が
ポジティブに変わる**

村居 孝美【著】

【おことわり】
※本書内容に関するご質問は、下記のウエブサイトをご利用ください。

　　スーパートレーディングスクール REED
　　　http://www.reed-jp.com/

【免責事項】
※本書およびサンプルに基づく行為の結果発生した障害、損失などについて著者および出版社は一切の責任を負いません。
※本書に記載されている URLなどは予告なく変更される場合があります。
※本書に記載されている会社名、製品名は、それぞれ各社の商標および登録商標です。

はじめに

　本書を手にとっていただき、本当にありがとうございます。

　ただ、失礼ながら、本書に関心をお寄せいただいたということは、ひょっとしたら「トレードの成績が思わしくない」「スランプに陥っている」「大きな損を出してしまった」という現実に直面されているのではないでしょうか。なぜなら「トレード心理学」をテーマにした私のセミナーやスクールにお越しくださる方のほとんどが、そうした悩みを抱えているからです。

　しかし、少なくとも「トレードのうまくいかない原因が、自分の心理面にあるのではないか？」と感じているのであれば、大きく改善させる余地があるといえます。残念ながら、大多数の投資家が抱える"悩み"は、もっと漠然としたものでしかありません。

　「どの市場を試してもうまくいかない」「どの売買手法も長続きしない」「資金の大半を失ってしまった」「儲かるという商材を購入したが、まったく効果がなかった」……。

　個人投資家の9割は、株式や先物、FX（外国為替証拠金取引）などのトレードで負けているといわれます。これまで2000人近くの投資家と出会った私個人の経験からしても同じ印象です。一体なぜ、このようなことが起こるのでしょうか。

　実のところ、最初からトレードがまったくうまくいかず、ほとんど連戦連敗で資金を一方的に失っていく個人投資家は、比較的少数です。大半は、トレードで儲けた"良い時期"を多かれ少なかれ経験します。それでも、その大多数が損失の膨らむ"負のスパイラル"に遅かれ早かれはまってしまい、最終的には「敗者」となってしまうのです。

私のかつての失敗

かくいう私も、そのひとりでした。

私が本格的にトレードを始めたのは2004年です。人生で一番お金のない時期でした。わけあって、それまで順調に経営していた広告代理店をたたみ、唯一手元に残った車一台を売り払ったお金を元手に、トレードで人生の再スタートを切ることにしたのです。

ちょうどそのころはネット証券の発展期で、株価の上昇とあいまって株トレードが流行し始めていました。私は友人とともにシェアハウスに6畳の部屋を借り、そこに中古のパソコンを1台置いて、生活費を毎月4万円に抑えながら、トレード一本で生計を立てることを目指したのです。

幸い、トレードは出だしから好調で、資金は順調に増えました。やがて月100万円程度の利益をコンスタントに出せるようになり、まともなマンションにも引っ越すことができたのです。

今思えば、このときの私は、すっかり天狗になっていました。

「株って簡単だな。この調子で儲ければ、来年には億の資産を作るのも夢ではない！」

しかし相場は、そう甘くなかったのです。

2005年のある日、私は自分の売買ルールに従って買った某携帯会社の株価が、事前に決めておいた「当初の損切り（ロスカット）位置」まで下げているのを確認しました。普段ならすぐに損切りをして、次のチャンスを狙うところです。

ところが、このときはそのルールを破って、ポジションを維持してしまいました。気持ちが大きくなりすぎて、つい気が緩んでしまったのです。

ここからが悲惨でした。株価はさらに下げてしまい、ここまできたら下げ止まるはずだと思い込んでいた水準さえも割り込みます。しか

し私は「こうなったら我慢大会だ！」と、むしろムキになって買い増ししてしまったのです。

　こうした負けず嫌いで情熱的な私の性格は、これまでのビジネスであれば、うまく作用することがほとんどでした。ところがトレードの世界では、直情的・本能的に行動すると、遅かれ早かれ、大きく逆に作用するようにできています。これから詳しく述べていきますが、トレードとは、直情的・本能的な行動を非常に起こしやすいものであり、そして"情熱を傾けるべき方向"を非常に間違いやすいものなのです。

　この無計画な、その場しのぎのナンピン売買は、資金的にも精神的にも耐え切れず、大失敗に終わりました。1000万円近い損失です。

　ところが"悲劇"は、それだけではありませんでした。おろかにも私は、この多大な損失を一気にとり戻そうと"一か八かの大勝負"を仕掛けてしまったのです。

　今考えれば、やけになっていたのでしょう。その結果、運用資金のほとんどを吹っ飛ばすことになってしまいました。

　恥を忍んでこの話をするのは、トレードの世界では、このようにコツコツと増やしていった資金を「いっときの過ちの連鎖」によって、あっという間に失ってしまい、地獄へと落とされることが、本当によくあるからです。典型的な「敗者のパターン」といっていいでしょう。

つまるところは心理

　投資家が敗者のパターンに陥る原因のほとんどが、結局は同じところにあります——「心理面」です。私は、それに気づいたことで、その後、絶望の淵から這い上がることができました。

　人には、素晴らしいものをみて感動したり、愛する人を慈しんだり、悲しいときに一緒に涙を流したり……という、美しい心があります。ところがトレードの世界には、この心の生み出す感情が、逆に作用し

てしまう「ワナ」「落とし穴」が、各所に仕掛けられており、最終的にそれにはまり、そのまま敗者として終わってしまう人が多いのです。

　人には、それぞれ過去の経験などから作り上げられてきた価値観（評価基準）というものがあります。その価値観によって、さまざまな思い込みが生じてしまう。それが人間というものです。

　しかし、相場は「不確実性」のなかで戦う"生き残りゲーム"です。トレードの弊害となっている思い込みは柔軟にとり除き、改善していく術がなければ、ありとあらゆる相場に対応していくことができません。そしてそのためには、自分の売買技術（戦術）を常に磨いていくだけでなく、自分の心理を戦略的にトレードに適切な仕様に鍛え、改善していくのが有効といえます。つまり「メンタルトレーニング」です。

　残念ながら、メンタルトレーニングは、一朝一夕に達成できるものではありません。技術面の鍛錬と同様に、忍耐強く時間をかけて継続していく必要があります。

　しかし、技術面の鍛錬と同様、押さえるべきポイントもあるのです。そのポイントと鍛錬の筋道を提供するのが、本書の大きなテーマとなります。

　もっとも、ほとんどの投資家は、技術面の鍛錬はおろか、心理面には注目"すら"しません。トレードの問題点の多くが心理面にあることをまったく理解していないのです。

　多くは、手っとり早く、結果がすぐに分かる小手先の戦術のみを求めます。しかし、そのような"生兵法"では、遅かれ早かれ大怪我をしてしまうはずです。

　トレードに限らず、世の中には「簡単に」「誰でも」「ラクラク」「すぐに」といった宣伝文句が蔓延しています。そのような言葉に安易に乗って、何の準備も心構えもないまま始めてしまえば、必ずいつかは失敗するといっても過言ではないでしょう。

　たいした理解も覚悟もなく、数千円の本に書いてあるやり方を"表

面的に"ただ真似るだけで、すぐに数千万円を儲けられたり、数万円程度の情報料を払えば、すぐに数億円を儲けられたり、ネットに落ちている情報を拾って、他人に聞いて回っているだけで、数万円儲けられたり、高額のセミナーに参加して、すぐにスーパートレーダーになれたり……といった世界ではありません。理解した「つもり」になって、そういう気分に浸れるだけなのです。

　もちろん、技術面を極めるだけでも十分とはいえません。相場という"戦場"では、たとえどんなに優れた兵器を装備した戦術があったとしても、それを使いこなす「心技一体のトレード戦略」を立てなければ、遅かれ早かれ歴戦のプロたちとの駆け引きに負け、カモになるのがオチなのです。

勝者の心理を学ぼう

　相場の世界で長年利益を積み重ねながら生き残っている「勝者」に自分もなるためには、どうしたらよいか。それは、すでに成功している勝者の心理（勝者のメンタリティー）を「深いところから学ぶ」のが一番だと、私は考えています。

　勝者の心理を"真似ぶ"といってもいいでしょう。それも徹底的に。その道標と道筋、そしてスキルをNLP（脳神経言語プログラミング）のアプローチから提案しようというのが、本書の大きなテーマとなります。

　まず、自分の現在の状態（現状）を正確に認識します。次に、勝者の心理を「成功モデル（成功哲学）」として目標（理想）に設定します。そして現状と理想を対比して、どのような問題点と解決策があるかを具体的に明らかにし、継続的に最高のパフォーマンスを出せるようなトレード戦略と計画を立てるのです。

　なお、とかく心理学というと"例外"や"流派"が多いこともあっ

て、解説が難解になり、また難しい専門用語や抽象的な表現が使われがちです。実際のところ、NLPだけでも、いろいろな考え方や団体があります。

　そこで本書では「トレーダー心理学入門」というスタンスで、できるだけ専門用語を避け、同じ単語を使い、トレーダーには末節と思われる部分を省き、誤解を恐れず、ざっくりと説明するように努めました。もし、NLPそのものや、そのスキルに関心を持たれたら、巻末にいくつか専門書を挙げましたので、参考にしていただければと思います。

　本書の第3章で提案している成功モデルは、国内外のトレード勝者たちに実際に話を伺い、彼らの心理的角度からみた戦略の共通点を整理したものです。読者の皆さんには、この成功モデルを"土台"に加除修正をしていただくことで、自分なりの「理想像」を明確にしてもらえればと思います。

　第7章には、この成功モデルを作るために取材をさせていただいたトレーダーたちとのインタビューを掲載しました。

　世界的著名トレーダーのラリー・ウィリアムズ氏、ジャック・シュワッガー著『続マーケットの魔術師』（パンローリング）でもとり上げられたスコット・ラムジー氏、伝説的トレーダー集団「タートルズ」の流れを汲むケン・ジェイコブザック氏、100％システムトレードで500億円以上の資金を運用するクリストファー・スタントン氏、200人以上のトレーダーを育て上げたマーク・シュレイス氏――現在、最前線で活躍されている5人の海外トレーダーたちです。また、このインタビューでは、有限会社エム・ケイ・ニュースの益永研氏に大変お世話になりました。皆様には、貴重な時間を割いていただき、快くご協力いただきましたことを、この場を借りて厚く御礼申し上げます。

　インタビューでは、実際に益永氏と現地に向かい、単に技術面の考え方について聞くだけでなく、彼らの心理面からみた戦略について深

海外取材中に益永研氏(右)と

く探るよう努力しました。それぞれが、一見まったく正反対のことをいっているようにみえることがあるかもしれません。しかし、行間を読みとってもらいたいと思います。実は同じ意味のことを違う表現で話しているにすぎないと気づくでしょう。

また同章には、日本の個人システムトレーダーの草分けである斉藤正章氏の「回答」も掲載しています。斉藤氏には、本書の重要ポイントのひとつである自己認識作業にも回答していただきました。こちらも読者の皆さんがご自身で回答するとき、また目標を設定するときに良い参考となるはずです。

それぞれ実績のある「本当の勝者」たちであり、とても価値のあるインタビューだと思います。個人投資家が"本当"の勝者を何人も探し出し、話を聞くのは、実に至難の業といえるでしょう。この業界の方々とおつき合いをさせていただくようになって分かったことのひとつに「よく知られているカリスマトレーダーの"裏話"を聞くたびに、がっかりさせられることが多い」というものがあります。

本書では「理想像」を自分のものにするため「5つのステップ」にまとめました。このプログラムを私は「NLPトレーダーコーチング」と名づけています。

　私が残念に思うのは、これから第1章で挙げるような"負けるべくして負けている"投資家はいうまでもなく、かなり技術面で勉強をして、トレード経験を重ねているのに何年も"一皮むけずにいる"投資家が、たくさんいることです。こうした人たちも、このNLPトレーダーコーチングを参考に自分の現状を深く知り、理想像を設定し、問題点を改善し、戦略と計画を立てることが実現できれば、勝者の仲間入りができるはず、と私は信じています。

　人は、他人のことは、よくみえるものです。ひょっとしたら本書で失敗例として挙げた人たちのことを「素人が……、バカだなあ……」と思うかもしれません。

　しかし私の経験では、そうした人に限って、自分のことは、まったくみえていないことが多いのです。得意満面に他人を批判していながら、自分ではたいしたことができない人は、読者の皆さんの周りにも結構いるかもしれません。自分を客観的にみるというのは、想像以上に面倒で大変な作業なのです。

　私が掲げている使命のひとつは、ひとりでも多くの方が勝者へと変わる「きっかけ」を提供し、そしてひとりでも多くの同志とネットワーク（繋がり）を築いて、広げていくことです。この「使命」については、本書の終わりにもお話ししましょう。

　本書が皆さんの成功の一助となりますことを心から祈っております。

村居 孝美

CONTENTS

はじめに ──────────────────────────── 1
 私のかつての失敗……2
 つまるところは心理……3
 勝者の心理を学ぼう……5

第1章　NLPトレーダーコーチング

1-1　なぜ個人投資家は最終的に負けてしまうのか ──── 16
 ①敗者はトレードの秘訣さえ知れば簡単に儲かると思っている……18
 ②敗者は本当のところ成功したいと思っていない……20
 ③敗者は努力の方向が間違っている……21
 ④敗者には成功に導いてくれる師匠やメンターがいない……23
 ⑤敗者はお金に対してネガティブな感情を持っている……25
 ⑥敗者は目先の値動きに翻弄されて大局的な見方ができない……27
 ⑦敗者は損益を本能のままに受け入れてしまう……28
 ⑧敗者は勘任せでトレードをしてしまう……30
 ⑨敗者は少ない経験だけで断定をしてしまう……40
 ⑩敗者は自己を正当化する……41
 ⑪敗者は勝率に振り回される……42
 ⑫敗者は負の信念にがんじがらめになる……45
 言うは易く行うは難し……47

1-2　5つのステップでトレード勝者を目指す ──── 50
 三位一体のトレード戦略……50
 売買手法のスタイル……52
 システムトレードは長期的視野で……55
 なぜNLPなのか……56
 モデリング……58
 5つのステップの流れ……62

目次

第2章　自己認識

2-1　無意識の欲求が行動の核となる ── 68
真の動機……68
潜在意識と本音……69
本音を引き出す効果的な質問……71
６つの感情欲求……74
自分の欲求を探る……78
典型的な敗者の回答……85

2-2　トレーダーとしての自分の全現状を知る ── 94
その信念はトレードにポジティブかネガティブか……95
ニューロロジカルチェック……96
自分を深く認識すると何をすべきかみえてくる……108

第3章　目標設定

3-1　勝者の思考を体系的に整理する ── 126
勝者の自己認識……126
勝者の信念と価値観……127
勝者の戦略とスキル……137
勝者の行動……139
勝者の環境……145

3-2　理想を明確にする ── 146
理想のトレード環境……146
自分の理想形を書き出す……149

CONTENTS

第4章　問題解決と戦略

4-1　資金管理の心理学 ── 154
- リスク管理は生き残りのカギ……154
- 期待値……155
- ポジションサイズ……156
- ポジションサイズの方程式……160
- リスクリターン比率……162
- 最大ドローダウン……164
- 新しい手法は必ずウォーミングアップから……167

4-2　問題点と解決策を探り出す ── 169
- 解決シートの作成……169
- 問題点と解決策を書き出すポイント……172
- 解決シートの具体例……174

4-3　信念をより深く探る ── 185
- 無意識の自問……185
- トレードに理想的な信念を手に入れる……198
- 理想的な信念を引き出す一例……200

第5章　メンタル改善のスキル

5-1　解決策を遂行するために ── 210
- 心理的フィルター……211
- 人間の変化の構造モデル……214
- 感覚とサブモダリティ……217

目次

5-2　環境を創造する ── 220
　ネガティブアンカー……220
　アンカリングのポイント……221
　環境をアンカリングする……224
　ネガティブアンカーを中和する……225

5-3　視点を変える ── 228
　知覚のポジショニング……229
　ディズニーストラテジー……232

5-4　記憶に伴う感情を変える ── 234
　サブモダリティを変える……235
　サブモダリティ変化の例……238

5-5　悪癖を根本から改善する ── 244
　悪癖の利得を探る……244
　ポジティブリフレーミング……247

5-6　偏見を自覚して解消する ── 250
　フラットな視点を心掛ける……251
　偏見を外す戦略……253

第6章　事業計画

6-1　戦略を維持する計画と習慣を作る ── 258
　理想形から事業計画を立てる……259
　ビジョンボードの作成……263
　運動の習慣化……264
　毎日のポジティブな問いかけ……264
　やる気を向上させるキーワード……269
　事業計画表を作る……270

CONTENTS

第7章　トレード勝者へのインタビュー

7-1　ラリー・ウィリアムズ ── 276
トレードへの情熱変わらぬ世界で最も有名な個人トレーダー

7-2　スコット・ラムジー ── 291
ラリー・ウィリアムズが「世界最高」と激賞する裁量トレーダー

7-3　ケン・ジェイコブザック ── 305
立会場のトレーダーからFX運用のファンドマネジャーへと転身した"第三世代のタートル"

7-4　クリストファー・スタントン ── 316
完全自動売買で500億円超を分散運用するシステムトレーダー

7-5　マーク・シュレイス ── 336
200人以上のトレーダーを育て上げたシカゴの伝説的サヤ取りトレーダー

7-6　斉藤正章 ── 361
約3年で6000％近くを弾き出し現在は年利40％の個人システムトレーダー

「欲求を探る」への回答……362

「感情を探る」への回答……366

「過去の選択を探る」への回答……369

「無意識の自問をみつける」への回答……371

「信念とルールを探る」への回答……373

「ニューロロジカルチェック」への回答……374

7-7　インタビューのまとめ ── 387

さいごに ── 389

目次

付録　システムトレードについて

A-1　売買ルールを作ろう —— 394
　まずは売買アイデアから……395
　売買ルール作成の流れ……397

A-2　システムトレードでありがちな失敗例 —— 406
　①毎日の単純作業ができない……406
　②発注ミスを繰り返す……407
　③相場の異常時に発注できない……409
　④連敗に耐えられず裁量を入れてしまう……409
　⑤大負けをとり戻すために暴走する……410

A-3　検証ソフトでバックテストをする —— 412
　バックテストの手順……414
　検証ソフトを使った資金管理……418

参考文献 —— 424
索引 —— 425

NLPトレーダー
コーチング

第1章

Christopher Stanton

Mark Shlaes

Ken Jakubzak

Scott Ramsey

Larry Williams

Masaaki Saito

*NLP Trader Coaching:
How to Achieve the Successful Trader's Mindset*

1-1　なぜ個人投資家は最終的に負けてしまうのか

　株式市場の投資家がどれくらいの損益を出しているか計る目安のひとつに「信用評価損益率」というものがあります。
　これは信用取引（少額の担保金で証券会社から株式や資金を借り入れて売買する手法）で株式を買っている投資家が、どれほどの含み損益を抱えているか計算したものです。証券取引所が原則として毎週水曜日に発表している統計値から算出できますし、主要ネット証券でも独自に顧客全体の数字を公表しています。
　外国人投資家や機関投資家を含めた全市場参加者から算出される損益率と、個人投資家の利用が多いネット証券の損益率とでは、数値自体に違いがあるものの、推移の仕方はほとんど変わりません。また個人投資家は、ヘッジ売り（基本的には保有する現物株の価格変動リスクを回避するための手法）や空売り（借りた株を売却し、後ほど買い戻して返却する手法）といった信用売りよりも、信用買いに大きく偏る傾向があります。
　そのため信用評価損益率は「個人投資家がどれくらい勝っているのか？」を判断する指標として利用されているのです。
　例えば、損益率がマイナス20％を下回ってくると、信用買いをした個人投資家に大きな含み損が生じていると考えられます。追証（担保金追加の請求）発生の可能性が高く、運用資産に限界のある個人投資家がポジションを投げ売りせざるを得なくなれば、売りが売りを呼ぶ展開となり、下げ相場の大底が近い（いわゆる「セリングクライマックス」を示唆している）と考えられるわけです。
　一方「損益率がゼロに近づいたら相場はもう天井に近い」といわれ

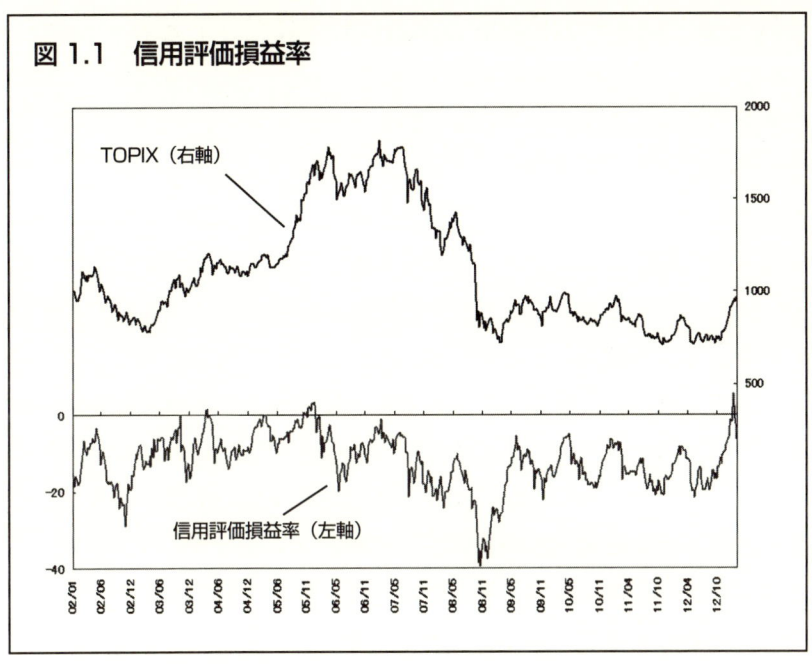

図 1.1　信用評価損益率

ています。それは**図1.1**のグラフからも明らかです。

　ほとんどの期間で損益率はゼロよりも下で推移しています。つまり「個人投資家の大半が勝ちだしたら、上昇はいったん終わり」「個人投資家の大半は勝てない」ということが前提となっているわけです。

　これは株式の信用取引に限ったことではありません。現物株はもちろん、FXや先物市場でもみられる傾向です。どの市場でも「個人投資家の大半は負け組である」という前提で考えられています。

　では、なぜ個人投資家の大半は敗者となり、失敗してしまうのでしょうか。まずはトレードにみられる典型的な失敗例「敗者のパターン」を具体的に確認していきましょう。ここで敗者の問題点を具体的に確認しておけば、後ほど自分自身の現在の心理状態を確認するときに、効率的に作業ができるはずです。

①敗者はトレードの秘訣さえ知れば簡単に儲かると思っている

　トレードは、大まかにみれば、勝つか負けるかなので、一見簡単そうにみえます。本屋に置いてある『○年であなたも億万長者』『すぐに儲かる○○○』といったタイトルの本をみれば、誰もがあっという間に大金持ちになれるような気がしても、おかしくありません。

　そのため、初心者が少しでも儲かると、つい有頂天になってしまい「向かうところ敵なし」という気持ちになりやすくなります。ところが、さらに豪快に大きなリスクをとるようになると、遅かれ早かれ有り金のほとんどを失ってしまうのです。

　すると「自分が損をしたのは、トレードの秘訣や情報を知らなかったからだ。それを知れば簡単に儲けられるはずだ」という"幻想"にとりつかれる人がいます。勝ち組には何か特別な秘密の手法や情報があるに違いないと思い込んでしまうのです。

　そのため、その手の情報をすぐに、うのみにしてしまいます。そして投資顧問会社や情報提供会社から高いお金を払って早耳情報や推奨銘柄、みせかけの売買システム、情報商材を購入してしまい、負のスパイラルへと巻き込まれていくのです。

　事実、世の中には『勝率95％の○○』や『年間で○○円稼ぐ投資法』といったようなタイトルで、ひとつのテクニックのみに特化した本や雑誌、セミナーなどが蔓延しています。逆にいえば「売買テクニックさえ覚えれば絶対に勝てる」という個人投資家がそれだけ多いということです。

　よく相談者の方から「この本に書いてある売買手法はどうでしょうか？」「投資顧問会社の会員になって、有望銘柄の情報を買ったら儲かりますか？」と聞かれます。しかし、かつて私にトレード戦略の手ほどきをしてくれた先生がこう教えてくれました。

「実際にトレードをしたことがない人がトレードの本を書いている

こともあるよ」

　トレードを始めたばかりのころは、その真贋を見分けることはできませんでした。しかし、経験を積んでいくうちに「これは未経験者が書いているな」とか「この相場局面なので、たまたま当たっただけだな」とか「簡単そうにみえても実はものすごくリスクが高い投資法を書いているな」とか、分かるようになりました。

　小手先の戦術のみで相場という戦場に出ることは、素人が重いマシンガンを持って戦うことと同じです。それを使いこなすだけの能力、そして心構えがないと、どんなに強力な武器であっても、まったく機能しません。しかし、ほとんどの個人投資家はそのことに気がついていないのです。

　エコノミストやアナリストの情報を聞けば勝てる、投資顧問会社から銘柄さえ教えてもらえば儲かるといった思い込みから、失敗に陥るケースもあります。よく考えれば当たり前のことです。情報や銘柄だけを教えてもらっても、どのタイミングで買って、どこで利益を確定するのか、シナリオどおりにいかなかったらどこで手仕舞えばよいのかなど、具体的なことはまったく分かりません。

　たとえシグナルを教えてもらえたとしても、自分自身がその論理を理解していなければ、心底信じられませんから、怖くて継続できないでしょう。肝心な資金管理も人任せでは怖いですし（運用資産が100万円の人と1000万円の人では目標金額もリスク金額も変わってきます）、心理面はどう対処すればいいのかも分かりませんから、得てしてルールどおりにできなくなります。

　そもそも投資の世界で100％はあり得ません。確実なことは何もないのです。それを頭で分かっている「つもり」でも、人には生活していくうえで培ってきた"常識"によって「正しいことは必ずある」という思いが無意識に働いてしまいます。そのため「必ず（高い確率で）勝てる売買手法、情報はどこかにあって、そのとおりにやれば絶対勝

てる」という心理に偏ってしまう傾向があるのです。
　結局のところ相場で勝ち残るためには、この"常識"を克服しておく必要があるのです。

②敗者は本当のところ成功したいと思っていない

　私の知り合いに、いろいろなダイエット法を試しては、いつも失敗している人がいます。
　結局のところ、健康的に痩せるためには、方法は何であれ、自分が太った原因を知り、心を入れ替えて目標を明確にすること、そして体調管理に基づいた計画に沿って成功した自分にどんな恩恵があるかイメージしながら、根気よく地道に続けていくことしかありません。
　考えてみると、ダイエットとトレードは"増やす"と"減らす"で理想的な結果がまったく逆とはいえ、成功に必要なことが非常に似通っています。
　彼は「20キロ痩せるまで、今日からお酒や脂っこい食事を一切とらない」と宣言しました。ところが、それから数カ月後に会っても、体型はまったく変わっていないのです。
　理由を聞くと「この方法では無理だから、もっと楽で簡単な方法にする」とのことでした。「飲みたい」「食べたい」という短期的な快楽に、ダイエットに成功してもたらされる喜びは、負けてしまったのです。
　これはトレード敗者にも当てはまります。口では「成功したい」というものの、無意識のレベルでは、切った張ったの過激なスリルを味わうことが快感で、そのためだけにトレードを繰り返している人が、思いのほか、たくさんいるのです。
　こうした人は真剣にトレード、そして自分と向き合いませんし、トレードで生き残るための戦略を学ぼうともしません。たとえ学んだとしても、それを実践し、決めたことを守り続ける根気がないのです。

このような方々に私が「どうして真剣に学び、決めたことを守り続けようとしないのですか？」と尋ねると、異口同音に次のような返事が返ってきます。
　「だって面倒くさいじゃないですか。第一、本当に儲かるか分からないし……」
　かつて、ある受講者が私に次のような発言をして、驚いたことがあります。
　「そこまでまじめにトレードの勉強をしたいとは思っていませんよ。毎月数万円ほど勝てればいいですから」
　勝者は、技術や戦術を懸命に磨いています。しかも、資金管理や自分の心理と一体になった体系的な戦略を洗練させればさせるほどトレードの質が良くなることを知っているのです。
　一方、敗者は、自分が負のスパイラルに陥っていることさえ知りません。魚をもらうことばかり考えて、魚の釣り方を謙虚に学び続け、自分で忍耐強く釣り続けようとしないことが、負け組に入る大きな理由なのです。

③敗者は努力の方向が間違っている

　魚の釣り方を覚えようと、日本経済新聞や会社四季報を隅々読んでみたり、テレビの経済ニュースやネットで早耳情報や推奨銘柄をチェックしたり、と大忙しの人がいます。
　しかし、そのようにして個人投資家に入ってくる"二次情報"そのものには、トレードに継続的な収益をもたらす「優位性（エッジ）」はありません。そのほとんどが誰もが知っていることで、相場に織り込まれているからです。
　あるいは、大学教授やエコノミストといった"相場の転換点をズバリ当てた"という人が解説しているからと後講釈のマクロ経済を勉強

する人もいれば、書いた本人さえも分かってなさそうな本にある難解な言葉や数式をありがたがって勉強しようとする人もいます。

しかし、実はリスクの高い投資法であったり、一般投資家が実践で応用できない情報であったりすることがほとんどです。

それが趣味だと認識しているならば問題ありません。しかし残念ながら、わざわざ時間をかけてそのような勉強を必死にした人がトレードに挑み、惨敗しているのを私は間近でみているのです。

揚げ句の果てには、運用資産が少なくなってくると、レバレッジを大きくして大バクチを打ったり、1日に何回もトレードを繰り返したりして、損をとり戻そうとします。そして、さらに損を重ねてしまうのです。

「やっぱり自分には投資の才能がないんだ」と諦めてしまう人もいれば、「自分には運がなかった」と思う人もいます。なかには「自分がこれだけ勉強したのにうまくいかないのだから、誰もうまくいくわけがない」「成功者はみんなインチキだ」と思い込む人もいる始末です。

大学受験と同じように、問題に答えを出せるだけでトレードで勝てるとは思っていないでしょうか。しかし"教科書"どおりにやって勝てるのであれば、誰も苦労はしません。

PER（株価収益率）やPBR（株価純資産倍率）といった株式評価指標、あるいは損益計算書や貸借対照表といった財務諸表、雇用統計や物価指数などのマクロ指標、移動平均やストキャスティックスなどのテクニカル分析……と、単に教科書的な知識をいろいろと広げていくよりも、どこに大半の人にまだ知られていない優位性があるかを探し、自分のトレードでどう活用できるか研究することのほうが、よっぽど重要です。

敗者の多くは「何をどう学べばいいのか」「自分がトレードで成功するために重要な情報とは何か」が分からず、間違った方向に努力を続けています。肝心なのは、自分の戦術の"ネタ"となる知識が何か

を戦略的に知ることです。

　むやみやたらに知識を詰め込みすぎると、金銭的にも時間的にもロスが生じ、トレードにも悪影響を及ぼすことになります。別に有名大学や証券外務員の試験に合格したからといって、トレードで成功できるわけではないのです。

④敗者には成功に導いてくれる師匠やメンターがいない

　お金を残すには「稼ぐ」「貯める」「儲ける」の3つの方法があります。例えば、懸命に仕事をして給料を得て（稼ぐ）、所得以上に消費をしないようにして（貯める）、残った資金の一部を何かしらの"事業"に投じて、お金にお金を生ませようとします（儲ける）。

　しかし普通の日本人は、子供のときはもちろん、大人になっても投資教育や企業家教育を受ける機会が、ほとんどありません。そのため多くは「儲ける → 投資 → ギャンブル → 一か八か → 危険 → 悪いこと」と、ネガティブに連想しがちです。

　そういう環境では、自分がトレードという「事業」に投資をすることについて誰から学んだかで、すべてが変わってきます。

　もしトレードは損失リスクがあるものだと教わらず、単なるうまい儲け話として勧誘されたのなら、その人は本物の投資家ではなく、投資家に寄生する"営業マン"ではなかったでしょうか。あるいは、株は損切りをせず、ずっと保有していればいつかは上がると教わったのなら、その人自身は現在そのやり方で成功しているでしょうか。

　友人や周りの人もそうです。その人が勝者でなければ、あなたが投資で成功することを邪魔することはあっても、助けてはくれません。知ったかぶりの知人のアドバイスをうのみにして、大事な資産を失うのも、よくあるケースです。

　私が国内外のトレード勝者に話を聞くと、多くは"師匠"や"メン

ター"にあたる人たちと出会っていました。

　メンターとは、いってみれば、自分が間違った方向に進もうとしたとき、常に正しい指針を示してくれる人のことです。トレードを続けていると、迷い悩む時期が少なからず訪れます。そうした"暗闇"に包まれたとき、明かりを灯してくれるナビゲーター的な人がいることで、不安が解消され、再び冷静に軌道修正することが可能です。

　もちろん、師匠やメンターが必要不可欠というわけではありません。自分の失敗から謙虚に学び、独自に体系化できる人もいます。

　しかし、少なくとも敗者には、そうした人がいないし、自分で解決もできないのです。自分のトレード戦略やトレード哲学に正しい影響を与えてくれる師匠やメンターと出会えたとすれば、それは非常に貴重なことといえます。

　後ほど詳しく述べますが、トレードで成功するためには、売買手法だけではなく、それと個人心理と資金管理を一体的・体系的に戦略として習得しておかなければなりません。これを師匠やメンターは直接的・間接的に教えてくれます。

　投資大国である米国には、この習得を長期的にプログラム化して提供している投資教育会社やトレードコーチ会社などが数多く存在します。そしてそれぞれの投資家が、そこから学んだことを独自のトレード戦略に応用し、実践しているのです。

　しかし日本では、私が知るかぎり、多くの投資学校は短期集中型で特定の売買手法を解説するだけで、体系的に学び、長期的に指導を受けられるところがほとんどないように思います。それは、多くの投資家が、売買手法にしか興味を示さないことにも一因があるでしょう。

　実際「技術と心理の一体化」「トレード心理学」と私がいうと、うさんくさい自己啓発か何か、むしろ人の不安を増長するだけだと思う人もいるくらいです。しかし、そのように主張する人の大半は、本当に今のままで結果を残しているのでしょうか。

⑤敗者はお金に対してネガティブな感情を持っている

　トレードで負のスパイラルに陥ってしまう理由のひとつに、無意識に「お金は諸悪の根源」と思っていることが挙げられます。「金儲けをしている人は悪い人である」「金儲けは悪いことであり、悪の道に進みたくない」という感情が、無意識に自分自身に暗示をかけてしまい、トレードで利益を上げることを抑えてしまうのです。
　同時に「お金がなかったせいで苦労をした」などと考えていると、自分や他人に対して投資をすることに躊躇してしまいます。自分が成長するために必要な自己投資ですら避けてしまうのです。
　「トレードで儲けたお金は"あぶく銭"だから悪いお金だ」と思い込んでいる人もいます。この場合、いったん利益を上げたあとに、大きな損失を出してしまうと「どうせあぶく銭だから、なくてもともと」という発想で、さらにリスクの高い勝負に出てしまいがちです。「イージーカムイージーゴー」の考え方では、損失を倍増させるような行動をとるようになってしまいます。
　自分のお金に対する感情がトレードに深く影響していることを理解している人は、ほとんどいません。お金に対する感情の根源を知るためには、子供のときのトラウマ、自分の両親にとってお金とはどういうものであったかを探ることが重要となるときもあります。
　例えば、私の相談者のなかに、子供のとき父親がギャンブルにのめり込んでしまい、近所からお金を借りまくったために、周囲から白い目でみられて苦労したという女性投資家がいました。その体験から、彼女は「お金を絶対になくしてはいけない」「お金をギャンブルに使ってはいけない」と強く感じ、お金に固執するあまりに、毎日昼も夜もがむしゃらに働き、贅沢な生活はいっさいせず、ひたすらお金をためる努力をしてきたそうです。
　この「お金を絶対になくしてはいけない」という無意識の感情が、

トレードではポジションに含み損が出るとすぐに損切りをしてしまうという行動を彼女にとらせていました。事前に損切りの位置を決めているのに、その前に損切ってしまうのです。いわゆる「損切り貧乏」のパターンといえます。

　彼女は、トレードを仕掛けたら、損切りの位置にストップ注文を指しておいて、パソコンの電源を消し、気分転換のために家事をすると決めました。ところが、掃除機をかけている間にも無意識に「お金を絶対になくしてはいけない」という強い感情がわきあがり、心配でいられなくなって、いつの間にかパソコンの前に座って、損切りを繰り返してしまうのです。

　この問題の効果的な解決法は「お金を絶対になくしてはいけない」という感情を改善することにあります。この場合、その糸口となるのは父親への恨みですから、過去に戻り、父親に対する感情を直すわけです。

　父親とは、借金が原因で、子供のときに母親と一緒に別離したため、疎遠となっていました。ところが、久しぶりに会ってみると、心の優しい父親であったことに気がついたのです。むしろ母親が厳しい人で、そのためにギャンブルに逃げていたという一面もありました。

　そして、父親に恨みしかなかった感情が緩やかになってきたことで、彼女はようやく「受け入れる姿勢」が出てきたのです。彼女は「成功者のお金に対する感情はどういうものですか？」と私に聞いてきました。

　ちなみに、勝者はトレードにそうした感情を入れません。第7章のインタビューに登場するFXトレーダーのケン・ジェイコブザック氏は、常に「パーセント」でしか話をしませんでした。いくら儲かった、いくら損をしたといった、金額で話をしないことで、お金という感情を入れていないのです。

　一方、私がセミナーでデイトレードの実演をして4万円程度の利益

を出したとき、急に怒り出した人がいました。その人は普段パートで働いており、自分が何日もかけて稼いでいる金額をあっという間に儲けたことが許せなかったのです。

　このように勝者と敗者では、お金に対する考え方が決定的に違うのです。

⑥敗者は目先の値動きに翻弄されて大局的な見方ができない

　2008年のリーマンショックによる株価暴落で「資産が半分になってしまった」「今までの利益が吹っ飛んでしまった」という投資家が続出しました。また、2011年の東日本大震災による株価急落でも「資産が吹っ飛んだ」という人がいます。

　しかし、あえて強い言葉でいわせてもらえば、このときに大きな損失を出した投資家の多くは、失敗すべくして失敗しているのです。得てして敗者は「サブプライムのせいで……」「ライブドアのせいで……」「円高のせいで……」「震災のせいで……」と、何かの"せい"にして自分を納得させ、傷をなめあう仲間を探そうとする傾向があります。しかし、そういう人は今後も何かのせいにするだけで、敗者のまま退場していくのです。

　株式市場に限らず、また短・中・長期の時間枠に限らず、相場は人（人気＝需要と供給）で成り立っています。何百年も前からバブルとその崩壊の繰り返しです。価格が大きく上昇しやすい時期と大きく下落しやすい時期があります。

　個人投資家の多くがトレードに参加するのは、相場の大局が底入れしたとき（自分も含めて誰もが絶望しているとき）ではありません。一番盛り上がっているとき（自分も含めて誰もが楽観的なとき）です。イケイケの大盛況ですから、PERやROE（株主資本利益率）が実際にどうであれ、どの銘柄もすでに"過剰評価"となります。しかし"猫

も杓子も"株を買ってしまったら、それよりも高い価格で誰に売れるというのでしょうか。

そして、しばらくすると何かのきっかけで上昇トレンドは崩壊を始めます。例えば、08年のリーマンショックは、前年に発生したサブプライム危機がきっかけとなりました。しかし、いってみれば、きっかけは何でもいいのです。

調子に乗ってどんどん資金を投入した投資家は、得てして最初の利益の何倍もの損失を被りがちです。それにもかかわらず、なかには「もう大底だろう」と思って、大きく逆張りを試みる投資家もいます。しかし、ここでさらに大きな相場観で出口戦術を含めた作戦を立てなければ、さらなる暴落で傷口を広げてしまう可能性があるのです。

⑦敗者は損益を本能のままに受け入れてしまう

1979年、ダニエル・カーネマン米プリンストン大学教授とエイモス・トベルスキー米スタンフォード大学教授は、さまざまな実証研究の結果、次の原則を発見しました。

> 「人間には、同額の利益と損失では、損失をより高く評価する（利益よりも損失に敏感に反応する）という性質がある。これを"損失回避性"と呼ぶ。そのため利益から得る満足よりも、同額の損失から受ける苦痛のほうが大きい」

「プロスペクト理論」と呼ばれるこの原則は、**人間が本能的（つまり損失回避性のまま）に行動するとトレード敗者になる**ことをうまく説明してくれています。カーネマン教授は、この功績によって2002年にノーベル経済学賞を受賞しました（トベルスキー教授は1996年に亡くなられています）。

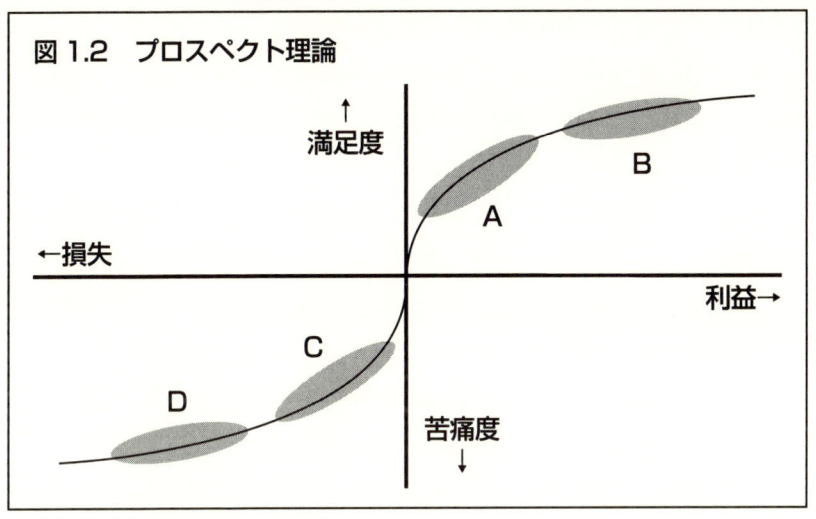

図1.2　プロスペクト理論

　例えば、ある株を100万円で買ったとしましょう。この株が110万円に値上がりすると（図1.2のA地帯）、人の満足度は急激に上がります。喜びのあまり「10万円あったら○○が買えるな」と、ここで慌てて利食いをしてしまうかもしれません。

　ところが、110万円が120万円に、120万円が130万円に値上がりするほど（図1.2のB地帯）、その感動は相対的に薄くなります。A地帯のときほど満足度は急激に上がりません。

　むしろ、120万円が110万円に、110万円が100万円に値下がりして、再びA地帯までくるほど「10万円も損した！」という気分が強くなります。満足度は急角度で落ちていくわけです。

　そして、100万円が90万円に値下がりしてくると（図1.2のC地帯）、損を出したことへの怒り、悔しさ、悲しみといった感情が急激にこみ上げてきます。その精神的苦痛度はかなりのもので、損を認めることを拒否しようとするため、損切りができません。

　ところが、80万円から70万円に値下がりすると（図1.2のD地帯）、今度は感覚がマヒしてしまいます。「もうどうでもいいや。いつかは

上がるだろう」という投げやりな気持ちです。

　幸い、80万円から90万円まで値が戻ったとしても、苦痛がなくなったわけではありません。「利益がなくてもいいから（苦痛さえなくなればいいから）100万円まで戻ってほしい」という感情に支配されます。そのため損切りができず、売り場を逃し、いわゆる「塩漬け」になるわけです。

　このように本能のままに損益を受け入れると、ポジションに利益が乗ったばかりのところで、小心になって慌てて利益を確定しようとします。また、逆に損失が出てくれば、損切りをするという苦痛に耐えられず躊躇し、塩漬けでその後のチャンスを逃したり、ナンピン買いをして結果的に損失を膨らませたりするのです。

　勝ったときには少ししか利益を出せず、負けるときには大きく損失を出してしまう悲惨な行動を「損大利小」といいます。

　逆にいえば、勝者となるには、アプローチは何であれ結果的に「損小利大」とすればいいのです。そして、損大利小を損小利大に変えるためには、人間が本来持つ損失回避性を排し、合理的に行動するための心理に無意識のレベルから改めなければなりません。

⑧敗者は勘任せでトレードをしてしまう

　仕事柄、個人投資家からいろいろな失敗談や悩みを聞きます。特にトレード初心者にありがちなのが次のような相談です。

　「買った株が目減りして、資産が4分の1になってしまった」「株よりもFXのほうが儲かると聞いて乗り換えたら、大損を出してしまった」「ポジションに利益が乗ったので手仕舞おうか迷っているうちに、損失になってしまった」「業績の良い銘柄にしか投資していないのに利益が全然上がらない」

　私は、こうした話を聞くたびに「その行動をとったとき、どのよう

な考えがあったか」を尋ねるようにしています。

――ここで買おうと思った理由は？　仕切る場所は前もって決めていましたか？

　だいぶ下がってきて、そろそろ大底かなと思ったので、ここで買って持っていれば、そのうち上がるかなと……。さらに下がるとは思っていなかったので、損切りなんて考えていませんでした。

――株とFXのそれぞれのメリットとデメリットを十分に理解し、納得のうえで変更したのですか？

　いえ、友人が「FXは資金が少なくても儲かると大きい」と話していたので、つい……。

――仕掛けたときに、利益目標と損切りの位置は、あらかじめ決めてありましたか？

　いえ、特に決めていませんでした。買ったらすぐに値上がりしたので、嬉しくて皆に儲かったと自慢しているうちに、気がついたら買った値段よりも下がっていたのです。

――何を基準に業績が良いと判断したのですか？　チャート分析など別の方向からも分析をしましたか？

　ニュースで新商品が人気だととり上げられていたので……。それに著名なアナリストが推奨していたので、下がることはないだろうと思いました。チャートはみていませんでした……。

このように、返ってくる答えは、つまるところ「いや、ただなんとなく……」というものがほとんどです。はっきりとした根拠があるわけではなく、要は勘に任せてしまうのです。トレードでいえば、次のようなパターンです。

「おっ、XYZ社の株価が上がっているぞ。この前、新聞に新商品が売れているという記事があったしな。よし、この銘柄に注目だ」

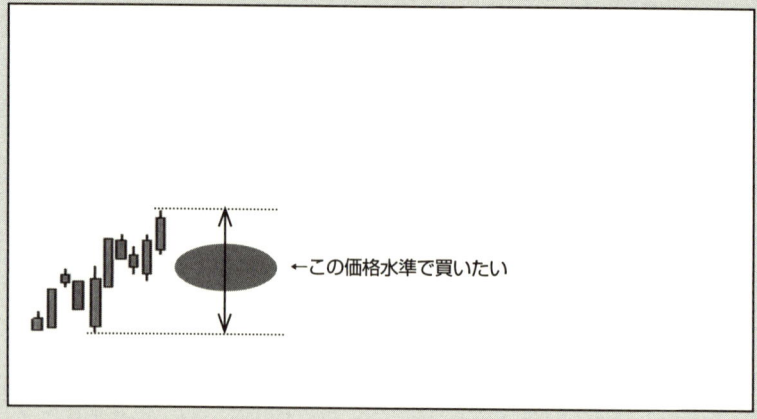

「上昇が続いている。これだけ上げれば、一度は下がりそうだ。株価が半値押しとなったところで、買いを仕掛けよう」

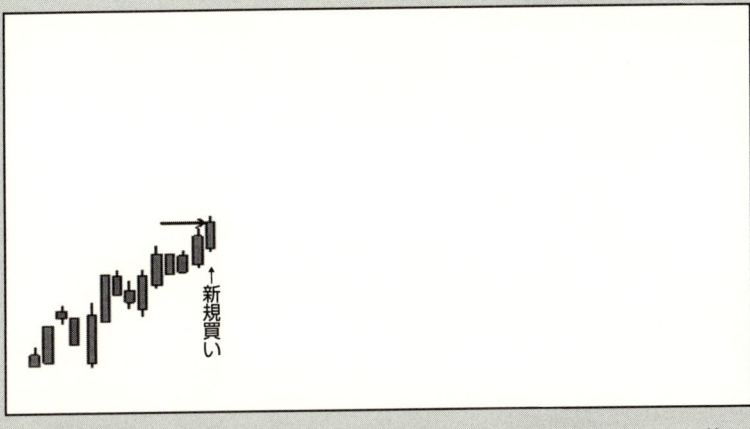

「しまった！　さらに上がっていくじゃないか！　これ以上待っていたら絶好の機会を逃してしまう。よし、買ってしまえ」

→「この上昇トレンドはしばらく継続するかもしれない」と、なんとなく思い始める。

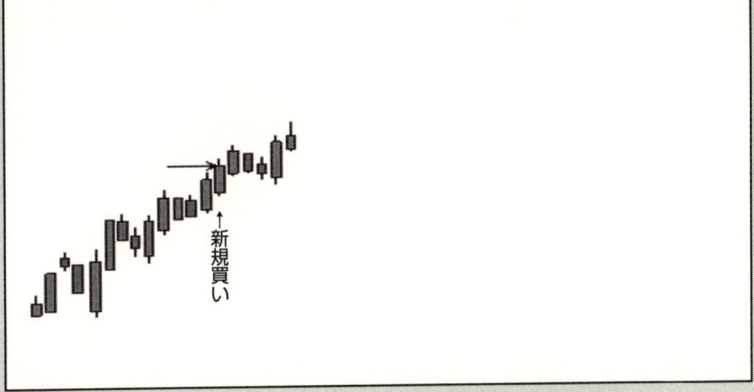

「やった！　上がった！　買いで正解だった！」

→「この上昇トレンドはしばらく継続するはずだ」という思い込みが確立される。

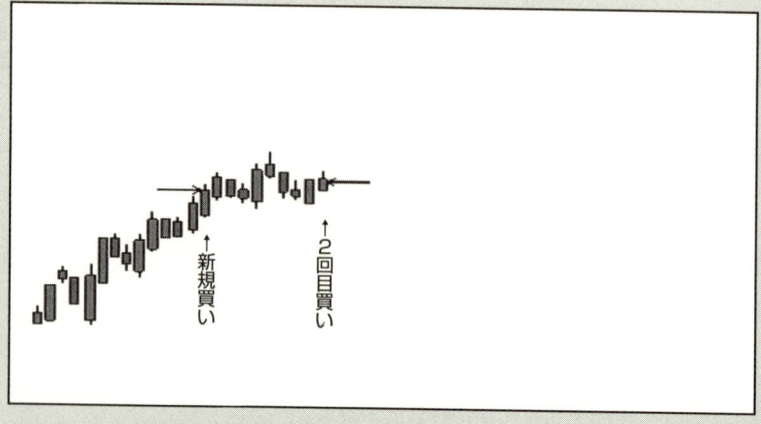

「株価が少し下げてきたな。これは押し目で買い増すチャンスだ！」

→「上昇トレンドはしばらく継続する」という思い込みによって、一時的な下げと判断。

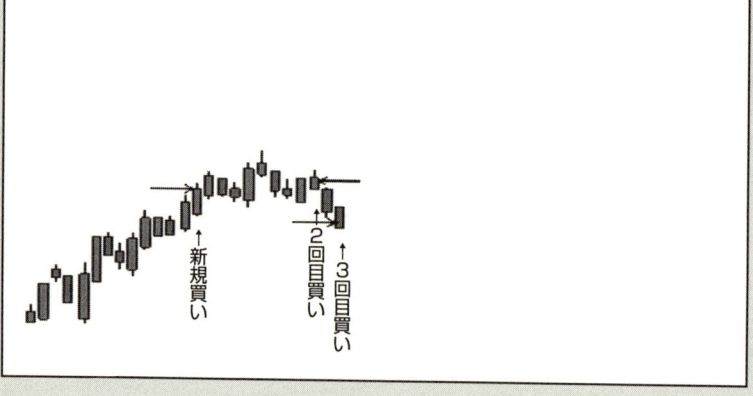

「おっ、さらに下げた。よし、ここでさらに買い増しだ！」

→「上昇トレンドはしばらく継続する」という思い込みによって、前回買った値段よりも安く買えば、さらに儲かると判断。

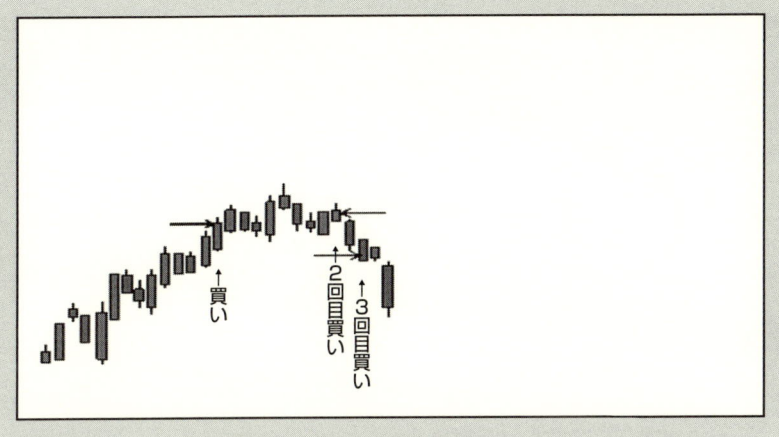

[チャート図：買い、2回目買い、3回目買い]

「しまった！　急落だ……。そういえば買い増しをしたあとに、新聞でライバル会社の新商品発表を"画期的"と過剰に持ち上げていたな。とにかく、反発したところで売り抜けよう」

→それまでの思い込みが通用しないことに気がつく。

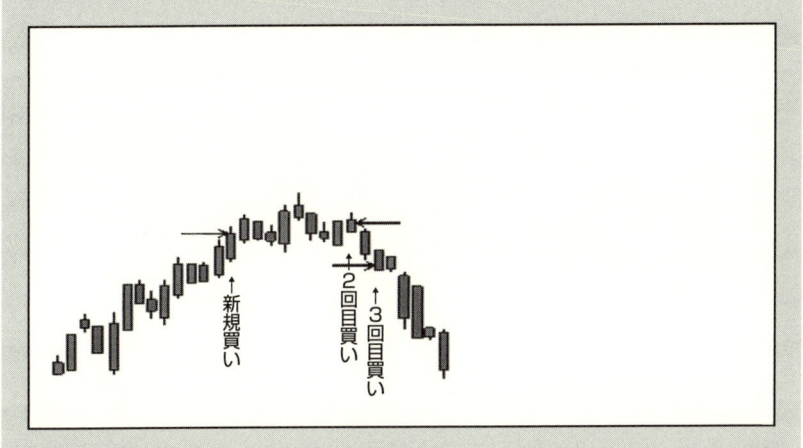

[チャート図：新規買い、2回目買い、3回目買い]

「信じられない！　さらに下がっていくじゃないか。しかし、前回の最安値に差し掛かっているし、ここでもみ合えば、大底となるに違いない。とにかく、ここは反発を待とう」

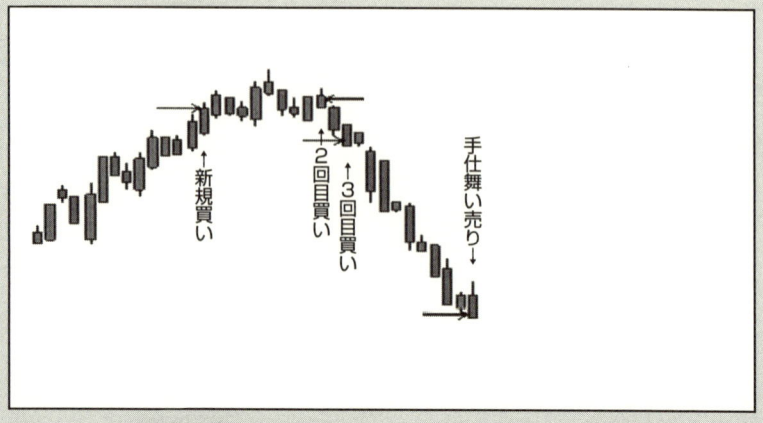

［チャート図：新規買い、2回目買い、3回目買い、手仕舞い売り］

「あっ！ さらに下がった！ マスコミがいい加減な報道をするからだ。しかし、この勢いはすごい。もう限界だ……。ポジションはすべて処分しよう……」

→「下降トレンドが継続するかもしれない」と、なんとなく思い始める。

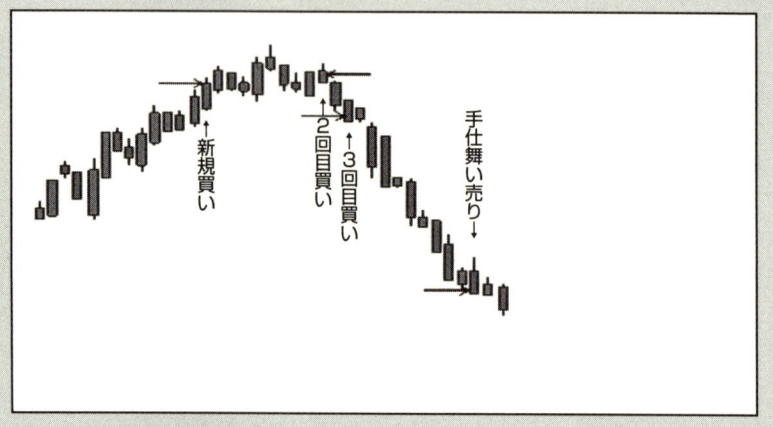

［チャート図：新規買い、2回目買い、3回目買い、手仕舞い売り］

「まだまだ下がる！ やはり売って正解だった！ 助かった！」

→「下降トレンドは継続する」という思い込みが確立される。

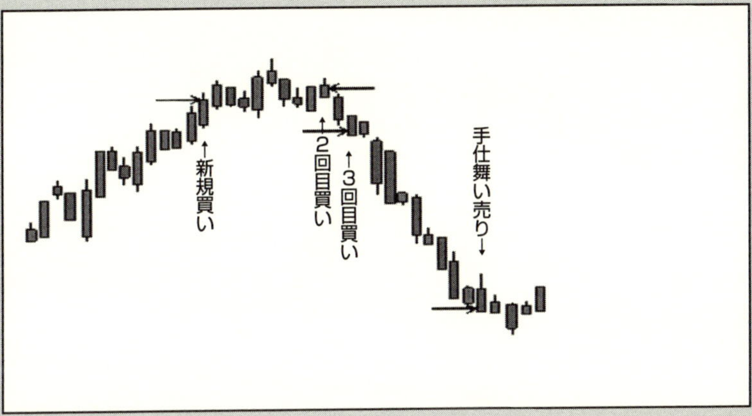

↑新規買い
↑2回目買い
↑3回目買い
手仕舞い売り↓

「あれ？　戻した……。いや、単なる一時的な上げだ。またすぐに下がるに決まっている」

→「下降トレンドは継続する」という思い込みによって、一時的な上げだと判断。

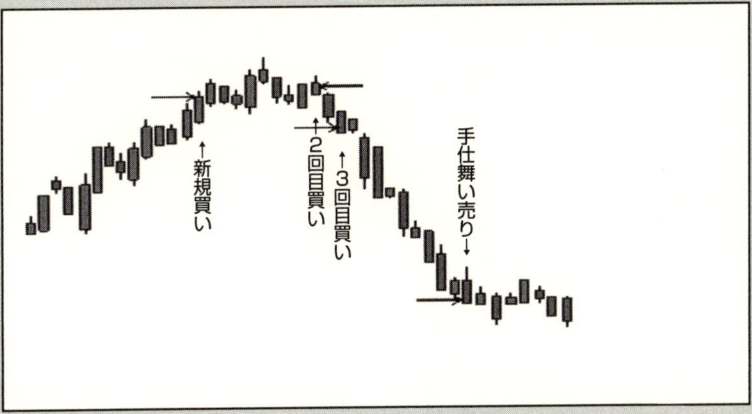

↑新規買い
↑2回目買い
↑3回目買い
手仕舞い売り↓

「やっぱり。思ったとおりだ」

→「下降トレンドは継続する」という思い込みがパワーアップする。ここからの上げは絶対ないという思い込み。

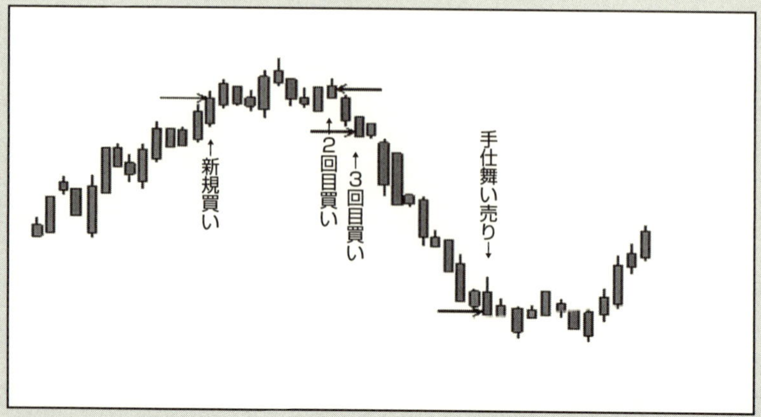
↑新規買い
↑2回目買い
↑3回目買い
手仕舞い売り↓

「何だ!?　おいおい？　誰が買っているんだ？　バカな奴らだ。こんな上げに騙されるなんて！」

→投げ売りの判断が間違いだったと認めたくない感情から「下降トレンドは継続する」という思い込みが消し去れない。

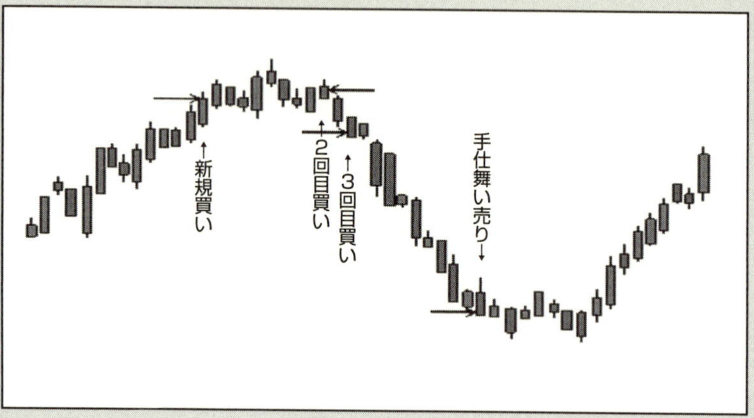
↑新規買い
↑2回目買い
↑3回目買い
手仕舞い売り↓

「だから、こうなることは初めから分かっていたんだよ！」

→「上昇トレンドは継続する」という過去の思い込みを思い出す。

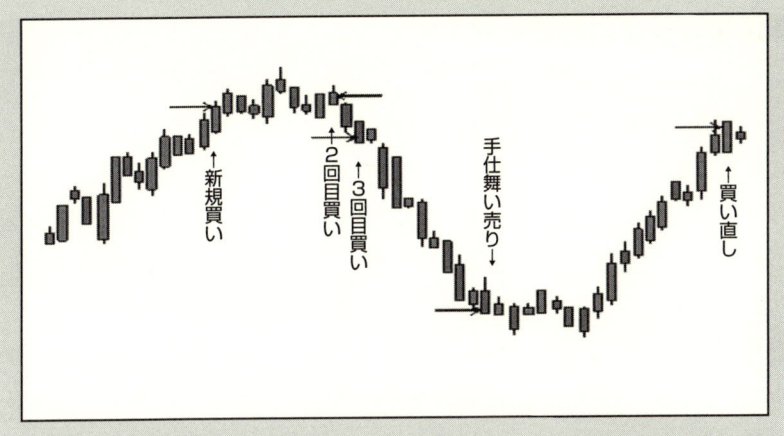

第1章　NLPトレーダーコーチング

[チャート図：新規買い、2回目買い、3回目買い、手仕舞い売り、買い直し]

「仕方ないな。ここで買おう。この株価なら、まだ前回の買い値よりも少しは安いし……。それにしても、あのバカなニュースさえなければ……」

→再び「上昇トレンドは継続する」という思い込みが確立される。

　このようになんとなく勘任せに目先の情報だけで思い込む現象を「ギャンブラーの誤謬(ごびゅう)」といいます。
　価格が同じ方向に継続して動くと、根拠もなく「そろそろいったん戻すのでは」という心理が働くものです。ところが、このトレンドが"意外"に長く続くと、ある時点で「これはしばらく継続していくに違いない」という感覚が生まれます。そして、それまでの思い込みによる失敗がはっきりすると、それを補うかのように、手のひら返しで認識を転換させるのです。
　しかし、得てしてこの時点でトレンドは終盤を迎えています。ピーク時につかんだポジションはまたもや損失となり、それにこだわって、さらに失敗を犯すことでしょう。このように相場は、ギャンブラーの誤謬に陥った無策の投資家を翻弄するようにできているのです。

⑨敗者は少ない経験だけで断定をしてしまう

　人は数少ない経験だけで断定するという間違いを犯してしまいがちです。これを「少数の法則」と呼びます。

　例えば、旅先でおいしいラーメンが食べたくなったので、20軒ほどのラーメン店があることで有名な繁華街に出かけたとしましょう。

　繁華街の入口付近に2軒のラーメン店があり、A店には20人ほどが並んでいるのに対して、B店には5人ほどしか並んでいませんでした。角を曲がってみると3軒のラーメン店があります。しかし、3軒とも、ほとんど人が並んでいませんでした。

　このような場合、まだ5軒しかみていないのに、たいていの人は入口に戻ってA店に入ってしまいます。しかし、残りの15軒に50人も並んでいる人気店が5軒もあったらどうでしょうか。あるいは、A店は儲かっていないために従業員をあまり雇えず、ただ手際が悪いだけだったとしたらどうでしょうか。

　ところが人間には、このように目にみえるものや、少ない経験だけで判断を下してしまう傾向があります。そして同様のことがトレードでもあるのです。

　例えば、新しい売買手法を実践で試してみて、いきなり5回連続で負けてしまった場合、たいていの人には「この手法は使えない」とやめてしまう傾向があります。しかし、もっと大局的な視野を持つべきなのです。

　図1.3の検証結果をみてください。

　これは売買手法の勝率を60％とした場合、連続して負けが出る確率を示したものです。

　期待値は6勝4敗の"勝てる"売買手法であるにもかかわらず、10連敗する可能性が0.1％あり、5連敗する可能性が2.6％あると分かります。いいかえれば、10連敗する確率は1000にひとつあり、5連敗す

図1.3　勝率60%でも連敗する可能性

連敗数	発生率
1回	100.0%
2回	39.6%
3回	16.2%
4回	6.5%
5回	2.6%
6回	1.1%
7回	0.4%
8回	0.1%
9回	0.1%
10回	0.1%
11回	0.0%

る確率は1000に26「は」あるということです。

　トレードを実践するうえでは、このような連敗数や最大ドローダウン（運用資産がピークから最悪どれくらい引かされたか）について考慮しておく必要があります。シナリオは良い方向にも悪い方向にも事前に考えておき、きちんと覚悟したうえで行動に移す慎重さがなければ、すぐに諦めてしまうか、次第に勘に頼ったトレードをするようになってしまうのです。

　トレード勝者は少数の法則ではなく、むしろ後述の**「大数の法則」**を重視します。

⑩敗者は自己を正当化する

　人には「自分の行動が否定されることを嫌う」傾向があります。「自分の行動」と「周囲の情報」との間にギャップが生じると、大きな苦痛を感じるからです。

　その苦痛から逃れようとして、自分の行動を正当化しようとします。

そして、この傾向はトレード敗者にも当てはまるのです。

　例えば、今の自分のやり方でトレードが成功していなくても、それが間違いであると認めるのは、なかなか難しいことです。そのため、勝者から売買手法を学び、実践を試みたとしても、負けが数回続いただけで「このやり方は駄目だ！　だまされた」と結論づけてしまいます。そして自分を正当化し、敗者のパターンであるにもかかわらず、今までの自分のやり方に戻ってしまうのです。

　もうひとつ例を挙げましょう。人は、自分が望む方向に逆らう情報に対して「いい加減な情報ばかり流しやがって……。いつも外れるじゃないか」と耳を傾けようとはしません。ところが、自分に都合の良い情報に対しては、匿名のネット掲示板の書き込みであっても「やっぱり思ったとおりだ！」と、すんなりと信じてしまいがちなのです。

　そもそも百発百中の売買手法など、トレードの世界には存在しません。勝つことばかりにとらわれていては、相場を理解することは不可能です。ただ自分の推理や勘が正しいことを証明するためにトレードを繰り返していると、正当化のワナにはまりやすいといえます。

　まずは「勝たなければいけない」「負けてはいけない」という呪縛から自らを解放し、「勝ったり負けたりしながら利益を残していく」という思考に変えることができたとき、真実がみえてきます。今まで視界を遮っていた濃い霧が晴れるように、相場というものがみえてくることがあるのです。

　すべては自分の思い込みがみせていた偽りの世界から勇気を出して抜け出すことです。

⑪敗者は勝率に振り回される

　売買手法を過去数十年のデータで検証して、その手法の優位性について分析することを「バックテスト」といいます。バックテストでは、

損益合計、最大ドローダウン、最長連勝数（連敗数）など、さまざまな評価指標が算出されます。

そのなかで最も個人投資家に注目されやすい指標が「勝率」でしょう。全トレード数に対する勝ちトレード数の割合です。

書店で「勝率90％の売買法！」といった見出しの雑誌をみれば、つい手にとってみたくなるのが人情というものです。もちろん、それを材料に自分で研究をするのであれば、何の問題もありません。しかし実のところ、勝率に振り回されてしまう投資家が多いのです。

勝率90％ということは、10トレード中9回は勝てるということになります。しかし、これは勝った「回数」であって、勝った「利益」ではありません。例えば、10トレードのうち9回で1万円ずつ儲かったとしても（計9万円）、たった1回で10万円の損をしてしまえば、合計では1万円負けているのです。

一般的に、90％といったような高勝率を誇る売買手法の場合、外れたときに大きな損を出す場合が多く、自分の目で確認すべきです。特に敗者には、利益が出ると嬉しくてすぐに手仕舞いをしたくなり、反対に負けが込んでくると"忍耐強く"元の値段付近に戻るまで待つという傾向があります。しかし、ポジションを維持する期間が長ければ長くなるほど、その間の値動きの幅も大きくなりやすいので、損失額のほうが大きくなるケースが多いのです。また、その間のトレード機会も失っているかもしれません。

もちろん、勝率があまりにも低すぎるのは問題といえます。それだけ、連敗してもその売買手法を粘り強く続けるだけの覚悟が求められるからです。しかし逆をいえば高い勝率にこだわる必要もありません。

勝率よりも注目したいのは「リスクリターン比率」です。詳細は第4章で言及するので、ここではそのひとつである「損益比率（損益率）」について紹介するにとどめましょう。

損益比率とは、その名のとおり、損失と利益の割合を計るものです。

図1.4　損益比率1対2の場合

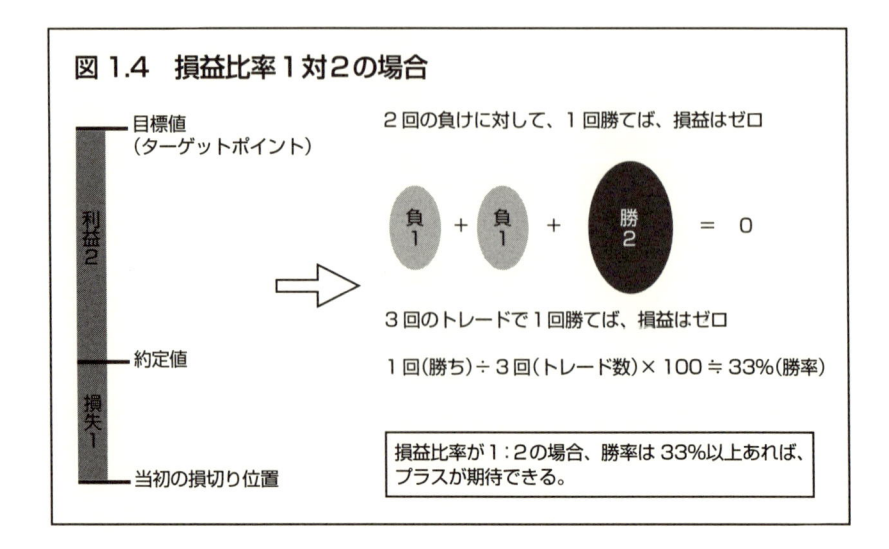

利益2：目標値（ターゲットポイント）から約定値まで
損失1：約定値から当初の損切り位置まで

2回の負けに対して、1回勝てば、損益はゼロ

負1 ＋ 負1 ＋ 勝2 ＝ 0

3回のトレードで1回勝てば、損益はゼロ
1回（勝ち）÷3回（トレード数）×100≒33％（勝率）

損益比率が1：2の場合、勝率は33％以上あれば、プラスが期待できる。

　例えば「勝ったら1万円の利益で、負けたら1万円の損失」という売買手法の場合、損益比率は1対1となります。では、実際にこの損益比率から、一体どれくらいの勝率があればプラスになるのかを計算してみましょう。

　例えば、損益比率が1対1の場合、1回の負けトレードに対して、1回の勝ちトレードが出れば、損益はゼロとなります。つまり、損益比率が1対1というルールどおりにトレードを続けた場合、その手法の勝率が50％を超えれば、利益は残っていく計算になるわけです。

　では、損益比率が1対2の場合はどうでしょうか。**図1.4**のように2回の負けに対して、1回の勝ちトレードが出れば損益はゼロとなります。つまり、その手法の勝率が33％を超えれば、利益を上げていくことができるのです。

　もちろん、33勝67敗のトレードを長期的に継続していくのは、かなりの自制心が求められるので、人によっては難しいかもしれません。ともかく、ここで強調したいのは、50％程度の勝率であっても、損失よりも利益が大きければプラスになり、何度もトレードを積み重ねて

いくことで利益が残っていくということです。

　私は、実際の相場は、ほとんどがランダムな動きをしており、トレンドなど法則性があるときは、ごくわずかだと考えています。そのわずかな法則を狙っていくのですから、勝率が100％に近いものを追いかけて利益を出していこうというのは、雲をつかむような話です。

　しかし、たとえ勝率が低くても、損失よりも利益が大きければ利益を残していく可能性があります。絶対がないトレードの世界では、勝ち負けをコントロールするのは不可能です。しかし、損益比率はトレードを仕掛けたときに目標値と損切り値など出口を決めておくことでコントロールが可能になります。

⑫敗者は負の信念にがんじがらめになる

　トレードの質を上げるためには、知識や経験を積む必要があります。一方で、知識と経験は、逆に弊害をもたらすことも自覚しておかなければなりません。

　よく「ビギナーズラック」という言葉を耳にします。これは複数の選択肢や変な思い込みがないため、勝率が50％に近く、たまたま最初から利益が出た"半分"の投資家のことです。

　ところが、知識と経験が増えれば増えるほど**「思い込み」**も増えてきます。**「信念」**といいかえてもいいでしょう。信念が増えるほど、冷静な判断ができにくくなります。

　信念を自覚し、それがトレードの成功に「ポジティブ」に作用しているのであれば、とてもいいことです。問題は「ネガティブ」に作用しているときです。これは売買ルールを執行するときの裁量を完全に排除している**「システムトレード」**でも、信念がネガティブとなり得ます（システムトレードの詳細については後述します）。

　例えば「トレードは押し目で買うべきだ。ブレイクアウトをしたと

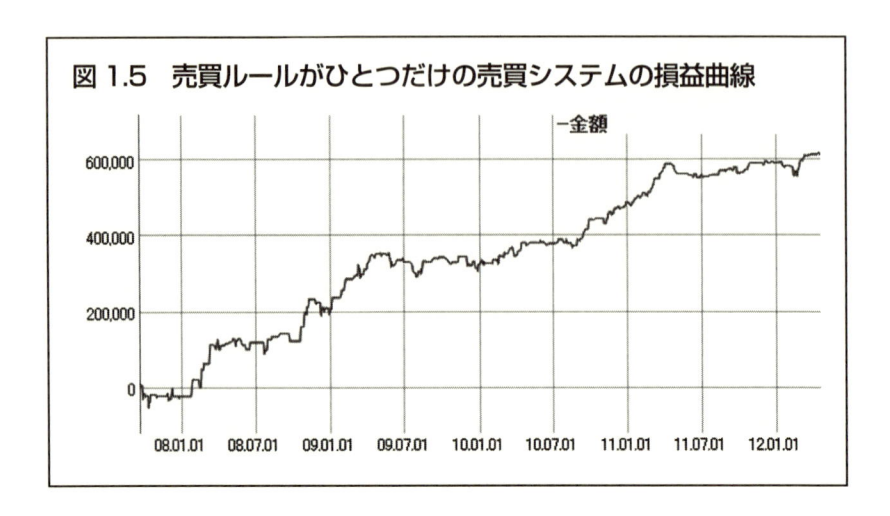

図1.5 売買ルールがひとつだけの売買システムの損益曲線

きに買うと、利益が少ししかとれないばかりか、天井をつかんで大損する可能性もある」という信念があったとします。こういった信念があると、逆張り（下げたところで買う、または上げたところで売る）の理論に基づいた売買ルールを作ることになります。

しかし、値動きの大部分はランダムです。当然逆張りが通用しにくい局面も出てきます。したがって、たとえ長期的には収益性のある売買ルールであったとしても、部分的には成績の思わしくない時期があり、そのマイナス分を許容しなければなりません（**図1.5**）。

では「トレンド（もしくはモメンタム）の強さを判断したら、その方向に仕掛け、逆行したら手仕舞いをすればいいじゃないか」という信念を持ち、順張りルールを追加した場合はどうなるでしょうか（**図1.6**）。

単体の売買ルールに比べて、損益曲線がなだらかになりました。異なる信念から作られた売買ルールを組み合わせた「売買ポートフォリオ」によって、それぞれのマイナスが補完され、安定したパフォーマンスを追求できるのが、システムトレードの可能性といえます。

現在の信念を自覚したうえで、あえて別の信念からも売買ルールを

図 1.6　売買ルールを組み合わせた売買システムの損益曲線

考案できれば、その組み合わせによって、より堅牢な売買システムを構築できる可能性もあるのです。

　信念は、相場や環境の変化によって、ポジティブからネガティブに変化するときがあります。その潮目の変化にいち早く気づくためには、まず自分がどのような信念を持っているか自覚しておかなければなりません。

　ところが、こうした信念は得てして無自覚なものです。第2章では、自分の信念を確認する作業について紹介しましょう。

言うは易く行うは難し

　ここまで指摘してきた敗者のパターンをまとめてみましょう。

①敗者はトレードの秘訣さえ知れば簡単に儲かると思っている
②敗者は本当のところ成功したいと思っていない
③敗者は努力の方向が間違っている
④敗者には成功に導いてくれる師匠やメンターがいない

⑤敗者はお金に対してネガティブな感情を持っている
⑥敗者は目先の値動きに翻弄されて大局的な見方ができない
⑦敗者は損益を本能のままに受け入れてしまう
⑧敗者は勘任せでトレードをしてしまう
⑨敗者は少ない経験だけで判断をしてしまう
⑩敗者は自己を正当化する
⑪敗者は勝率に振り回される
⑫敗者は負の信念にがんじがらめになる

　こういった無計画で損大利小の行動をとってしまうのは、つきつめれば明らかにトレード敗者の多くが「失敗するための心理」を持ち続けているからです。「敗者の心理」といってもいいでしょう。
　読んでいて身に覚えのあるパターンがあったでしょうか。あったとすれば、それは敗者の心理にはまる可能性、心理面に克服すべき問題がある可能性が高いといえます。
　そして問題は**「それでは、どうしたらいいか？」**ということです。読者のなかには「こんな負けパターンなんて、もう知っている」という方もいるかもしれません。
　ところが、たとえ「自分には敗者の心理がある」「敗者の心理はこうである」と気づいていたとしても、そう簡単に新しく「成功するための心理」「勝者の心理」をとり入れて自分の行動を改めるのは容易なことではありません。なぜなら、今まで培ってきたやり方、枠組みが、心の深いところにまでしっかりと根づいているためです。
　いざトレードを始めると、感情に流され、振り回され、いつも同じ行動をとってしまいます。たとえ、敗者の心理を理屈では分かっていたとしてもです。
　実際にトレード経験が豊富な人でも、一度は次のような失敗があるのではないでしょうか。

- なぜか損切りができずに大損をした。
- どうしても売買ルールどおりに注文を執行できないときがある。
- 当初の損切り位置を変えてしまう。
- うまくいかないことが続くと、やぶれかぶれになって一か八かの賭けをしてしまう。

　実際、私のセミナーやスクールで相談に来られた個人投資家の方たちと話をすると、自分の問題が心理面にあると気づいていながらも、具体的に何が問題なのかを認識できていない人が少なからずいました。

　まさにここがポイントになります。冒頭にも述べたように、本書の第2章が目指すところは、このように心の奥底で頑固にこびりついた自分の心理的問題を明らかにし、勝者の心理を受け入れる体制を整える作業をすることにあるのです。

　ただ、その作業に入る前に、これから紹介していくNLPトレーディングコーチの概要について、もう少し説明しておきたいと思います。

1-2　5つのステップでトレード勝者を目指す

　勝者とはまさしく「勝ち続ける人」であるといえます。では、勝ち続けるトレーダーと、最終的に敗者となるトレーダーとでは、何が違うのでしょうか。

三位一体のトレード戦略

　ジャック・シュワッガー著『マーケットの魔術師』（パンローリング）に登場するバン・K・タープ博士は、同書のなかで「トレーダーとしての成功要因」を次の3つに分け、どれが欠けても成功はあり得ないと述べています（なお、博士はNLPをとり入れた指導法によって優れたトレーダーの育成に成功しています。著書『新版 魔術師たちの心理学』と『タープ博士のトレード学校 ポジションサイジング入門』<どちらもパンローリング>は必読です）。

●心理的要因（個人心理）
●自己管理要因（資金管理）
●意思決定要因（売買手法）

　ここでいう心理的要因（個人心理）とは、私にいわせれば「勝者の心理」と「メンタル改善能力」です（それぞれ第3章と第5章で紹介します）。どんなに豊富な知識を持ち、研究熱心で腕が良いとされているトレーダーであっても、心理が"無意識の感情レベル"でトレード仕様に確立されていなければ、成功は一時的なもので終わるでしょ

図1.7 三位一体のトレード戦略

- 自己管理要因（資金管理）
- 意思決定要因（売買手法）
- 心理的要因（個人心理）
- トレード勝者

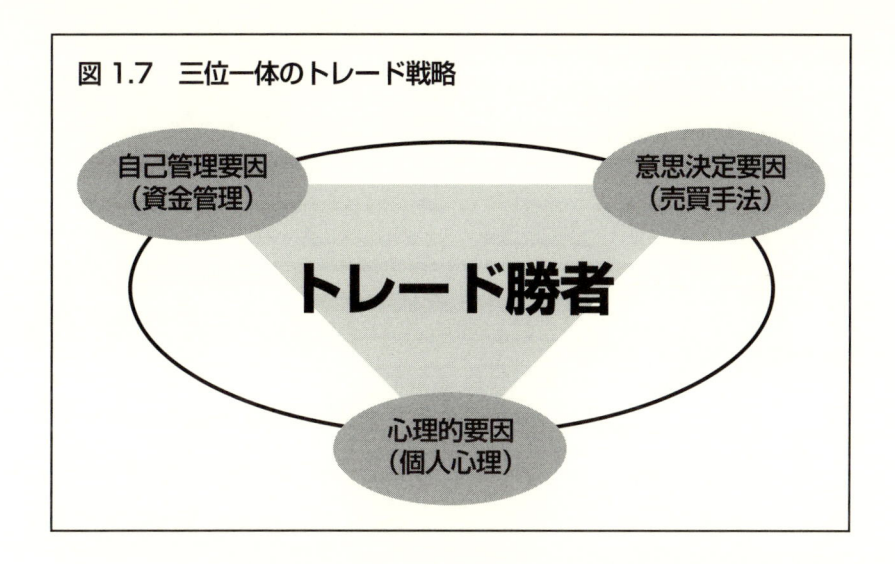

う。またメンタル面を改善することができなければ、不安やストレスなどにふりまわされ、その結果、効率的にトレードができなくなってしまうのです。

　もちろん、知識や経験、売買手法と資金管理の確立といった技術面を磨いていくことも重要です。売買手法の詳細については付録で、資金管理の基本については第4章で言及します。

　しかし、どんなに技術面に優れていても、その根本となる個人心理から確立されていなければ、それらを相乗効果的に、そして継続的に活用することができません。勝者の心理とメンタル改善能力を育み、**心技一体、つまり個人心理と資金管理と売買手法が「三位一体」**となってはじめて、トレードで勝ち続けることができるのです（図1.7）。

　この**「三位一体のトレード戦略」**を構築し、継続できる状態にもっていくことが、本書の最終目標となります。

　なお、売買手法については私個人のスタイルを紹介するため、付録で解説することにしました。ただし、これから話を進めるうえで前提となる個所もありますので、ここで少し私の考えを述べておきます。

売買手法のスタイル

売買手法のスタイルには、大きく分けて次の2つがあります。

●裁量トレード
●システムトレード

　裁量トレードとは、文字どおり、チャートや状況から優位性を読みとり、売り買いの最終判断をその場その場で下していくものです。例えば、ポジションを早めに切り上げるか、予定どおりに手仕舞うか、もう少し保持するかといった判断を、状況に応じて柔軟に下します。
　"同じ"値動きのパターンを探すにしても、細部までそっくりそのまま同じパターンになることは、めったにありません。そのための"微調整"を自由に判断するのが、裁量トレードの基本です。
　一方、システムトレードでは、**価格や出来高といった過去のデータによる検証（バックテスト）から確認された統計的優位性の再現を図るため、売買ルール（仕掛けや手仕舞いの条件）と資金管理を完全に数値化した売買システムで運用します。注文は売買システムの出すシグナルに機械的に従う**のが基本です。
　ただし「機械的」といっても、相場の監視から発注まで、すべてコンピューターにプログラムされた完全自動売買もあれば、シグナルが出たらトレーダー自身が取引会社（ネット証券などのブローカー会社や店頭FXなどのディーラー会社を含む）に発注するものも含まれます。いずれにせよ、ひとつひとつの売買タイミングでは裁量を完全に排除するのが鉄則です。
　第7章のインタビューをご覧いただいても分かると思いますが、実際にどちらのスタイルでも多くの勝者が存在します。したがって、私はどちらも、またその折衷型も否定するつもりはありません。

ただ、私たちがそれでうまくいっているというのもありますが、一般的に、これからトレードを始める人やトレード初心者にとっては、まずシステムトレードから学んだほうがよいのではないかと考えています。売買手法の将来的なリスクやリターンをあらかじめ想定できますので、心理面でも優位に立つことができ、先ほど列挙した「相場の心理的なワナ」に、はまりにくいと考えるからです。

そのため、本書で挙げているコーチング例は、システムトレーダーに対するものが多めとなります。しかし、本書で紹介している心理学自体は、裁量トレーダーにも十分に活用できるものですので、どうかご安心ください。

もちろん、まったくの勘だけで好き勝手に裁量トレードをしているトレーダーは、よほどの素人か、よほどの天才だけでしょう。裁量トレードでも、衝動的感情に左右されないよう、予定や日誌を記録して読み返したり、微調整の幅を決め、一定の売買ルールや厳格な資金管理ルール（ポジションの大きさやトレードの頻度など）を設定したりしているのが普通です。また、システムトレードは過去データによる検証が重要となるため、市場によっては向き不向きもあるでしょう。

しかし、それでも相場の心理的ワナにはまり、なし崩しになる可能性は、システムトレードよりも高くなります。システムトレードであれば、あらかじめ構築された売買システムのシグナルに従って発注するだけだからです。

システムトレードの長所として次のものが挙げられます。

●出口戦術も含め発注タイミングが事前にすべて決まっている。
●バックテストから売買ルールの収益性と損失リスクに目処がつく。
●複数の売買ルールの組み合わせを検証・実践しやすい。

利食いや損切りのポイントを含め、手仕舞いの発注タイミングも事

前に決まっています。その場の状況や外的要因（ニュースや早耳情報など）をまったく考慮しませんから、その限りでは振り回されることもありません。

またシステムトレードの場合、バックテストが鉄則ですので、その結果によって「この売買ルールでトレードを続ければ、どれくらいの利益を見込めるのか？」「損をするときは、どれくらいのマイナスを出す可能性があるのか？」「負けがどれくらい続きそうか？」など、リスクリターンをある程度イメージできます。そのため、マイナスが出たときの精神的ダメージがかなり軽減され、よりスムーズなメンタルの改善が可能となるのです。

しかも、バックテストで出たマイナス分を考慮することで、今の資金額であれば、あるいは自分に耐えられる損失の額（許容損失リスク）であれば、どれくらいのポジションを持つのが適当かなど「潜在意識から受け入れた資金管理」がやりやすくなります。詳しくは第4章で説明しましょう。

さらに先ほど述べたように、複数の信念による売買ルールを組み合わせた売買ポートフォリオを構築できるのも、システムトレードの利点です。売買システムのシグナルにただ従うだけですから、それがどの売買ルールによるものか考えずに済みます。

もちろん、システムトレードにも弱点がないわけではありません。代表的なものとして次のものが挙げられます。

- ●過剰最適化の危険性がある。
- ●売買システムやルールの優位性の判断に時間がかかる。
- ●売買システムやルールを採用するのは自分自身である。

ひとつは売買システムの完成度を高めようとして、過剰最適化（オーバーフィッティング）をしてしまうきらいがあることです。過剰最適

化とは、バックテストで良い結果を出そうとして、過去のデータにシステムの数値をこじつけてしまうことをいいます。

その数値は優位性の再現を期待するものではなく、過去のランダムな"偶然"がそっくりそのまま再現されることを期待する非現実的なものです。当然、これで勝ち続けることは、まず不可能でしょう。

過剰最適化を防ぐ技術的方法については、本書のテーマから逸れてしまいますので、この辺でとどめておきたいと思います。詳しくは斉藤正章著『システムトレード発見のポイント』（パンローリング）を参考にしてください。

システムトレードのもうひとつの弱点は、優位性が再現されていると判断するのに、ある程度の期間、売買システムによる運用を継続させる必要があるということです。結局は売買システムを採用するかしないかの判断を自分の裁量で下さなければなりません。

システムトレードは長期的視野で

回数が多ければ多いほど、実際の結果が確率に限りなく近づいていく——それが「大数の法則」です。システムトレーダーは、この大数の法則を理解し、味方につけることが大切です。

例えば、コイン投げで考えてみましょう。表が出る確率は50％です。しかし、実際に10回投げてみると、表が出たのは9回だったり、6回だったり、4回だったり、1回だったりします。

では、100回投げたらどうでしょうか。表が出たのは65回かもしれませんし、35回かもしれません。しかし、これだけの回数を繰り返すと、90回や10回には、なりにくくなります。

では、1000回投げたらどうでしょうか。表が出たのは600回かもしれませんし、400回かもしれませんし、524回かもしれませんし、476回かもしれません。しかし、900回もしくは100回という結果には、ま

ずならないでしょう。むしろ、回数を増やせば増やすほど確率（50％）に近づいていくはずです。

　システムトレードは確率の再現を期待する運用スタイルです。したがって、トレード回数が多ければ多いほど確率を再現しやすくなるということになります。

　バックテストでもトレード回数が多いことは重要です。回数が少なければ、検証結果での偶然の要素が大きくなってくるからです。

　バックテスト結果が良かったからといって、必ずしも今後同じ結果が出るとは限りません。たまたま実践を始めたのが悪い時期で、連敗することもあります。長期的に継続して、トレード回数を増やし、大数の法則を味方につけることで、検証結果に近づけようとすることが重要なのです。

　もちろん、相場はランダムに動きますし、発見した優位性が未来永劫完全に消失してしまうこともあり得ます。したがって、長期的にみて検証した確率に近づくと断定できるわけではありません。しかし、少なくとも短期的な結果が検証した確率と同じになり、それが今後も続くということはないといえるでしょう。

　むしろ、うまくいかないからといって売買システムを頻繁に変更すると、結果的に良い方向にはいかない可能性が高くなります。つまり、一見裁量を排しているようにみえるシステムトレードでも、実践するには確固たる「個人心理」の確立が求められるのです。

なぜNLPなのか

　先ほど述べたように、本書はタープ博士が挙げた「個人心理」「資金管理」「売買手法」が一体的・体系的に確立されたトレード戦略と事業計画を立てられるようになることを最終目的としています。そこで利用するのがNLPというわけです。

NLPは脳神経言語プログラミング（Neuro-Linguistic Programming）の略で「モデル化の科学」とも呼ばれています。"脳のとり扱い説明書"のようなものといえるでしょう。

　そう聞くと、難しい医学や脳科学のように感じるかもしれません。しかし、脳とは心を動かす機械のことで、心とは感情のことを指します。脳のとり扱いが分かれば、感情を作り出したり、作り変えたりすることが可能だということです。

　NLPを利用して「トレード勝者」という目標到達の弊害となり得るネガティブな感情を発見し、目標到達にふさわしいポジティブな心理に置き換えていこうというのが、本書のアプローチとなります。

　NLPは、1970年代に米カリフォルニア大学のリチャード・バンドラーとジョン・グリンダーが、次の3人の著名なセラピスト（心理療法士）を研究したことから始まりました。

●催眠療法のミルトン・エリクソン
●ゲシュタルト療法のフリッツ・パールズ
●家族療法のバージニア・サティア

　3人の治療アプローチは、エリクソンが個人、パールズがワーキンググループ、サティアが家族と、まったく異なりました。ところが、それぞれが劇的な成果を収めていたのです。

　そこで3人の治療法を分析してみると、言葉の使い方、言葉以外のコミュニケーションのとり方、無意識の活用の仕方（例えば、患者が無意識に持つ思い込み、トラウマを改善していくこと）に共通点があることを発見しました。この共通点を誰もが実践できるよう体系化したのが、NLPの源流というわけです。

　NLPは心理療法の現場で驚異的な効果を発揮したため、セラピストたちの間で急速に広まりました。そして現在では、言語学、心理学、

人間工学、精神生理学などをとり込んで、実用的な学問として発展しています。

"実用的"というのは、NLPのコミュニケーション手法、あるいは理想的な状態（目標となる自分）へと自分を成長させる手法が、心理療法のみならず、あらゆる教育指導（コーチング）、政治、ビジネス、スポーツなどの世界でも広く応用され、活用されているからです。

例えば、ビル・クリントン元米大統領は、NLP技術のひとつである「相手の視覚、聴覚、体感覚に合わせて伝えるコミュニケーション」を自らの演説に巧みにとり入れています。

実のところ、クリントン氏は、もともと演説が苦手でした。しかし、NLPを学ぶことによって、手振りや図表を使った説明をしたり、立つポジションを変えたり、テンポを合わせたりして、相手に伝わりやすい方法で信頼関係を作り上げ、その場を一体化させてしまうような"優れた"演説者になったのです。

なお、クリントン氏にコーチングをした米国の著名NLPトレーナー、アンソニー・ロビンズ氏は、当時低迷していたテニスプレーヤー、アンドレ・アガシ選手も指導し、世界ランク１位に復活させています。ロビンズ氏は、アガシ選手に「自分の理想的な心理状態」を認識させ、その状態へと自分の心を成長させる手段としてNLPを活用し、大きな結果を残したのです。

そして、このNLPをトレードのパフォーマンス改善に応用したのが、本書で紹介するNLPトレーダーコーチングです。

モデリング

まずは、NLPの基本概念であり、もちろんNLPトレーダーコーチングの基本ともなる「**モデリング**」について紹介しましょう。

モデリングとは、**要は成功モデルをそっくりそのまま自分にとり込**

んでしまうことです。

　これは私たち日本人にとって、昔から馴染みがあるものといえます。例えば、柔道、剣道、書道、茶道、華道などです。こうした「道」の文化では、師匠や師範の流儀、視線、言葉、動作の癖などを弟子や生徒が、そっくりそのまま真似ることから始まります。

　「そっくりそのまま」というと自分を"型にはめて"しまうようで、ネガティブな印象を持つ人もいるかもしれません。しかし、道の文化には「守・破・離」という思想があります。やがて自分の個性を生かし（破）、独自のものを作り出せるようになる（離）には、まずは成功者を徹底的に真似ること（守）が有効かつ大事なステップであることを、いにしえの達人たちは知っていたのです。

　モデリングでは、この**「徹底的に真似る」**作業を効率良く行うため、モデルとなる人物の次の３つの感覚を細かく分析します。

―――――――――――――――――――――――――
＜視覚＞
- トレード勝者のトレードに対する信念とは？
- どのような視点、焦点でみているのか？

＜聴覚＞
- トレード勝者は、どのような情報をとり入れているか？
- 自分自身と、どのような対話をしているか？

＜体感覚＞
- トレード勝者の身体の使い方は？
- トレード中どのように感情をコントロールしているか？
―――――――――――――――――――――――――

　そして自分もその３つの感覚を具体的にイメージしながら、徹底的にそのモデルになりきることが目標となるわけです。

勝者の感覚を細かく知れば知るほど、イメージは具体的になり、強化され、そのモデルになりきりやすくなります。したがって、最も効果的なモデリングとは、自分があこがれている（自分に合っていると思う）トレード勝者に弟子入りをして、四六時中ついて回ることです。
　しかし現実的に、そのような幸運に恵まれる人は、めったにいないでしょう。そこで本書では、トレード勝者たちにみられるポジティブな共通点を体系化した「成功モデル」を提案しています。読者の皆さんは、そこに自分があこがれている（理想とする）トレード勝者の著書、インタビュー、DVDなどから得た情報で加除修正をして「理想のモデル＝理想像」を固めていくのです。
　では、理想像になるという目標を達成するため（つまり自分が理想とするトレード勝者に徹底的になるため）、どのようなアプローチで作業をすればよいのでしょうか。簡単な例を挙げて説明しましょう。運用資産100万円のサラリーマンが「トレードで生計を立てる」という目標を立てたとします。
　ひとつ目のポイントは「自分の現状」を次のように視覚、聴覚、体感覚でイメージしながら、具体的に書き出していくことです。この作業を「インプット」と呼びます。

＜視覚＞
●口座残高の数字は100万円である。

＜聴覚＞
●欲しいものがあるが、妻に「今月の支払いをどうするの」と小言をいわれている。

＜体感覚＞
●毎日の残業で疲れがたまっている。体がだるい。

そして、もうひとつのポイントは「目標を達成した状態」を同じく次のように視覚、聴覚、体感覚でイメージして、具体的に書き出すことです。この作業を「エグジット」と呼びます。

＜視覚＞
●口座残高の数字が１億円を超えた。毎月旅行を楽しんでおり、リゾート地できれいな景色を眺めている。

＜聴覚＞
●妻や子供から「パパってすごい！　ありがとう！」という感謝の声を聞く。

＜体感覚＞
●美味しい食事を楽しみ、毎日ジムやマッサージに行っているので、心身ともに健康で、すがすがしい。

　この設定作業が完了したら、インプットの状態（現状）がエグジットの状態（理想）からどれくらい離れているのかを視覚、聴覚、体感覚をとおして「どこが違うのか？」「何が足りないのか？」を具体的に感じとります。この検証作業を「テスト」と呼びます。
　そしてテストで得た「気づき＝ここを変えてみよう！」から、その距離を埋めるため実際に行動します。この行動を「オペレート」と呼びます。
　もし、そのオペレートがうまくいかなかったとしても、それはさらなるテストのための有益な情報となります。こうして、テスト → 気づき → オペレートのプロセスを繰り返していくのです。
　この繰り返しのなかで、自分独自のリソース（能力や人脈や個性といった自分の持つ資源）に気づき、活用し、行動を変化させていき、

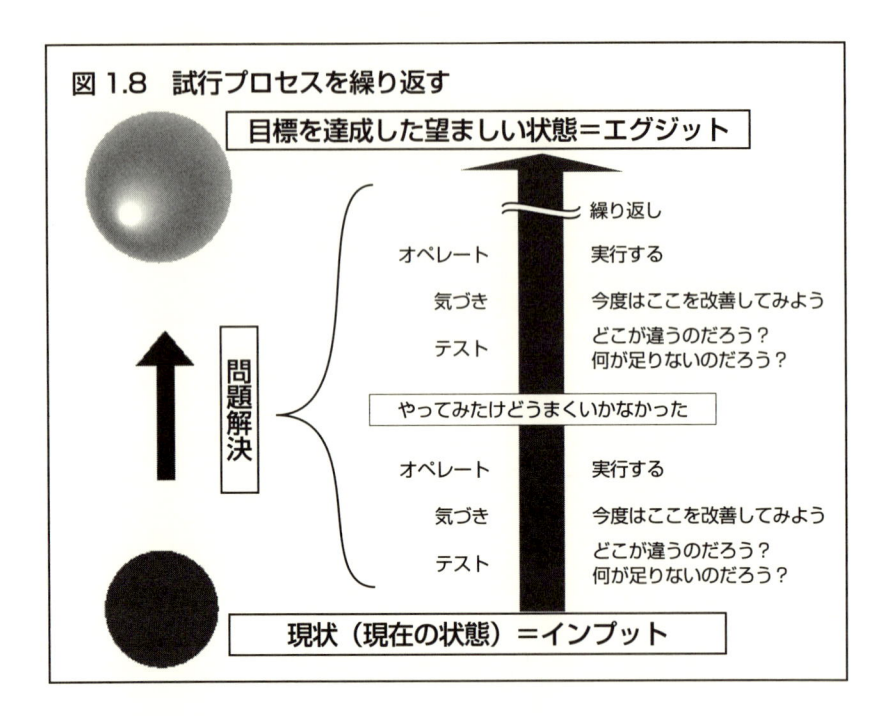

図1.8 試行プロセスを繰り返す

目標を達成した望ましい状態＝エグジット

繰り返し

オペレート　実行する
気づき　　　今度はここを改善してみよう
テスト　　　どこが違うのだろう？
　　　　　　何が足りないのだろう？

やってみたけどうまくいかなかった

オペレート　実行する
気づき　　　今度はここを改善してみよう
テスト　　　どこが違うのだろう？
　　　　　　何が足りないのだろう？

問題解決

現状（現在の状態）＝インプット

着実に目標達成を目指していきます。このアプローチを「TOTEモデル＝Test Operate Test Exit Model」と呼びます（**図1.8**）。

5つのステップの流れ

それでは、本書でのモデリングの流れを紹介しましょう。NLPトレーダーコーチングは、次の5つのステップで構成されています。

①自己認識
②目標設定
③問題解決と戦略
④メンタル改善のスキル
⑤事業計画

本書では、それぞれ章に分けて解説します。各論に入る前に、ガイドラインとして、各ステップについて簡単に紹介しましょう。

①自己認識

第2章では、自分の「現在の状態＝現状」を把握します。TOTEモデルでいうインプットの部分です。

まずは自分を客観的にみつめ直します。自分を客観的にみることで「本当の自分＝自分の本音」がみえてくるのです。

表面的ではない、心の奥底にある「本音」が、トレードでの強い感情や行動に深く関与しています。そして本音は、過去の経験（トレードとはかけ離れた別の経験も含めて）や信念、環境といったものが深く関与しているのです。

例えば、ある相談者の場合、損大利小のトレードをしてしまう理由を探ったところ、それは「少しでも失敗をしたくない」という感情が作用するからだと分かりました。そしてその感情は、幼少期に厳格な父親を持ち、失敗すると常に怒られていたことを恐怖体験として持っていたことにあったのです。

問題となる行動の心理的原因を深く探り、自分でも今まで分からなかった「本音」を受け入れましょう。そうして初めて自分に合った戦略を作り上げる姿勢ができるのです。

次に、自分が現在置かれている環境（ライフスタイル、資金、家族なども含めて）を客観的・現実的にみつめなおします。これは最終的に自分の環境にあった三位一体のトレード戦略と計画を立てるときに重要です。

例えば、積極的なトレードで月10％をパフォーマンス目標に設定できる売買ルールがあるとしても、仕事の都合で積極的なトレードが困難であれば、目標か環境のどちらかを変えなければなりません。客観的に考えれば、ごく当たり前で簡単なことですが、当事者には得てし

て「みえていない」ものなのです。

そして細かい質問に回答していくことで「現在の」トレードに対する自分自身の信念、そしてトレーダーとしてのテーマ（理念・使命）を明確にしていきます。

②目標設定

次は、自分がそうなりたいと願う「将来の望ましい状態＝目標」を明確にします。ここでいう目標とは、自分の性質や環境、感情に合った、より現実的なものです。TOTEモデルでいうエグジットの部分です。

第3章では、この「目標」として設定できるような、トレード勝者に共通する「成功モデル」を提案します。これは私が第7章のインタビューを中心に勝者の要素であると考えたものを細かな項目別に整理したものです。読者の皆さんには、これを土台に、自分自身の目標を設定してもらえればと思います。

そして自分の「理想形」を具体的にイメージし、トレードで成功をして、将来どうなりたいのかをはっきりと文字にします。自分が三位一体のトレード戦略でどこを目指すかを明確にするのです。

③問題解決と戦略

第4章では、現状と目標（理想）の間にある問題点を解決するための方法について、具体例を挙げながら紹介します。

まずは、問題点と解決策を探るにあたって欠かせない知識である資金管理について説明します。「ポジションサイジング」と「許容損失リスク」についての知識がなければ、いかなるトレード戦略も成功しないといっても過言ではないでしょう。

そして解決シートを使って、問題点をひとつずつ明らかにしていきます。TOTEモデルでいうテストにあたる部分です。

さらに「ここを変えてみたらどうだろうか？」という解決策を考案

します。TOTEモデルでいう「気づき」の部分です。
　この作業を進めるなかで、自分の信念が問題の原因となっているケースがあることに気がつくかもしれません。そこで、コーチング例を挙げて、どのように信念をトレードにポジティブな方向に修正していくか紹介したいと思います。

④メンタル改善のスキル

　第5章では、解決策の実践（オペレート）に役立ちそうなメンタル改善のスキル（心理テクニック）をいくつか紹介します。
　トレードで「メンタルコントロール」「メンタルの改善」が重要だということは、どのセミナーや本、DVD、教材でも教えています。しかし「どのように感情を改善するか」について具体的に解説しているものは、ほとんどありません。本書では、そのスキルを具体的に紹介したいと思います。

⑤事業計画

　解決策を具体的に進めるための事業計画（ビジネスプラン）を構築します。
　そして、このTOTEモデルと三位一体のトレード戦略を維持するために有効なポイントとポジティブな習慣づけの方法について紹介します。

自己認識

第 2 章

Christopher Stanton　　Mark Shlaes　　Ken Jakubzak

Scott Ramsey　　Larry Williams　　Masaaki Saito

*NLP Trader Coaching:
How to Achieve the Successful Trader's Mindset*

2-1　無意識の欲求が行動の核となる

　NLPトレードコーチングでは、自分の現状（今の自分の置かれている状態）と目標の状態（自分に合った理想のトレーダー像）との相違を明らかにして、その目標に向かって何をどう変化させていくべきかの道筋を探していきます。そのためには、まず自分の現在の位置関係（どのような状態か）を正確に認識しなければなりません。
　ところが、ひとくちに"自分の現状"といっても、分かっているようで、実際にはよく分かっていないのが人というものです。それは普段の生活で、客観的に自分をみつめる機会がめったにないこと、そしてこれから説明する心の構造に理由があります。
　そこで本章では、心の構造について解説したうえで、自分の現状（今持っている**信念**や、とっている行動、置かれている環境なども含む）が、どのようにして作られたのか（なぜ現在のような自分になったのか）を深く追求します。自分でもみえなかった（隠していた）自分を明らかにすることではじめて、目標までの距離がはっきりとみえてくるのです。

真の動機

　自己認識の糸口となるのが、自分の「動機＝欲求」を知ることです。動機は行動の原動力となります。
　ただし私たちは、意識的・論理的に考えて決定する"表向きの動機"を自分の動機ととらえがちです。しかし実際には、心の奥底にある感情から発せられる「真の動機」によって動機づけられます。そのあと

で論理的に考えようとするのです。

例えば、海外旅行から帰ってきたとき、あれだけ英語の勉強をしようと思ったのに、実際には続かない人がほとんどです。それは、真の動機から発せられたものではないからです。

トレード心理学を学ぶためには、自分の真の動機を客観的にみつめなおすことが出発点となります。真の動機こそが、トレードで切迫した状況になるほど自分の行動を大きく左右する原動力となるのです。

真の動機は、自分の心の奥底から発せられています。そこで自分の心の奥底、つまり「潜在意識」を探ってみましょう。

潜在意識と本音

人の心には、自分が意識している部分である「顕在意識」と自分が意識することのない部分である**「潜在意識」**があります。

顕在意識では、自分の感情を自分でコントロールすることが可能です。自分の思考や行動について論理的に選択し、理性的に判断します。

一方、潜在意識とは、**顕在意識の奥に潜む倉庫のようなものです。過去に経験したことが、そのときに感じたことと合わせて解釈され、記憶として数百万と細かく分類され、保管されています。**

潜在意識に保管された記憶が消去されることはありません。**現実と想像を区別することなく、そのときに抱いた感情を批判したり分析したりすることなく、蓄積されていく**のです。

顕在意識と潜在意識は、よく海に浮かぶ氷山に例えられます。水面から突き出している部分が顕在意識です。そして、水面下に隠れている部分が潜在意識となります。**私たちの心の約90％は、潜在意識に占められている**わけです（図2.1）。

潜在意識は、起きているときも、眠っているときも24時間働いています。例えば、眠っている間の心臓の鼓動や呼吸、ホルモンの分泌、

図2.1　潜在意識と顕在意識

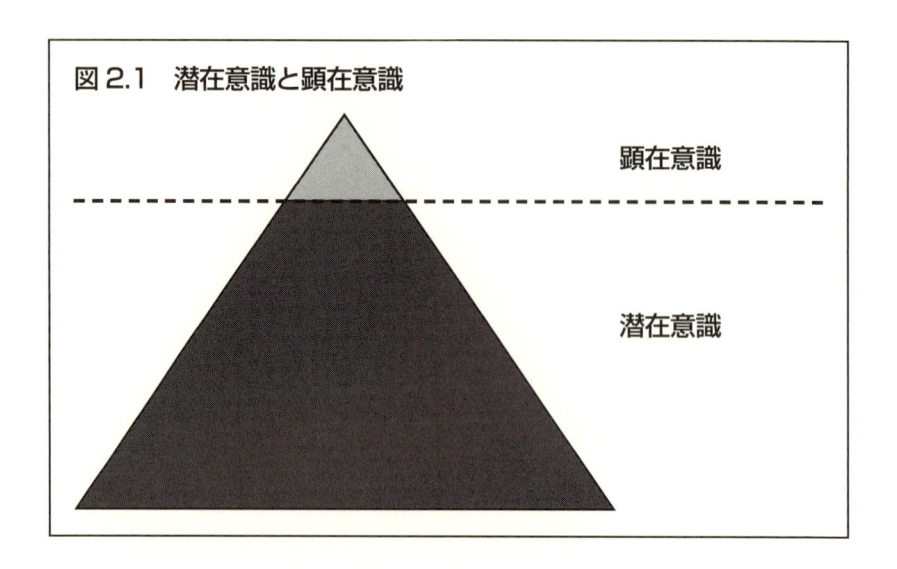

顕在意識

潜在意識

　新陳代謝など、体の機能を動かし続けているのは、潜在意識の働きによるものです。また、直感やひらめき、寝ている間の夢を作り出す機能もあります。

　そのため潜在意識には、本質的に直感や本能のまま働く力があります。そして、その情報源となるのが、そこに保管されている記憶なのです。

　通常は、顕在意識が表面に出ているため、潜在意識の力は制限され、十分に発揮されません。ところが、顕在意識が混乱するような非常事態が起こったとき、顕在意識が背後に隠れ、潜在意識がその力を発揮することになります。その良い例が「火事場のバカ力」です。

　ところが、トレードでは得てして悪いほうで出てしまいます。例えば、売買シグナルに従ってトレードを仕掛けたあと、相場がシナリオとは逆に大きく動いた場合、多くの投資家は「大損をしてしまった！」というショックからパニックに陥ってしまい、「売買ルールや売買シグナルを順守する」という顕在意識が背後に隠れてしまうのです。

　そして「（大きな損を出したら）恥ずかしい」「（勝負に負けたら）

悔しい」「(失敗したら) 恐ろしい」といった潜在意識が力を発揮します。そのため「売買ルールを破り、そのまま塩漬けにする」という行動をとってしまうわけです。

　このように「理屈ではよく分かっているのだけれど、なぜか理屈どおりにできなかった」という経験は、誰にでもあるのではないでしょうか。トレードに限らず、このような経験をしたら、日誌に記録することをおすすめします。自分の潜在意識が自分の行動にどのように影響をしているか認識する糸口とするためです。

　いいかえれば、潜在意識から発せられる「真の動機」つまり「本音」を知ることが自己認識の第一歩となります。この本音によって、トレードの理性的な判断が阻害される可能性があるのです。

本音を引き出す効果的な質問

　潜在意識にある自分の本音は、どのようにして引き出すことができるでしょうか。それには「感情に問いかける質問」と「事実を具体的に確認する質問」を活用します。

　例えば「旅行に行きたい」という場合で考えてみましょう。感情に問いかける質問では「どんな気分になれる旅行がしたいですか？」「旅行に行けたら、どんな気分になるでしょうか？」といった全体的な聞き方をします。

　一方、事実を確認する質問では、次の「5W2H」を使った部分的な聞き方をします。

What（何を）
When（いつ）
Where（どこで・どこへ）
Who（誰が、誰と、誰にとって）

Why（なぜ）
How（どのように）
How many/much（いくらで、どれくらい、どうやって）

　例えば「（具体的には）いつ旅行に行きたいですか？」「誰と旅行に行きたいですか？」「どうやって旅行に行きますか？」といった質問です。
　このような質問の仕方を「チャンクアップ」「チャンクダウン」といいます。チャンクとは「大きな塊」という意味です（図2.2）。
　例えば「私」という情報を、より大きな塊から表現すると「人間」「家族」「日本人」「地球」「宇宙」……となります。これがチャンクアップです。逆に「私」という情報の塊を細分化すると「頭」「手」「足」「内臓」「髪」「爪」……とさらに小さな塊にすることができます。これがチャンクダウンです。
　通常、人は自己正当化を含めて、自分の感情にとって都合の良い歪曲や省略や一般化によって物事を解釈し、潜在意識のなかで記憶をしています（詳細は第5章で解説します）。そのため、自分の本当の問題点や本音が、なかなか自覚できません。
　そこで、チャンクダウン（具体的）の質問をすることで、自分の本当の問題点や自分の本音を明らかにしていきます。また、チャンクアップ（何のためにするのか）の質問をすることで、自分の本音がトレードにポジティブなものかネガティブなものか明らかにし、修正の方向性を自分で認識していくのです。
　例えば、たいした勉強も検証もせず、単に勘だけでトレードを繰り返しては損失を出し続けている人がいたとします。この人は「一般人がトレードに勝てるはずがない。だから俺も負けているんだ。みんな負けているんだから仕方がない」と思い込んでいるとしましょう。
　この人は自己を正当化するために一般化してしまっています。そし

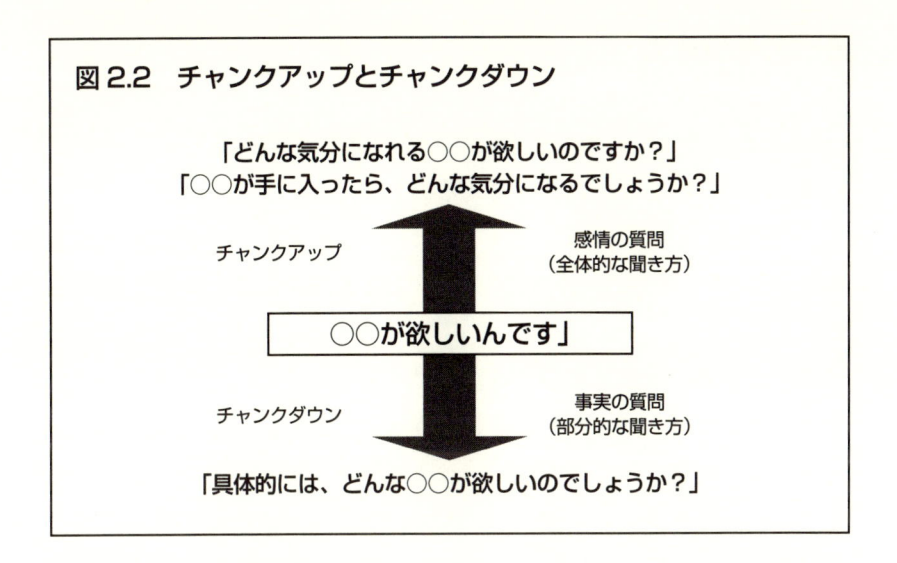

図2.2　チャンクアップとチャンクダウン

「どんな気分になれる○○が欲しいのですか？」
「○○が手に入ったら、どんな気分になるでしょうか？」

チャンクアップ　　　　　　　　　感情の質問
　　　　　　　　　　　　　　　（全体的な聞き方）

「○○が欲しいんです」

チャンクダウン　　　　　　　　　事実の質問
　　　　　　　　　　　　　　　（部分的な聞き方）

「具体的には、どんな○○が欲しいのでしょうか？」

てこのようなことを繰り返していると、この考え方や行動が習慣化されてしまい、この信念が当たり前になってしまうのです。

　しかし普通に考えると、つっこみどころ満載です。負けるやり方をしていて何のためにトレードをしているのでしょうか。なぜ勝てるように学ばないのでしょうか。

　ところが、本人は自分が正しいと思い込んでいます。そのため、第三者に「こうしたほうがいい」と指摘されても、自分の信念が否定されたことに腹を立てることが多いのです。

　そこで、チャンクダウンの質問を問いかけることで、自分の本音、そして本音のなかに自分の本当の心理的問題点があることを自分で「気づく」ように誘導します。そしてチャンクアップの質問で自発的に目標に向けて本音を改善するよう誘導するのです。

　これから読者の皆さんに回答していただく質問や、本書に掲載されているコーチング例には、このチャンクアップとチャンクダウンが意図的に使われています。この点に注目して読んでいただければ、自分で自分の問題点を追及するときにも役立つはずです。

6つの感情欲求

「あなたの夢はなんですか？　あなたの欲しいものは？」
この問いに、あなたはどう答えるでしょうか。
「世界旅行をしたい」「マイホームが欲しい」「たくさんの仲間が欲しい」「仕事で大成功を収めたい」……など、さまざまな答えが出てくると思います。
では、本当にそれが実現するだけで「やった！　自分の望む未来を手に入れた！」と満足できるでしょうか。
例えば、自分に「高価なスポーツカーに乗って、高級ブランドの服を着て、パーティーにいきたい」という夢があったとします。そして5年後にかなりの大金を手に入れたとしましょう。
スポーツカーとブランド服を購入し、そして友人からパーティーに呼ばれたとします。念願の夢が5年後にかなったわけです。
ところが、ひとつ問題がありました。実は、自分が稼いだ大金は、情報を独占して、しかも他人には誤った情報を伝え、友人たちを押しのけて自分だけ勝ち抜き、みんなに恨まれながら、やっと手にしたものだったのです。
当然ながら、かつての友人たちは、自分を仕方なくパーティーに呼んだものの、誰ひとりとして、自分が来ることを望んでいません。たとえパーティーに出席したとしても全員から白い目でみられ、無視されること間違いなしです。それどころか、自分から財産を奪いとってやろうと企んでいる人がいるかもしれません。
確かに、自分の夢はかないました。しかし、誰も自分の成功を喜んでいません。それどころか恨む人さえいます。
自分は誰からも愛されず、認めてもらえず、財産もいつ狙われるか分からない状態です。いつまで安定が続くかも分かりません。それでも、自分は心から「夢がかなった！」と喜べるでしょうか。

では、もし他人にも喜ばれる方法で夢を手に入れていたら、どうだったでしょうか。自分は多くの友人たちにも心から称賛され、羨ましがられたかもしれません。地元では英雄視され、銅像でも建てられたかもしれません。友人からも家族からも「素晴らしい人だ」と尊敬されながら一生を送ることになったかもしれません。世界中に友人が増え、彼らと信頼を築き、繋がることができたかもしれません。そうなったら、どのような感情を手に入れているでしょうか。

そうです。自分が「本当」に欲しかったのは、スポーツカーでも、ブランド服でも、パーティーで一目置かれることでもありません。自分が本当に手に入れたかったのは、それらを手にしたときに得られる「感情」だったのです。

スポーツカーやブランド服に身を包みパーティーに出ることで、実は皆から「いいなぁ、うらやましいなぁ」と思われたい、立派な人だと尊敬されたいという感情を手に入れたかったのです。そしてこの"感情欲求"こそ、自分が本当に手に入れたいと望んでいること、つまり「本音」なのです。

スポーツカーに乗ったり、ブランド服を着たり、パーティーに行ったり……というのは、本音を満たすための手段にすぎません。つまり、最終的にどの感情を手に入れたいのか明確に理解できていないと、手段の方向を間違え、望む結果を得られないことになってしまうわけです。

では、トレーダーは"トレード"という手段によって、どのような自分の本音を満たそうとするのでしょうか。

トレーダーには「お金を得て今の仕事をやめたい」「大きな損失を避けたい」「一か八かの勝負で勝ちたい」「自分の考えたとおりに株価が動いてほしい」「トレードで成功して妻に男として認められたい」……といった実に多種多様な願望があります。しかし、この願望を突き詰めてみると、次の **6つ**の**「感情欲求」**にまとめることが可能です。

> ①安定の欲求 ＝ ほっとしたい
> ②自由の欲求 ＝ ワクワクしたい
> ③愛の欲求 ＝ 愛されたい、信頼されたい
> ④重要感の欲求 ＝ 認められたい、価値がある存在になりたい
> ⑤成長の欲求 ＝ 今の自分を超えたい
> ⑥貢献の欲求 ＝ 何かをしてあげたい

　先述のアガシ選手を復活させたアンソニー・ロビンズ氏は、これを「シックス・ヒューマン・ニーズ」と呼んでいます。人の行動のほとんどは、この６つの欲求が核となっています。

　例えば「お金を得て仕事をやめたい」という願望に対して「なぜ、お金を得て仕事をやめたいのか？」「お金を得て仕事をやめることで、何を得られるのか？」といったように、突き詰めていくと「お金を得ることで、生活のために仕事をすることから開放されたい」という本音が浮き彫りになってきます。つまり「開放されたい＝自由」を求めているのです。

　同じように突き詰めていくと「大きな損失を避けたい」という願望は「安定」の欲求が根源にあります。「一か八かの勝負で勝ちたい」という願望は、ギャンブル的なトレードによってワクワク感を満たしたいという「自由」の欲求が根源にあるのです。

　また「自分の考えたとおりに株価が動いてほしい」という欲求は、自分の考えが正しいと証明したいという「重要感」の欲求を満たしたいということになります。そして「トレードで成功して妻に男として認められたい」は、妻に愛されたいという「愛」の欲求が根源にあるわけです。

　人は常に何かしらの行動をすることで、何かしらの結果を得ています。その行動を決めたのは、何かしらの選択をしたからです。その選択には「基準」が求められます。そして、その基準に隠れているのが、

真の動機であり、本音であり、その核となる欲求なのです。

　現在の自分の状態は、過去の自分の行動から生まれています。もし現在の自分が自分の望む人生を手に入れていないのだとしたら、自分のこれからの行動を変えなければなりません。では、これからの行動を変えるために、どうすればよいのでしょうか。

　トレード勝者たちは、いとも簡単に成功を遂げているようにみえます。ところが、実際に勝者の行動を真似ようとしても、なかなか簡単にはできません。そんな簡単に自分の行動を変えることができるのなら、本書を手にとっていないはずです。

　行動を変えるには、自分の選択を変えなければなりません。選択を変えるには、自分の基準を変える必要があります。そして、基準を変えるには、自分の欲求を変えなければならないのです。欲求にこそ、自分を駆り立てる本当の力が存在しています。

　では、自分の欲求に気づいているでしょうか。自分の欲求に振り回されていないでしょうか。まずは自分の現在のトレードに対する欲求を明らかにしましょう。そうすれば、自分の過去の行動を客観的にみられるはずです。

　自分の欲求に基づいた行動を積み重ねていくことで、自分の中には信念が出来上がっていきます。そのマイルールがトレードにネガティブなもので、自分の成長を阻むものであれば、どれだけトレードの技術面を磨いていても、無駄な努力を続けているだけです。

　自分が無意識にその信念に振り回されて行動している間は、何年たっても結果は変わりません。しかし、逆に自分の行動を変えて、勝者と同じように行動できれば、トレードはその日から変わっていくはずです。

　トレードで成功を収め、望む人生を手にするため、まずは自分自身のトレードでの欲求を明らかにしましょう。そうすれば、自分の行動を変えるための道筋がみえてくるはずです。

自分の欲求を探る

多くの人が強く持っている欲求は「安定」「自由」「愛」「重要感」の4つです。この4つを満たすことができて、ようやく「成長」と「貢献」の欲求に目がいくことが多いといわれています。

そこでまず「安定」「自由」「愛」「重要感」について自分に問いかけてみましょう。自分は4つの欲求をトレードでは、どのようにして満たしているでしょうか。

4つの欲求には、トレードの成功（自分の理想）に「ポジティブな満たし方」と「ネガティブな満たし方」があります（**図2.3**）。

図2.3　6つの欲求

貢献
何かをしてあげたい

成長
今の自分を超えたい

愛
愛されたい
ポジティブ：愛・繋がり
ネガティブ：他人排除・しきたり・迷信

重要感
認められたい、価値ある存在になりたい
ポジティブ：重要感（ユニーク・希少価値）
ネガティブ：傲慢・孤独・支配

安定
ほっとしたい
ポジティブ：安定と快適・安全と自信
ネガティブ：何もしない・思い込み・過信・過保護（成長・変化を嫌う）

自由
ワクワクしたい
ポジティブ：冒険とバラエティ・達成感
ネガティブ：不安・心配・無力感　無価値感（破壊的）

①**安定**

　安定の欲求のポジティブな満たし方には「安定と快適」「安全と自信」があります。ほっとしたい、安全でいたいという欲求です。トレードでいえば、リスクヘッジ、資金管理、平常心、バックテストの徹底などが挙げられるでしょう。

　一方、安定のネガティブな満たし方には「何もしない」「思い込み」「過信」「過保護」などがあります。何もしなければ、変化は起きませんから安定の欲求が満たされるというわけです。あるいは、自分のやり方や考えが絶対正しいと思い込み、反対意見には耳をふさいで自分の殻に閉じこもれば、変化は起きません。どちらも変化を嫌う感情といえるでしょう。

　また、自分は大丈夫だと過信してリラックスをしたり、あるいは何から何まで他人にお世話してもらうことで「自分で考えなくてもいい」という安心感を得たりといった、成長を嫌う感情も安定のネガティブな満たし方といえます。

②**自由**

　自由の欲求のポジティブな満たし方には「冒険とバラエティ」「達成感」があります。新しい未知の分野へのチャレンジ、目標とした売買手法の完成など、自分の枠を超えた冒険をしたいという欲求です。

　一方、ネガティブな満たし方には「不安」「心配」「無力感」「無価値観」などがあります。不安を感じるということは、いいかえれば、安定していないということです。どこかワクワク感があります。また、心配するとドキドキ感を得られます。

　無力感とは、いいかえれば責任感から開放されるということです。無価値観から破壊的な行動をとれば（自暴自棄になれば）、スリル感を味わえます。

③愛

　愛の欲求のポジティブな満たし方には「愛」「繋がり」があります。文字どおり、人から愛されたい、信頼されたいという欲求です。なお、これは家族や人々に自分が愛されたい、信頼されたいという受動的な欲求であり、自分が何かを（誰かを）愛する、信頼するという意味ではありません。

　一方、ネガティブな満たし方には「他人排除」「しきたり」「迷信」があります。例えば、いじめ（他人排除）をすることで仲間と絆を深めたり、皆と同じしきたりや儀式を行うことで連帯感を得たりします。お守りを持つことで、誰かに守られたいという欲求が満たされる（迷信）というのもネガティブな満たし方です。

④重要感

　重要感の欲求のポジティブな満たし方とは「自分が特別な存在であり、他人から価値があると認められたい」「自分は素晴らしい人間である」と感じることです。いいかえれば「ユニーク」「希少価値」といえます。

　一方、重要感のネガティブな満たし方とは、わがままで、人の意見を聞かずに自分の考えを押しとおし、他人（一般人）とは違う人間だと相手に認識させることです。孤立することでも、ある意味「自分はその他大勢ではない」という特別感を得られます。いいかえれば「傲慢」「孤独」「支配」です。

●自分で満たしていることと他人から満たされていること

　ポジティブな満たし方とネガティブな満たし方には、さらにそれぞれ、自分で満たしているものと、他人から満たされているものがあります。

　例えば、安定の欲求をネガティブに満たすにしても、自分では「新

聞やネットの情報に必ず目をとおす」ことで満たすかもしれません。あるいは、他人から「自分のポジションが正しいと支持してもらう」ことで満たすかもしれません。それぞれ分けて書き出しましょう。

⑤成長と⑥貢献

4つの欲求について書き出したら、残り2つの「成長」と「貢献」の欲求について自分と他人で書き出してみます。

成長の欲求とは、例えば自己のスキルアップ、人間的な成長、知識やスキルの習得といった欲求です。貢献の欲求とは、利益の還元、人材育成、チャリティが挙げられるでしょう。例えば「自分が成功した秘訣をまだ成功していない人たちに教えてあげたい」という欲求も貢献の欲求によるものです。

次ページの質問に回答をして、自分のトレードでの欲求を探ってみましょう。

時間をかけて素直に、自分のこれまでの行動や経験を振り返ってみてください。途中、質問が多すぎて、あるいは自分の"未熟"な部分がみえてしまって、嫌な気持ちになってしまうかもしれません。しかし、すべては自分のためなのです。じっくりと回答してみてください。

なお、この質問は作業シートとして次のURLからダウンロードできます。

http://www.reed-jp.com/contents/works/

各質問の下に回答を書き込んで残しておいたほうが、このあとの作業も効率的になりますので、ぜひご利用ください。

◎欲求を探る作業

①安定の欲求
自分がトレードでほっとする行動を書き出してみましょう。

——トレードで「安定と快適・安全と自信」を得るために、自分で満たしていることは何でしょうか？

——トレードで「安定と快適・安全と自信」を得るために、他人から満たされていることは何でしょうか？

——トレードで「何もしない・思い込み・過信・過保護」を得ることを自分で満たしていることは何でしょうか？

——トレードで「何もしない・思い込み・過信・過保護」を得ることを他人から満たされていることは何でしょうか？

②自由の欲求
自分がトレードでワクワクする行動を書き出してみましょう。

——トレードで「冒険とバラエティ・達成感」を得るために、自分で満たしていることは何でしょうか？

——トレードで「冒険とバラエティ・達成感」を得るために、他人から満たされていることは何でしょうか？

——トレードで「不安・心配・無力感・無価値観」を得ることを自分で満

たしていることは何でしょうか？

――トレードで「不安・心配・無力感・無価値観」を得ることを他人から満たされていることは何でしょうか？

③愛の欲求
自分がトレードで愛（繋がり）を感じる行動を書き出してみましょう。

――トレードで「愛・繋がり」を得るために、自分で満たしていることは何でしょうか？

――トレードで「愛・繋がり」を得るために、他人から満たされていることは何でしょうか？

――トレードで「他人排除・しきたり・迷信」を得ることを自分で満たしていることは何でしょうか？

――トレードで「他人排除・しきたり・迷信」を得ることを他人から満たされていることは何でしょうか？

④重要感の欲求
自分がトレードで認められたいと感じる行動を書き出してみましょう。

――トレードで「重要感」を得るために、自分で満たしていることは何でしょうか？

——トレードで「重要感」を得るために、他人から満たされていることは何でしょうか？

——トレードで「傲慢・孤独・支配」を得ることを自分で満たしていることは何でしょうか？

——トレードで「傲慢・孤独・支配」を得ることを他人から満たされていることは何でしょうか？

⑤成長の欲求
自分がトレードで成長を感じられる行動を書き出してみましょう。

——トレードで「成長」を感じるために、自分で満たしていることは何でしょうか？

——トレードで「成長」を感じるために、他人から満たされていることは何でしょうか？

⑥貢献の欲求
自分がトレードで貢献を感じられる行動を書き出してみましょう。

——トレードで「貢献」を感じるために、自分で満たしていることは何でしょうか？

——トレードで「貢献」を感じるために、他人から満たされていることは何でしょうか？

典型的な敗者の回答

　欲求を知る作業は、いかがだったでしょうか。いくつかの質問では何も思いつかなかったかもしれません。
　ここで回答例を紹介しましょう。ただし、これは私がこれまで会ってきた"残念な"投資家たちからの回答をまとめたものです。
　したがって、実際はトレードでの成功に**すべてネガティブである**点に注意してください。回答者が"ポジティブ"のつもりで答えていても、実は別のネガティブな欲求であることが多いのです。コラムもしくは括弧内に私のコメントも入れましたので、確認しながらご覧ください。

①安定の欲求
――トレードで「安定と快適・安全と自信」を得るために、自分で満たしていることは何でしょうか？

　●毎朝、必ず日本経済新聞とテレビの経済ニュースをチェックして、トレードの判断材料にしています。

> →こうした情報が株価に織り込まれているかはチェックしていない。これはどちらかというと、ニュースに目をとおしていれば安心だ（より深い研究はしたくない）という思い込みや「何もしない」のネガティブ欲求になる。もしくは、ニュースなどをチェックしないと不安になるので、チェックすることで過保護を受けている気になるというネガティブ欲求である。

――トレードで「安定と快適・安全と自信」を得るために、他人から満たされていることは何でしょうか？

●自分のポジションに自信を持つため、支持してくれるニュースを探しています。

> →損切りをしなければならない状況でも「これから上昇するはず」という願望を支える情報のみを探して信じてしまう。これは自分が今選択している事柄に対し、「変えたくない」という欲求であると判断でき、安定のネガティブ欲求、または重要感のネガティブ欲求（傲慢、支配）に入ると考えられる。

――トレードで「何もしない・思い込み・過信・過保護」を得ることを自分で満たしていることは何でしょうか？

●他人の売買手法や売買スタイルには否定的です（何もしない）。
●いつかはきっと上がると思っているので、株トレードでは基本的に損切りをしません（損失の痛みを受けることから回避できる）。

――トレードで「何もしない・思い込み・過信・過保護」を得ることを他人から満たされていることは何でしょうか？

●ネットで評価の高いFXの自動売買プログラム数本に資金の一部をあててしまいました（過保護）。

②**自由の欲求**
――トレードで「冒険とバラエティ・達成感」を得るために、自分で満たしていることは何でしょうか？

●売買ルールやシグナルを無視して、直感的に判断を下すことがあります。

> →これは「正しいことが分かっているのにあえて無視する」という自由のネガティブ欲求（無価値観）になると考えられる。

● 「これは賭けごとを楽しむための資金」として別口座があります。

> →ギャンブル的行為を楽しみたい（自由のネガティブ欲求を満たしたい）と、遊びと割り切って別口座で、少ない枚数もしくはデモトレードで楽しむならば、まだ問題はないだろう。だが、この人は最初から本口座と同じ枚数で運用し、結果ギャンブル口座と本口座との区別がつかなくなり、悪い結果が出てしまった。トレードではなく、まったく別のもので、この欲求を満たすことができればよかった。

――トレードで「冒険とバラエティ・達成感」を得るために、他人から満たされていることは何でしょうか？

● 値動きが自分の予想どおりの展開となることです。

> →達成感としての回答と思われるが、これは重要感のネガティブ欲求（傲慢、支配）である。

● 利益が出るほど、うれしくなって、さらに大きな勝負をしたくなります。

> →これも「正しいことを分かっているのに、あえて無視をする（考えたくない）」という自由のネガティブ欲求（無価値観）になると考えられる。

――トレードで「不安・心配・無力感・無価値観」を得ることを自分で満たしていることは何でしょうか？

● 売買ルールどおりにやっていたら"往復ビンタ"となって大負けとなってしまい、やけになって残りの資金でレバレッジを最大限に上げて大勝負をしてしまいました。このときは「もうどうなってもいい、全部なくなってもいいから、このもやもやした気分を払拭したい」という気持ちでした（無価値観）。

――トレードで「不安・心配・無力感・無価値観」を得ることを他人から満たされていることは何でしょうか？

● 値動きそのものが、常にどう動くか分からない不安定なものなのであり、そのなかでトレードをしていることです（不安）。

③愛の欲求
――トレードで「愛・繋がり」を得るために、自分で満たしていることは何でしょうか？

● トレードコミュニティに参加をして、情報交換をしています。

> →実際は、この人は手っとり早く儲かる売買ルール、あるいは検索すればすぐに分かるようなことを聞いて回っていた。とすれば、実際は安心のネガティブ欲求（何もしない）に該当する。

――トレードで「愛・繋がり」を得るために、他人から満たされていることは何でしょうか？

●トレード仲間に自分の信念を支えてもらうことです。

> →実際は、傷をなめあっていた。成長しあうためのものならばポジティブ欲求になるが、負けていることを正当化したいだけの場合は「自分の今の意志を変えたくない」という安心のネガティブ欲求（何もしない）に該当する。

●カリスマ投資家の武勇伝を聞くと勇気が出てきます。

> →勇気が出て、やる気を出すためのもの（成長する）であれば、ポジティブとなる。だが、自分は何もしなくても（努力しなくても）その人の体験談もしくはセミナーを聞いて（その人とつながっているだけで）頑張った気になりたいだけであれば、安心のネガティブ欲求（何もしない）に該当する。

●セミナーに参加します。

> →同じ内容のセミナーに何度も参加するようであれば、上記と同じく安心のネガティブ要求に該当する。

——トレードで「他人排除・しきたり・迷信」を得ることを自分で満たしていることは何でしょうか？

●自分が大損する原因となったニュースやアナリストの悪口をブログに書くことがあります（本当の原因は、そこではないことが多い）。
●神社で祈願しています。
●毎日神棚にお祈りをしています。
●3のつく日は勝てないというジンクスがあります。

——トレードで「他人排除・しきたり・迷信」を得ることを他人から満たされていることは何でしょうか？

- トレード仲間が私の書いた悪口に同調してくれたときです。
- ブログの上位ランクにあるアナリストのコメントは、当たる可能性が高いと思っています。

④**重要感の欲求**
——トレードで「重要感」を得るために、自分で満たしていることは何でしょうか？

- 緊張感を持つため、かなりの資金をトレードにつぎ込んでいます。

> →適度な緊張感を保つためであれば、自由のポジティブ欲求として有効だが、資金管理から目を背けたものであれば、自由のネガティブ欲求（無価値観）に該当する。もしくは、かなりの資金で運用をしていると人に自慢することが目的ならば、傲慢なネガティブ欲求といえる。

- 自慢ではないが、株式投資ですでに家ひとつ買えるぐらいの損を出しています。

> →本当に自慢することではない。これだけ負けたという自慢の裏には「オレはこれだけお金を持っているよ。これだけ損をしても大丈夫なくらいすごいんだよ」と人に認めさせたい（傲慢）なネガティブ欲求になる可能性がある。現在そこから成長しているならば問題ないが、成長したくないための言い訳であればネガティブ欲求になる。

――トレードで「重要感」を得るために、他人から満たされていることは何でしょうか？

●セミナーや交流会などで、自分に長い投資暦があることや、バブルのときに大儲けしていたこと、そのあとで多額の損失を出したことを語ると、周りから「すごい」といわれます。

> →これも前項目と同じ理由からネガティブ欲求である。

●自分よりも経験の少ない人に過去のことや相場のうんちくを語るのが嬉しいです。特に自分の相場観で大相場を当てた"武勇伝"を話すと喜ばれ、コツを教えてほしいといわれます。
●自分が勝ったトレードをブログにアップすると、周りから羨望のコメントをもらえます。

> →貢献の欲求や、教えることで自分を成長させたいという欲求ならば、ポジティブだが、今よりも成長せずに、過去の栄光を他人に認めさせたいだけであれば、傲慢のネガティブ欲求になる。

――トレードで「傲慢・孤独・支配」を得ることを自分で満たしていることは何でしょうか？

●売買ルールとは別に、たまに直感だけでトレードをします（傲慢）。

――トレードで「傲慢・孤独・支配」を得ることを他人から満たされていることは何でしょうか？

●直感が当たって、利益が出たときです。

⑤成長の欲求

――トレードで「成長」を感じるために、自分で満たしていることは何でしょうか？

●セミナーに参加します。

> →セミナーの内容にもよるが「○○するだけで」といったキャッチに目がくらんで、努力したくない（しなくてもよい）安心のネガティブ欲求（何もしない）を満たそうとしている場合が多い。

●ネットでいろいろな情報を入手します。

> →知識が増えればそれでいいと考えている可能性、セミナーに参加しただけで自分ができると思ってしまう可能性、自分の優位性を探すという目的意識が欠如していれば、上記と同じく安心のネガティブ欲求（何もしない）と考えられる。

――トレードで「成長」を感じるために、他人から満たされていることは何でしょうか？

●この手法や分析は使えないとか、あいつはインチキだとかを素人に教えてあげられることです。

> →根拠に基づいたアドバイスであれば、貢献の欲求になる。だが、根拠もなしに負けたことをその人のせいにするのであれば、他人排除をすることで自分のほうに意識を向けてもらいたい（愛のネガティブ欲求）と考えられる。また、相手を支配したり見下したりする（傲慢）のであれば、ネガティブと考えられる。

⑥**貢献の欲求**
——トレードで「貢献」を感じるために、自分で満たしていることは何でしょうか？

●儲かったお金で周りの友人とパーッとやります。

> →「年間トータルしてこれくらいの利益が出たら……」など、きちんと資金管理を考慮したうえの出費であれば、貢献にもなるが、資金管理を考えずに単に儲かったらすぐに使いたいだけであれば、自由のネガティブ欲求（無価値観）が強い。

——トレードで「貢献」を感じるために、他人から満たされていることは何でしょうか？

●損をしたときは、誰かを儲けさせてあげたのだと思います。

> →自分は変わりたくない（間違っていたと思いたくない）安心のネガティブ欲求（無変化）、もしくは自分の考えが正しかったことを自己正当化したい重要感のネガティブ欲求（傲慢）、愛のネガティブ欲求（迷信）などが考えられる。

　先ほど述べたように、成長と貢献の欲求については、ほかの4つのポジティブ欲求が満たされてはじめて、この2つの欲求に（自然と）目がいくのが一般的です。敗者は、この欲求が出るまでレベルアップしていないと考えられます。
　ただし、レベルアップするために、意識的にこの2つの欲求を優先順位にもってくる手法もあります。それはのちほど紹介しましょう。

2-2　トレーダーとしての自分の全現状を知る

　人は、過去の経験などから**「価値観」**を作り上げていきます。価値観とは、**物事を評価するときの基準**です。
　そして、その基準によって**「信念」**が出来上がっていきます。ここでいう信念とは、**自分が心から信じていること、つまり「思い込み」のこと**です。「○○は○○であるべきだ」「○○とは○○だ」といったものです。
　根拠があるないにかかわらず、経験を積めば積むほど、信念の数も増えてきます。トレード経験が豊富な人には、トレードに関する信念がたくさんあるはずです。
　特に強固な信念は、実体験から出来上がったものです。「株は安いところで買って持っていれば、いつかは必ず上がるものだ」「ゴールデンクロスが出たら買いだ」「2月と8月は株価が下がるものだ」「ブレイクアウト後は急騰するものだ」「金曜日だから下がるのだ」など、人の潜在意識は、たまたま経験したことも、正しい正しくないに限らず"経験則"としてとり入れていきます。
　ただし、実体験から出来上がった信念は、トレードにポジティブに作用するケースもあれば、ネガティブに作用するケースもあることに注意しなければなりません。それまで有効だった信念が、相場状況の変化とともに「悪癖」となって作用することがあります。過去の信念にとらわれてしまったため損切りに躊躇してしまい、塩漬けになってしまったこともよくある話です。
　信念は「潜在意識での思い込み」であるため、自覚していないケースがほとんどです。例えば「トレードで損を出すべきではない」とい

う信念を持っている人に「あなたはトレードで損を出すべきではないという考えを持っていますか？」と質問をすると、ほとんどの人が「いえ、トレードでは損を含めたトータルでの利益としてみるべきです」と答えます。しかし、これは"知識"として知っているだけのことであり、現実にはなかなか損切りできないことが多いのです。

この場合「損を出すべきではない」という信念を自分が持っていることを自覚していません。そのため「理解しているのに損切りができない」ということになるのです。

よく「色眼鏡でみる」といいます。信念とは、この眼鏡のようなものです。青いレンズの眼鏡をかけると世界が青っぽくみえるのに、その眼鏡をかけ続けていると、眼鏡をかけていることを忘れてしまい、今みている世界が"真実"なのだと勘違いしてしまうのです。

その信念はトレードにポジティブかネガティブか

株式トレードを始めたばかりのとき、自分が安いと判断して買った銘柄の価格が運良く上昇したので利益を確定し、再び下げてきたところで安値だと思い、買いを入れると、また上昇して利益を得る……という経験を何度か繰り返したとします。

最初のうちは「たまたま安いと思ったから買いを入れたのだが、運良く上昇した！」「もしかしたら株は安いところで買ってしばらく持っていれば、そのうち値上がりするのではないだろうか？」という疑問を持つだけです。ところが、安いと思ったところで買いを入れるたびに株価が上昇するという実体験が重なると「株は安いと思ったところで買えば、必ず上昇する」という確信へと変化していきます。つまり信念が確立されたのです。

しかしその後、上昇相場が終結し、下落相場が始まったとしましょう。それまでの信念は悪癖として作用することになります。損切りが

できるようになりたいと心から願ったとしても「株は安いところで買えば、必ず上昇する」という信念が潜在意識にあるため、けっして損切りはできないのです。

過去のトレード経験のなかで出来上がった信念には、これまでポジティブに作用していたものもあるでしょう。しかし、その信念はこれからも役に立つでしょうか。トレードに対する自分自身の信念を自覚し、常にみつめなおすことは、非常に重要なことなのです。

自分の成功を阻むネガティブな信念に気づいたら、それを手放し、これから必要な新たな信念を持つ必要があります。そうすれば現在が変わり、それに連なる未来が変わるのです。

ニューロロジカルチェック

自分のトレードに対する現在のさまざまな信念を認識し、もしネガティブに作用しているのであれば、その修正をしなければなりません。そのために「ニューロロジカルレベル」というモデルを使って現状認識の作業をしましょう。

これはNLP開発者として有名なロバート・ディルツ氏によって体系化された手法です。**ニューロロジカルレベルでは、人間の意識や学習レベルには下位から、環境 → 行動 → 能力 → 信念・価値観 → 自己認識・ミッション → スピリチュアルという6つのレベル（段階）がある**としています。

上位レベルの変化は、下位レベルに影響し、大きな変化がもたらされます。一方、下位レベルの変化は、上位レベルに影響を及ぼす場合もありますが、必ずしもそうなるとは限りません。

本書では、このニューロロジカルレベルの考え方に基づき、トレードに対する人間の意識や学習レベルを**図2.4**のように5つの段階に分けました。

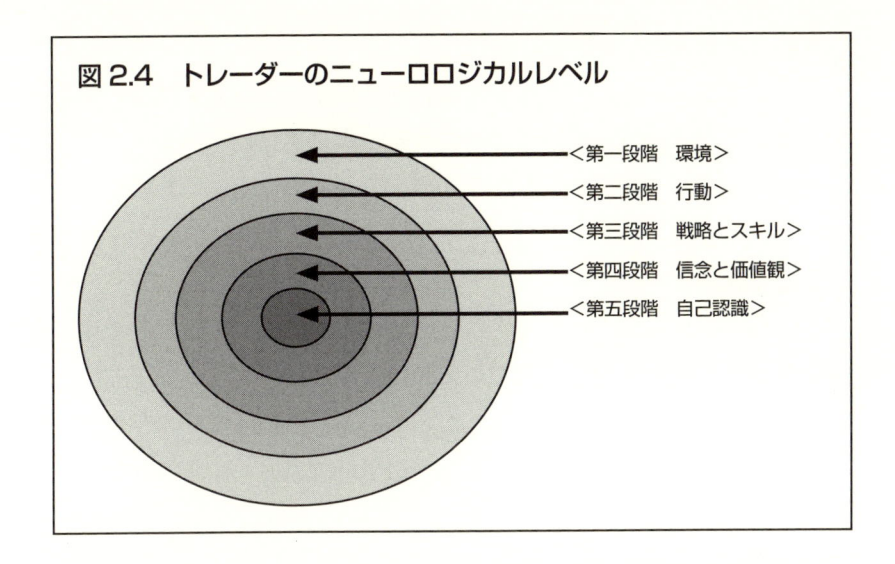

図2.4　トレーダーのニューロジカルレベル

＜第一段階　環境＞
＜第二段階　行動＞
＜第三段階　戦略とスキル＞
＜第四段階　信念と価値観＞
＜第五段階　自己認識＞

①環境

　第一段階の「環境」とは、自分や周囲の場所・時間・人を指します。「いつでも相場を確認できる時間があるか？」「仕事などによって相場を確認する時間が制限されていないか？」「家族の反対はないか？」など、トレードをするうえで自分が現在どのような環境にいるか確認していきます。専業トレーダーなのか兼業トレーダーなのか、トレードのほかにどんな仕事をしているのか、父親か母親か、専業主婦（主夫）か兼業か、趣味は……といったことが、すべて含まれます。

②行動

　第二段階の「行動」とは、自分が何を選択し、実行しているかということです。自分がとっている毎日の行動を客観的にみて判断します。
　例えば、トレードがうまくいかなかったとき、冷静にシステムを見直す作業をするのか、感情的になり焦ってルールとは違った売買をしてしまうのか、あるいは損失に耐え切れずトレードに恐怖を感じてしまうのか……などです。

③戦略とスキル

　第三段階の「戦略とスキル」とは、第二段階での行動を選び、実行するために自分が持っている思考的戦略および肉体的スキルのことです。自分はトレードでどんなことができる人なのかを確認します。

④信念と価値観

　第四段階の「信念と価値観」は、自分が大切にしていることです。行動に移し、能力を発揮するために必要なものです。例えば「安いところで買えば、そのうち株価は上がってくる」というように、トレードで自分が思い込んでいることを指します。

⑤自己認識

　そして最終の第五段階「自己認識」は、生き方を定義する中心的概念のことです。自分はトレードにどのような「テーマ」「理念」「使命」を持っているかを探ります。

　これから、それぞれの段階でチャンクダウンされた質問に回答していきましょう。そこから、自分の現状を細かく認識していき、改善すべき点に自分から気づいていこうというわけです。

　質問は第一段階の「環境」から始まり「行動」「戦略とスキル」「信念と価値観」「自己認識」へと順に移っていきます。上位レベルの質問では内面に深く意識を向け、最も深い自分自身を感じとることができるはずです。

　こうして得た上位の意識・学習レベルが変化すると、下位レベルに影響し、大きな変化を生み出すことができるとされています。例えば、第三段階の質問から現在の自分の能力を知ることができれば、今後手に入れたい能力が分かり、その能力を手に入れることができれば、それまでの行動や環境が変わってくるというわけです。

第四段階の「信念と価値観」では、次のような質問によってその真意を探っていきます。

> ――年間何％のリターンを見込んでいますか？
> ――そのためには、どれくらいのリスクを覚悟していますか？
> ――ドローダウンは、最大どの程度までなら許容範囲ですか？

　トレーダーの多くはいくら儲けたいかという目標にのみ意識をとらわれがちです。しかし、いくらまでなら損失を許せるかといったように、具体的なリスクやお金に対する信念も探り出す必要があります。
　どのような売買手法や時間枠が自分に最も適しているのか、自分を分析し、リスク管理や資金管理も含め、細かい項目を明確にして自分自身に合った現実的な売買スタイルを確立するための目標を作り上げていくことが、トレードで利益を上げることの基盤です。
　しかし実際に自己認識の作業をするとなると、質問の多さや深さに面倒だと感じたり、質問に答えられず「自分には向いていない」と挫折したりして、この時点で脱落してしまう人も少なくありません。
　現状を直視するのが嫌で質問に答えたくなかったり、質問の意味が分からず飛ばしてしまったり、「こんなことまで必要なのか？」と質問の内容に気分を害するようなことがあるならば、知識不足であったり、心理面での問題を抱えているということになります。
　次ページからの質問に回答をして、自分の現状を認識していきましょう。
　この作業シートも先ほどのURLからダウンロードできます。
　納得できる回答をみつけられないうちは、トレードを始めるのは待ったほうがよいでしょう。質問と答えの意味をしっかりと理解し、トレードを始めるうえでの心構えができていなければ、自分に合った売買スタイルを作り上げることは、当然のことながら不可能です。

◎ニューロロジカルチェックによる現状認識

第一段階　環境

――あなたは専業トレーダーですか？　それとも兼業トレーダーですか？

――トレードのほかにどんな仕事をしていますか？

――運用資産はどれくらいですか？

――運用資産のうち、損失を許容できる割合は？

――生活費には年間いくら必要ですか？

――トレードでの利益で生活費を補う必要がありますか？

――（生活費に補う必要があるならば）年間、いくらトレードで稼ぐ必要があるでしょうか？

――もし生活費が足りなければどうしますか？

――場中にトレードをすることはありますか？

――（するのであれば）場中にトレードに専念できるのは、１日何時間くらいですか？

――（しないのであれば）トレード戦略に専念できるのは、１日何時間くらいですか？

第二段階　行動

——あなたは現在、トレードについて学んでいることはありますか？　あるいは過去に学んだことがありますか？

——（学んでいるのであれば）どんなことを学んでいますか？　あるいは（過去に学んだのであれば）どんなことを学びましたか？

——毎日ひとりでトレードをしていても大丈夫ですか？　それとも少し、あるいは大勢の人が周りにいたほうがよいですか？

——あなたは周りの人から影響を受けやすいですか？

——（受けやすいとすれば）どのような良い（悪い）影響を受けやすいですか？　影響を受けるとあなたはどうなりますか？

——トレード中にほかに気が散るようなことはありますか？

——（気が散るようなことがあるとすれば）トレード中に気が散ると、どのような行動を起こしますか？

——（気が散るようなことがあるとすれば）気が散る状況でもトレードができる何かの方法が必要ですか？

——やる気を出したり、力がわいてくるポジティブな感情を出すために、どんなことをしていますか？

——否定的でネガティブな感情を引き出さないために、どんなことをして

いますか？

——否定的でネガティブな感情から、やる気を出させるポジティブな感情へと回復するために、どんなことをしていますか？

——過ちを犯さないために、どのようなことに気をつけていますか？

第三段階　戦略とスキル

——パソコンは、どれだけ使いこなせますか？　ネット証券に自分で発注することはできますか？

——（できないとすれば）それを学ぶ必要がありますか？　あるいは、家族にサポートしてもらいますか？

——売買手法の構築には、常に検証・研究が求められます。エクセルなどの表計算ソフトやプログラムを使い、自分で検証・研究できる能力はありますか？

——（できないとすれば）どのようにして検証・研究された売買手法を手に入れますか？（例：プログラムができる人を雇う。プログラムを学ぶ。検証されたシステムを購入する。売買手法を提供している会社のサービスを受ける……など）

——数学や統計学について、どのくらい知っていますか？

——トレードの知識は、どのくらい持っていますか？　相場の力学（価格

が需給によって決定する)や相場の要因、テクニカル面、指数の知識、資金管理なども含めて回答してください。

《トレード戦略について》
――どのような市場でトレードをしますか(例:日本株や日経先物など)?

――トレードの時間枠は、1日に何回も売買をするスキャルピングもしくはデイトレードですか? 1日から数日間で手仕舞いをするスイングトレードですか? 数日以上のポジショントレードですか? あるいは複数の時間枠の組み合わせですか?

――トレード開始の判断は、どのように決めますか?

――どのようなタイミングで仕掛けますか?

――どのような場合にトレードを中断(様子見)しますか?

――トレードの判断に何か指標を使っていますか? 使っている場合は、どのように指標をみてトレードをしていますか?

――利益の確定方法はどのようにしていますか?

――当初の損切り(ロスカット)位置は何を基準にしていますか?

――1単位当たりのリスクは、どのように決めていますか?

――1トレード当たりのリスクは、どのように決めていますか?

——運用資産全体に対するリスクは、どのように決めていますか？

——資金管理は、どのように行っていますか？

——分散投資はしていますか？

——トレード戦略が期待どおりにいっているか、何を目安に判断していますか（例：リターンの最大は○％、最低は○％を見込んでいて、平均すると○％、最悪のドローダウンは○％と考えているので、その範囲を超えたら、問題を探り、最悪の事態に至らないよう手を打つ……など）？

——現在の売買手法がうまく稼動しているときと、そうでないときの期待値や、リターンとドローダウンの範囲を知っていますか？　トレンドや変動の大きさの状態がどう影響するか知っていますか？

——現在のあなたのスキルで、トレードだけで生活費以上の利益を出して、さらに運用資産を増やすことは可能ですか？

——今後、自分自身のトレードへの教育計画はありますか？

——自分の特徴を考えてみて、今後どのような知識やスキルが必要だと思いますか？　成し遂げるべきことや解決しなければいけないことはありますか？

——あなたに合った売買手法の作成や心理的問題の解決、事業計画の作成には、どれくらいの時間・期間が必要だと思いますか？

第四段階　信念と価値観

——あなたは今までトレードに関連することで、どのような選択と経験をしましたか？

——日常、トレードをしているときによく感じている感情に、どのようなものがあるでしょうか？

——トレードでどうしようもなく興奮することや、衝動的になることはありますか？

——個人的な葛藤、家族や仕事上の問題、過去の苦いトレード経験などがありますか？

——時々、恐怖感や怒りがこみ上げてくるような感情面の問題はありませんか？

——トレードをするときに抱いたことのある感情で、大切だと思えるものは何ですか？

——トレードをするときに抱いたことのある感情で、どうしても避けたいものは何ですか？

——売買手法を確立するにあたって、心理面からみたあなたの良い点と欠点は何ですか？

——6つの欲求（安定、自由、愛、重要感、成長、貢献）について、それぞれトレードでどのように満たし、何を得ていますか？

――現在、欲求の優先順位は、どの順番になっていますか？

――日常のトレードに対して、あなたが持っている信念は何ですか？

――あなたはどのような理論でトレードをしていますか？　例えば、利益と損失を繰り返しながら少しずつ着実に利益を積み重ねていくような、現実的なトレードが自分に合っていると思いますか？　あるいは、大きなリスクをとって、大きなリターンを狙う方法が合っていますか？　それとも、勝率が90％あるような方法論が合っていると思いますか？

――勝率50％（勝ちと負けの数が同じ）で、しかも利益が損失の倍はある、優れた売買手法があるとします。しかし、この売買手法の場合、8回連続で負けが続くこともあります。負けが続いても、それを受け入れることができますか？

――方法論を改善するために、現在の方法論以外のアドバイスを受け入れられますか？

《リターンと損失の許容範囲について》
――年間何％のリターンを見込んでいますか？

――そのためには、どれくらいのリスクを覚悟していますか？

――ドローダウンは、最大どの程度まで許容範囲ですか？

――リスクに対して、どのように考えていますか？　どのような信念がありますか？

第五段階　自己認識

——あなたのトレーダーとしてのテーマは何ですか？　何を成し遂げるためにトレードをするのですか？

——あなたの理想のトレーダー像とは？

自分を深く認識すると何をすべきかみえてくる

　ニューロロジカルチェックによる現状認識の作業は、いかがだったでしょうか。質問にひとつひとつ根気よく真剣に答えていくことで、三位一体のトレード戦略を確立するために何が足りないか、今後自分が何をすべきかが明確になっていくはずです。
　ここでは、実際のNLPトレーダーコーチングの現場でニューロロジカルチェックをどのように使っているか、その例を紹介しましょう。45歳で一般サラリーマンの男性、ニックさん（仮名）とのコーチングです。
　なお、コーチングでは、相談者に自分の感情や過去の選択をみつめなおしてもらい、自分のなかにある信念や価値観を浮き彫りにして、根本的な問題に自分で気づいてもらうようにしています。その問題は過去のトレード経験だけではなく、私生活での遠い過去の記憶とつながっている場合もあります。自分さえ忘れていることもあるでしょう。もしくは、思い出したくない経験からくる問題もあるかもしれません。
　この段階では、まだ「探る」に焦点を置いているため、そうした「気づき」のところまでは入っていません。しかし、その糸口となる部分については各所にみられます。その部分には下線を入れました。

——コーチングを受ける前に、ひとつお伺いします。今回なぜニックさんは、コーチングを受けようと思われたのですか？

　トレードで失敗した原因が、自身の信念や行動が原因であるとはっきりと分かる経験をしました。これまでの負け組トレーダーから、勝ち組トレーダーに変わりたいと本気で決意をしましたので、成功者をモデリングして信念が書き換えられるようコーチングしてほしいと思いました。

――具体的には、どのような経験があったのでしょうか？

　あらかじめ定めた売買ルールや規律を守ることができず、自分の思い込みや直感に頼った行動をしてしまい、その結果、大きな損失を出してしまいました。トレード勝者の信念や行動が、私のそれとはまったく逆であることを知り、失敗の原因が私の信念にあることを痛感しました。再起をかけるため、信念の書き換えを何がなんでもやらなければならないと感じました。

――コーチングが終了したときには、どのような状態になっていたいですか？

　私自身の信念が、勝者の信念に完全に置き換わっており、逆戻りしない状態になっていたいです。

動機を探る
――ニックさんがトレーダーとして成功した先に望むものは何でしょうか？　トレードで成功したいと思った理由を聞かせてください。

　生活費のために働かなくてもよい生活を送るためです。

――では、そのような生活を送れるようになったら、あなたにとって、どのような良いことがあるのでしょうか？

　生活のために働かなくてもよくなれば、自分の時間を好きなことに使えるようになります。趣味に没頭したり、長期の旅行に出かけたりなど、ゆったりとした時間を持つこともできます。

――自分の時間を好きなことに使えて、ゆったりとした時間を持つことができるようになったら、どんな良いことあるでしょうか？

　人から感謝されるようなことをしたいと思っています。生活費のことを考えなくてもよい生活を送れるようになれば、そういった活動にも目を向けられるようになると思います。

――常に人に貢献できるような生活を送れるようになれば、どのような感情を手に入れられるでしょうか？

　そうですね、開放感を得られ、ワクワクした気分になることができます。ほかには優越感や感謝の気持ちが手に入ると思います。

――まとめてみると、ニックさんがトレードで成功したいと思った理由は、開放感やワクワク感、優越感などの感情を得たいために、そして生活のために働かなくてもよい生活を手に入れられると思ったからですね。

　そうですね。

ニューロロジカルチェック①環境
――ニックさんは現在仕事をしながらトレードをしているということですが、どんな仕事をしているのですか？

　電気関係の会社に勤める普通のサラリーマンです。ですから時間の拘束があります。

——運用資産は現在いくらですか？

　失敗したこともあって、現在は100万円ほどです。

——そのうち許容できる損失額はいくらでしょう？

　半分の50万円ほどです。

——では、理想を実現するためには、具体的に生活費はいくら必要ですか？　いくらあれば、生活のために働く必要がなくなりますか？

　まずは、年に最低700万円くらいあればよいと思います。

——ニックさんの理想からすると、トレードの利益から年に700万円を生活費にあてるということになりますね。そうなると、実際にトレードでの利益は年間で合計どれくらい必要でしょうか？

　そうですね、年間で1500万円はトレードで稼ぐ必要があると思います。

——現在ニックさんの持っている技術で、年1500万円の利益をトレードで叩き出すことは可能ですか？

　<u>自信がありません。</u>

——トレードで生活費がまかなえない場合はどうしますか？

　そうなれば、支出を抑制し、働きます。

――現在トレードのために使える時間は1日どれくらいですか？

　平均すると1時間くらいでしょうか。

――では、いつまでに年700万円の生活費をトレードでまかなえるような状態に達したいと考えていますか？

　8年後（53歳）くらいまでには達成したいと思います。

ニューロロジカルチェック②行動
――トレードはひとりでしていても大丈夫なほうですか？　仲間がいたほうがよいですか？

　ひとりでも大丈夫です。

――自分は周りの人の影響を受けやすいと思いますか？

　儲かりそうな話につられることがあります。でも、自分の考えた売買ルールには自信があるので、人からアドバイスを受けたからといって、それを容易に受け入れて変更することはありません。

――それは、儲かりそうでない話には影響されないけど、儲かりそうな話には飛びつくということですか？

　<u>そうですね。儲かりそうな話だと根拠もなく影響されますね。</u>

――影響を受けるとどうなりますか？

<u>自分で考えたトレード戦略（売買ルール）をすぐに変えてしまいます。</u>

――では、トレードの最中に気が散って、注文に集中できなくなるようなことはありますか？

　仕事をしているときはトレードに集中できません。また、トレードで大きく損をしているときは、そのことで頭がいっぱいになります。

――そのようなときは、どういう行動をとりますか？

　仕事を優先してしまい、売買ルールに基づいた仕掛けサインが出ていたとしても、発注できない場合があります。また、大きく損をしている場合は、不安になって、手仕舞いの条件は決まっているにもかかわらず、常に株価を気にしてしまいます。

――では、そのような気の散る状況でもトレードができるアイデアは必要でしょうか？

　そうですね。解決すべき問題だと思いますので、必要だと思います。

ニューロロジカルチェック③戦略とスキル
――売買ルールを構築するには常に検証・研究が求められます。エクセルやプログラムを使って、自分で検証・研究できる能力は持っていますか？

ある程度の知識と自信はあります。しかし、過去の株価の特徴などをつかんで、それを売買ルールに落とし込んでいくような高度な能力は持っていません。

——では、それをどのように解決していきますか？

　指導を受け、自力で検証できる能力を上げる必要があります。

——テクニカル分析について、売買ルールの組み立て方について、資金管理について、またシステムトレードについての知識は、どれくらいあると思いますか？

　チャートの基本的な読み方や相場の変動要因などは、素人が本などから独学で得たレベルだと思います。資金管理についてはおそらく知識不足ですね。

——現在どの市場でトレードをしているのですか？

　現在は日経225先物だけです。

——どんな時間枠でトレードをしたいと思いますか？ あるいは複数の時間枠を組み合わせますか？

　1日に何回も売買をする時間はとれません。業務中の離席（トイレや休憩）は比較的自由が利きますので、数度のトレードなら可能ですが、会議中など、業務の都合で特定時間にトレードができない場合もあります。状況を考慮すると、ポジショントレードとスイングトレードが自分に合っているのではないかと思います。

――ブレイクアウトによるトレンドフォローなど、得意とする売買方法論はありますか？

　特にありません。

――どのようなタイミングで発注していますか？

　自分が設定した売買ルールのサインに従って発注しています。

――当初の損切り位置は何を基準にしていますか？

　「約定値から○％下落したら」です。

――利益の確定方法は、逆指値、トレイリングストップ、テクニカルな要因によるストップですか？　それとも目標値ですか？

　寄り付きや引けで決済する方法を選んでいます。もしくはドテン売買です。

――どのような資金管理をしていますか？

　<u>実際のシステムで設定している許容損失リスクについては、運用資産の30％にしています。</u>

――トレードが計画どおりにいっているかは、何を目安に判断していますか？

　<u>これまであまり定量的に考えていたわけではなく、儲かってい</u>

ればオッケーで、儲からなければダメという程度でした。ダメという場合でも、大数の法則によって、いずれ目標のリターン率に収束していくだろうと思っていましたので、ちょこちょこシステムをチェック、修正するようなこともしていませんでした。

——現在のトレード計画がうまくいっているときとそうでないときの期待値や、リターンとドローダウンの範囲を知っていますか？　また、相場のトレンドや変動（ボラティリティ）の度合いがどう影響するかについては知っていますか？

　大数の法則に従う前提でシステムを過信していましたので、その質問のような視点は持っていませんでしたし、期待値からどの程度乖離したらトレード計画にミスがあると判断するなどの知識もありません。

——自分の特徴を考えてみて、トレードを始める前に何か身につけるべきこと、成し遂げなければならないこと、あるいは解決しなければならないことはあるでしょうか？

　信念の変更、規律の作成、自制心の改善が必要だと思います。

ニューロロジカルチェック④信念と価値観
——【ポジティブな安定の欲求】では、ニックさんのトレードに対しての信念を知るために、欲求について探っていきたいと思います。トレードから「安定と快適」「安全と自信」の感覚をどのように得ていますか？

検証ソフトを使って自分で売買手法を構築しています。リスク管理や分散投資については、安定の欲求を満たすために必要だとは思いますが、実際はできていません。

――【ネガティブな安定の欲求】「何もしなくてもよい」「思い込み」「何もしなくても守られている」といった感情を得るために、トレードでどのようなことをしていますか？

　含み損を抱えていても、いずれ戻ってくれるに違いないと期待して、そのまま損切りをせずに放置しています。また、そのような状況では自分に都合の良いニュースだけをみて自分を安心させます。また、ファンダメンタルズ、チャート分析などで株価の動きを予想する（思い込む）ことで安心します。ジンクスなど、根拠がないことを信じたりすることでも安心します。

――【ポジティブな自由の欲求】トレードからワクワク感やドキドキ感をどのように得ていますか？

　さまざまなパターンで売買ルールを研究し、自分で売買システムを構築することで満たしています。

――【ネガティブな自由の欲求】「不安感や心配」「無力感」「無価値感」を得るためにしていることは？

　勝算が高いと思い込んで、リスク管理で決められた枚数を逸脱して、一か八かで大きくポジションをとってしまうことがあります。また、自暴自棄になって売買ルールを無視して、根拠なく勘に頼った方法で仕掛けや手仕舞いをしてしまうこともあります。

――なるほど。具体的には、どのような状況のときに、大きなポジションをとったり、売買ルールを破ったりしてしまうのでしょうか？

<u>勝ちトレードが続いたあと、ポジションの含み損が膨らんだときです。大きくとり戻すことを期待してポジションを維持してしまいます。そしてポジションを増やすことで大きな枚数になってしまうのです。</u>

――【ポジティブな愛の欲求】トレードで愛や繋がりを感じるためにしていることは何でしょうか？

フェイスブックなどで、トレーナーやトレード仲間の書き込みを閲覧したり、トレード状況について仲間と情報交換したりしています。

――【ネガティブな愛の欲求】他人を排除したり、しきたりや迷信をとり入れたりすることはありますか？

自分のトレード状況について公開しないとか、トレーナーに相談しなかったりしますね。あとジンクスが気になります。

――【ポジティブな重要感の欲求】「自分は素晴らしい」と思える感覚を得るために、どのようなことをしていますか？

自分で売買ロジックを考案したり、そのアイデアを人に伝えたりします。

――【ネガティブな重要感の欲求】自分の傲慢さや孤独、支配感を満

たすためにしていることはありませんか？

　自分を信じてトレーナーに相談しないことがあります。また、売買ルールを逸脱してマイルールでトレードすることで傲慢な感情を満たしていると思います。

　――【成長の欲求】知識を習得したり、技術を磨いたりしたいという欲求を満たすため、どのようなことをしていますか？

　自分で売買ルールを作成したり、売買ルールの精度を上げるために研究したりします。トレードの成績によって枚数調整することも、そうですね。あと、政治や経済のニュースから相場の大きなトレンドを予測したりもします。

　――【貢献の欲求】誰かに何かをしてあげたいという欲求を満たすために、どのようなことをしていますか？

　売買ルールを作る道筋を人に教えてあげます。

　――以上の欲求を確認したうえで、信念について探っていきましょう。まず、トレードの方法論についてですが、ニックさんの場合、勝ち負けを何度も繰り返しながら少しずつ着実に利益を積み重ねていくトレードが合っているでしょうか？　それとも、ハイリスクハイリターンのトレードが合っているでしょうか？　あるいは勝率90％といったトレードでしょうか？

　今までは大きなリターンを狙ったハイリスクのトレードをしていました。しかし、失敗を経て、このような方法論は変える必要

があると感じています。勝ち負けを繰り返しながら着実に利益を積み上げていく方法論を心理面も含めて考えていこうと思っています。

——勝率が50％（勝ちと負けの数が同じ）で、しかも利益が損失の倍はある、優れたシステムがあるとしましょう。しかし、このようなシステムでは、８回連続で負けが続くこともあります。負けが続いた場合、それを受け入れることができますか？

正直、大きく心が揺らぐと思います。今までの自分だったら、例えば、シグナルが出ても動かない、タイミングを変える、枚数を変えるなど、売買ルールを逸脱する行動をしていたと思います。しかし、そういった行動をして失敗した今は、こういう状況も受け入れる決意と心構えでいます。

——リターンとリスクについて伺います。年間で運用資産の何％の利益を見込んでいますか？

100％です。運用資産が倍になることを見込んでいます。

——逆に年間で運用資産の何％の損失を覚悟していますか？

30％です。

——運用資産がいくらマイナスになったら運用を中断しますか？

運用資産の50％です。

──1トレード当たりでは、どれくらいのリスクをとりますか？

　資金の５％程度でしょうか。

《感情を探る》
──では、ここからは感情について伺います。日ごろトレード中によく感じる感情にどのようなものがありますか？

　システムトレードを開始したころはルールどおりにできていましたので、感情の起伏はそれほどありませんでした。しかし、システムの調子が悪くなってからは、不安、誤った方法で得た誤った自信、焦り、恐怖といったネガティブな感情を頻繁に感じるようになりました。

──トレード中に、どうしようもなく興奮したり、衝動的になったりしてしまうことが増えたのですか？

　そうですね。特に１日で大きな負けが出たときは、感情が大きく揺さぶられるようになりました。

──怒りや恐怖がこみ上げてくることに問題があるとは感じているのですね？

　いえ、怒りの感情は、ほとんど感じません。ただ、株価が大きく予想と違う方向に動いたとき、このままさらに大きく違う方向に動いていってしまうのではないかという恐怖を感じることがあります。

——その感情の原因はなんだと思いますか？ 個人的な葛藤、家族や仕事上の問題、それとも過去の苦いトレード経験でしょうか？

　システムの調子が悪化して、成績が落ち込んだ経験から、そのシステムがシグナルを出すたびに「また負けるのではないか」といった不安感がわき上がりました。
　そして、リスク管理を無視した増し玉(ぎょく)で良い結果が出てしまった経験から「この方法ならとり戻せるから大丈夫」という誤った自信を持ってしまいました。
　しかし、こうした誤った資金管理を続けた結果、含み損が許容できない額にまで達してしまい、この経験からさらに大きな不安感がわき起こりました。何かにすがりたい気持ちがわき上がりましたし、さらなる損失への恐怖のあまり、ほかのシステムでシグナルが出ていても仕掛けるのを躊躇してしまうようになりました。

——売買手法を確立するにあたり、心理面からみたニックさんの長所と短所は何でしょうか？

　リスクに対して心理的許容度が比較的大きいことは長所だと思います。恐怖心を感じる場面はあるものの比較的安定していますし。
　短所は、自分の考え（思い込み）にこだわりが強いことだと思います。

——前の質問で方法論を改善する必要があるとおっしゃっていましたが、改善するにあたって、これまでの方法論以外の一般的モデルを受け入れたり、ニックさん自身をどう変えるべきかというアドバイスを受け入れたりすることができるでしょうか？

はい、受け入れられます。

──自制心（自己管理能力）について、自分がこれでよいと感じているところと、欠点だと感じていることは何でしょうか？

<u>自制心は自分に足りないことだと思います。自分の考え（思い込み）にこだわってしまい、規律を守れないことがあります。</u>

《信念とルールを探る》
──トレードをするときに感じたことがある感情で、大切だと思えるものは何でしょうか（ポジティブな信念）？

将来への期待感と安心感です。

──では、その2つのうち、どちらがより大切だと思いますか？

将来への期待感だと思います。

──その感情は、どんな出来事が起こったときに感じますか？

期待していた以上に利益が上がったときや、負けるときはあっても安定的に資産が増えているときです。

──では反対に、どうしても避けたい感情は何でしょうか（ネガティブな信念）？

苛立ちや恐怖感です。

——その2つのうち、どちらがより大切だと思いますか？

　恐怖感です。

——その感情をどんな出来事が起こったときに感じますか（ネガティブなマイルール）？

　想定と違った方向に大きく株価が動いたときや、損切りできなかったあとに含み損が大きくなっていったときです。

ニューロロジカルチェック⑤自己認識
——ニックさんのトレーダーとしてのテーマは何でしょうか？　何を成し遂げるためにトレードをしているですか？

　生活のために仕事をすることから開放され、もともとやりたかったような仕事（人を助け、その人たちから感謝されることで、自分も喜ぶ）を成し遂げたいためだと思います。

——最後に、ニックさんはどんなトレーダーになりたいですか？　ニックさんの理想のトレーダー像はどんなものでしょうか？

　安定的で安全な利益を出せるトレード戦略を組み、冷静にトレードを続けられるトレーダーです。

　このコーチング例を参考に、自分の回答を見直してみましょう。自分を正しく認識することは、簡単そうにみえて、実は奥が深いものです。目を閉じて、ゆっくり本当の自分をみつめなおしてください。

目標設定

第3章

Christopher Stanton　Mark Shlaes　Ken Jakubzak

Scott Ramsey　Larry Williams　Masaaki Saito

NLP Trader Coaching :
How to Achieve the Successful Trader's Mindset

3-1　勝者の思考を体系的に整理する

　第２章の自己認識の作業だけでも、だいぶ自分のトレードでの問題に気がついたのではないかと思います。本章では、さらに自分の問題をはっきりさせるため、また自分の目標をはっきりさせるため「成功モデル」を提案したいと思います。

　トレード勝者に話を伺って再認識したのは、環境や価値観によって行動や戦略に違いはあるものの、基本的な思考部分でかなりの共通点がみられたことです。それをニューロロジカルの項目別に整理しました。なお、目標を明確にするという観点から、意識レベルの高いものから並べてあります。またコラムに私のコメントも入れました。

　繰り返しますが、読者の皆さんには、この成功モデルに加除修正をして、自分なりの目標（理想のトレーダー像）を明確にしていってほしいと思います。自分の好きなトレーダーの著書やインタビューから得たアイデアを該当する項目（質問）に加えていくのです。

　そして各質問で、はっきりとした自分の目標を設定しましょう。行き先が定まることで、たどり着くための道筋がみえてくるのです。

勝者の自己認識（第五段階）

——あなたの理想のトレーダー像を聞かせてください。

- ●生涯相場で安定的な利益を得続けること（金額の大きさではない）。
- ●どんなことがあってもトレードを続けていること。
- ●リターンが安定していること。

- 瞬間的に多く稼ぐよりも、継続的に、安定して収入を得ること。
- 年単位で負けなしのトレーダー。
- 堅実に利益を出せて、相場を理解しているトレーダー。
- 自分に合った売買スタイルでトレードをするトレーダー。

> →短期的に大きく稼ぐことよりも、安定した利回りで、かつ長期的に相場で生き残っていくことを目標にしていると分かる。

――あなたのトレーダーとしてのテーマを聞かせてください。

- カーブフィッティングを研究すること。
- 顧客に満足を与えることに挑戦して、成功すること。
- 幸せになること。

勝者の信念と価値観（第四段階）

――あなたは今までトレードを続けるにあたって、どのような選択と経験をしましたか？

- 感覚よりもデータ（裏づけ）を重視することで、システムトレードへ行き着き、多くの利益を得た。
- 他人へ知識の提供をすることで、より慎重に多くのことを研究するようになり、トレード戦略を発展させることができた。
- 利益を定期的に出金することで、心の平穏が得られた。
- 1銘柄への投下資金を限定し、ドローダウンは過去の2倍増を想定することで、運用資産の変動が抑えられ、安心していられる。
- 銘柄と売買ルールの分散、そしてリターンよりもリスクを抑えることを選択することで、運用資産の変動が小さく押さえられる。

●ハイリスクハイリターンのシステムに修正を加え、価格下落時のボラティリティを減らしたことによって、ローリスクハイリターンの安定運用が可能になった。
●それまで儲けたお金を含めてすべての運用資産を失うほどの損失をしたことをきっかけに、それまで以上にトレードに関心を持ち始めた。10％のトレード勝者に入りたいと思ったからだ。結果、トレードが一層好きになった。
●理想とするトレーダーの本を読み、理解しようと努力した。すぐには分からなかったが、10年経つと第二の天性になっていた。
●トレードで成功をしている人がいると信じ、「自分も勉強して、これで儲けなければならない」と思った。

> →やる気を出させるパターン、選択のパターンに共通点がある。それは「リターンの大きさよりも、安定を重視していること」そして「過去の損失（経験）から成功に転じ、失敗から学ぼう」というポジティブな姿勢だ。つまり、成長し続けることの先にリターンがあると考えているわけだ。

──日常、トレードをしているときによく感じている感情に、どのようなものがありますか？

●自己規律を守ろう。
●ポジションに対しては常に損切りを覚悟しよう。

──トレードをするときに感じたことのある感情で、大切だと思えるものは何ですか？

●ルールの尊重、発注ミス防止のための確認。

――トレードをするときに感じたことのある感情で、どうしても避けたいものは何ですか？

　●発注時の恐怖心（警戒心）。
　●損失を嫌がること。
　●トレードが成功しなかった悔しさ。
　●お金を失ったこと。

――トレードに、やる気や気力を与えてくれるポジティブな感情を得るために、どのようなことをしていますか？

　●フィジオロジー（身体の状態、動き、姿勢など）
　　・マラソン
　　・格闘技
　　・散歩
　　・料理

　●フォーカス（どんなことに意識を向けているか）
　　・順位や成績に対して目標を持つ。
　　・相場でチェックすることを決める。

　●ランゲージ（言葉と解釈、言語の持つ可能性を信じ何事も楽しむ）
　　・関係者に目標を公言することで自分を奮い立たせる。
　　・家族に目的や理由まで話す。ただし、根拠のあるもの。

――ネガティブな感情を引き出さないため、どんなことをしていますか？

　●ネガティブなプレッシャーになると思うことはしない。

- 本を読み、内容を理解し、売買手法を知り、自分の資金量に合ったリスクリターン比率を総合的に考える。ネガティブになるのは、勉強が足らず、自分のスタイルが出来上がっていないからだ。
- 自己規律はあったか、リスク管理は正しく行えたかと問い続ける。それを続けていれば、ネガティブにはならない。
- 損をしてもパニックにはならない。
- 何度も繰り返し、慣れることで、恐怖を乗り越えられる。

> →自己管理ができるように、信念を活用して習慣づけをしている。そして経験と学びを繰り返しながら成長していく様子が分かる。

——ネガティブな状態から、やる気や気力がわいてくるポジティブな状態に回復させるために、何をしていますか？

- ほかのことをして時間の経過を待つ。
- 運動もしくは趣味に没頭する。
- 失敗したトレードや売買手法について納得できるまで検証する。
- 失敗からも何を学べたか前向きに考えるようにする。
- うつむいて歩かない。
- 原点に返る。
- まずは自分の部屋の扉を閉めて、ひとりで考える。そして忘れる。そして家族との時間を過ごす。
- 手首を触るなど、目の前がすっとする方法を作る。

> →フィジオロジー、フォーカス、ランゲージのなかで感情のコントロールに一番有効なのがフィジオロジーだ。勝者は身体の動きを使って感情を変化させるスキルを意図的に活用していると分かる。感情を作り出すスキルについては、第5章で解説しよう。

＜無意識の自問＞
——トレードをするときに、いつも知らず知らず、つい自分に問いかけてしまうことはありませんか？

- トレード戦略に修正すべき点はないか？
- 追加すべきルールはないか？
- 金額を忘れろ。これはゲームだ。

＜欲求＞
——6つの欲求（安定、自由、愛、重要感、成長、貢献）のうち、どれを優先する必要がありますか？

① 成長
② 安定
③ 自由

——どのように成長の欲求を満たし、その結果、何を得ていますか？

- 自分のトレード戦略の弱点を知り、改良のポイントを発見し、反映することによって、新たな発見が得られる喜び。

> → トレードで儲けられる金額の大きさではなく、自分自身を変えていくことで成長させていくことを欲求していると分かる。

——どのように安全の欲求を満たし、その結果、何を得ていますか？

- 運用資産の増加につれて、リスク（パーセンテージ）を下げた資金管理をすることで、着実に増やすことができた。

- 配偶者と話をすることで精神面の安定が満たされ、落ち着いてトレードにとり組める。
- リスク管理によって、堅実なトレードを続ける。

> →リスク管理や、会話をすることで、うまく感情面をコントロールしながら、安定の欲求を満たしている。この満たし方によって、継続してトレードに挑戦することが可能になる。

——どのように自由の欲求を満たし、その結果何を得ていますか？

- 遊び感覚で検証をすることで、いろいろな問題が解決した。

> →検証は難しい、面倒くさいと考えていると、トレード人生自体が嫌なものになってしまう。だが、検証は楽しい、新たな発見ができる、"お宝"がみつかってワクワクすると考えていれば、楽しいものとなる。

＜まとめ＞
——日ごろのトレードで最も強力な信念は何でしょうか？

- もっと洗練した戦略を構築しよう。
- 自分が作り上げてきた売買手法は機能している。
- 大事なのは自己規律だ。
- 売買システムは停止しない。
- 自己規律とリスク管理。もしトラブルが起きても、この２つがあれば乗り越えられる。
- トレードはビジネスだ。常にコストを考える。
- 相場には常にチャンスがある。

●堅実に稼ぎ続けること。
●投資家は学び続けなければならない。

> →自己規律、売買手法、リスク管理、コストなどを含めた「トレーディングビジネス」の戦略を構築し、洗練させていくことが秘訣だということが、これらの信念で分かる。おそらく、この中のどの信念を抜かしても上手くいかないだろう。

──理想とする売買スタイルを実現するために、必要なものは何ですか？

●情熱を持つ。
●探究心（好奇心）。
●絶対に売買システムに従う。
●自分の売買手法に自信を持つ。
●常に学び続ける姿勢。
●小さく始める。
●トレード計画を作り、チェックリストを作り、常に確認する。
●経験から常に前向きに学ぶ姿勢。
●良いときも悪いときも、プロセスは同じにする。
●トレードは仕事、学ぶ時間は長いほうがよい。
●自分自身が幸せであると感じるか。
●勝つことを楽しむ。
●毎日続けるだけの気持ちを持ち続ける。
●他人と比べる必要はない。自分のベストを尽くすだけ。

> →この内容は具体的なリソース（資源）を教えてくれる。売買手法という武器をどのように自分のものにしていけばいいのかという答えが書いてある。

――理想のトレーダーになるためには、どのような信念を捨てる必要がありますか?

- その場かぎりの結果を求めること。
- 運用資産を日常のお金とリンクさせること。
- トレードを甘くみる(自習をあまりしない)。
- ちょっと勉強すればすぐに始められる。

> →多くの敗者が経験したのは、これらの信念がもたらしたものだろう。これらの信念がわき出てきたら要注意。それは自分の身を滅ぼそうとしているかもしれない。

＜トレード戦略について＞
――どのような方針でトレードをしていますか?

- 細かく利益と損失を繰り返しながら、利益を積み重ねていく方法。
- 勝率や利益の大小よりも、損益曲線のブレが少なくなるように。
- 発注は売買システムに従う。
- 短期トレードなら、短期の時間枠で動く値幅を基準に、許容損失リスクもポジションサイズも考える。
- ポジショントレードではトレイリングストップを使う。
- 異なる市場が互いにどのように関係し合うかを知る。
- チャンスをとらえること、チャンスを待つこと。
- 小さく賭けて、大きく儲ける。
- ファンダメンタルズで流れをとらえ、テクニカルでタイミングを計る。

――個人投資家がトレード戦略の遂行で注意すべきことは?

●運用資産が小さいので、より大きな値動きをみせる市場で、少しでも大きな幅を狙うこと。
●チャンスがなければ、無駄に仕掛けないこと。
●間違ったトレードをした場合は、損失を食い止めるために、トレードから離れること。
●損が続いてもパニックにならないこと。何カ月損が続いても、2日でその分を稼げるときもあると考えること。
●証拠金いっぱいのデイトレードは、大きな損を出したときにとり戻す時間が少なく、大きな損失につながりやすい。

> →これらの方針はすごく大切だ。すべてを理解してからトレードを始めること。自分の欲求・信念とトレード戦略が一致しているのが分かるだろうか。この一貫性のある戦略が、相場という大海で最も有効かつ安全に旅をさせてくれることになる。今からトレードを始める人は特に注意すべき点である。トレーディングビジネスは給料のように毎月、同じ金額を定期的に振り込んではくれない。今まで社会で学んできたこととはまったく違うゲームに参加していることを理解してほしい。

――年間でどれくらいの利益を見込んでいますか？

●年40％。
●年10～20％。
●肝心なのは利益目標ではない。いかにリスクを管理できるかだ。
●利益を想定することは難しい。損失を正確に考えることが第一。利益は利益自身が調整する。
●相場には良い年も悪い年もあるのが前提のうえで、基本的に年6％以上。

――年間でどれくらいのリスクを覚悟していますか？

- 最大許容ドローダウンは20％。そこまでは受け入れる。
- 年間で運用資産の10％。
- リスクはできるだけ小さく設定する。
- トレードごとにリスクを想定する。

> →個人投資家とヘッジファンドとでは、リスクリターンの目標が多少異なる。だが、長期的視野で目標を立てる視点は同じだ。そしてリターンよりもリスクを重要視している。

――1回のトレードでどれくらいのリスクを覚悟していますか

- 1トレードに投じる資金は最大でも「運用資金の18分の1」もしくは「100万円」のどちらか小さいほうとする。
- 運用資産が小さい場合は、より大きなリスクを覚悟してトレードをすることになる。

――リスクについての信念は何ですか？

- まず損益比率を考えたうえで、どれだけ損をしても許容できるかを考えること。
- 増し玉で重要なのはリスクを2倍に増やさないこと。増やすときは半分がよい。
- 新車の代金分を稼ごうとすると、同じくらい損してしまうものだ。日常のお金のことを考えると、トレードにも影響する。
- 損をしてもパニックにならない。
- 資金管理で最も重要なのは、ポジションサイジングだ。

> →スキーなら転び方から、柔道でも受け身から教わるように、トレードもリスクのとり方が最も大切な項目となる。これをマスターせずにトレードを始めるのは、自殺行為と同じことだ。

――売買手法を確立するとき、心理面からみた自分の長所は何ですか？

● 自分に都合の良い方法でなく、客観的にデータを分析できていると思っているところ。

――方法論を改善するとき、自分の方法論以外のアドバイスを受け入れられますか？

● 客観的にみて正しいと思われる方法なら受け入れる。
● 継続的にトレーダーの価値を評価・分析し、常に原点に立ち返らせてくれるようなコーチがいれば人生も変わる。

> →多くの敗者は、自分にとって都合の良い、あるいは耳当たりのいいことしか聞こうとしない。だが、勝者は自分の感情に左右されず、客観的に分析されたより良い方法を受け入れる準備があるようだ。

勝者の戦略とスキル（第三段階）

――自分で売買システムを検証・研究できる能力はありますか？

● 十分に可能。
● 自分たちの売買システムや売買ルールをよく知っている。また、それがどのようなリスク要因を抱えているか統計的に判断できる。

> →自分で売買手法を検証・研究できる能力は必須であると分かる。仮にプログラムができなくても、検証ソフトを使うことで検証が可能になるし、どのファンドに投資するかも判断できるようになる。しかし、これらを飛ばしてトレード勝者になることは考えられないだろう。

――トレードの知識はどの程度お持ちですか？

● 自分のトレードに必要な知識全般は、ほとんど網羅している。

――どんな知識やスキルが必要だと思いますか？

● テクニカルの価値を判断する必要がある。
● 値動きの大きさを知っておくこと。ポートフォリオを考えるときには、どれだけ大きなスイングがあるか考えることも重要だ。
● ポジションサイズによって感情が変わってしまうが、この感情の壁を突破しなければならない。
● 昔と違う状況があることも知っておく。金融危機以後、さまざまな市場が相関関係を強めている。総合的に考えなければならない。
● 複合的なトレードをする力。
● 市場の相関性。
● サヤ取りは、その後どの道を進むにせよ、市場の相関性を知るために学ぶべきだ。

> →売買ロジックはもちろん、自分のトレードに必要な市場の相関性や市場・システム分散などの複合的な考え方、ボラティリティやポジションサイジング、感情コントロールなどの知識やスキルは、最低限持っておく必要があるだろう。

勝者の行動（第二段階）

——どのようにトレードを学びましたか？

- 最初は興味本位でプログラミングの講習会やセミナーで勉強をした。経済や自動売買についても勉強した。自分が聞きたいことは、直接質問した。
- 理想とするトレーダーの著書を読み込み、理解しようと努力した。

——どのようにトレードを学ぶとよいですか？

- トレードの基本を技術的にも心理的にも学び、トレードに関係するソフトの使い方などを覚える。そして仮想売買から始める（5〜8週間）。儲けられる可能性がみえてきたら実際のトレードにとり組む。このとき必要なのは、自分が相場をどう分析し、なぜこの売買をしたか考え、記録することだ。
- チャートをよく読み、相場観を持つようにならなければならない。
- まず本を読むこと。
- トレード日誌をつけること。どんな本よりも、自分自身が書いたものがベストだ。
- 感覚や推測でなく、技術を磨け。
- 最高の本は資金管理について書かれたもの。売買手法を学ぶ前に、まず資金管理を学べ。

→本やセミナー、講習で学ぶときの態度が「受け身」でないことに気づいてほしい。この学ぶ姿勢によって大きく変わる。誰かにしてもらうのではなく、自分が情報をとりにいって、自身の戦略にとり入れていくのだ。それをテスト・実行しながら研究

> していくことで成長していく。ただし、感情を刺激するようなお金儲けのことだけを書いてあるセミナーや本は避けよう。投資の世界では、儲け方よりもリスクのとり方を学んだほうが結果的にリターンを得られることが多い。リスクのとり方が土台にあってはじめて儲け方があることを忘れないようにしよう。

——どの時間枠でトレードを行いますか？

- スイングとトレンドフォローの組み合わせ。
- スキャルピングなどの超短期売買はしない。スピードではコンピューターに勝てない。
- トレンドフォローが主体。

——新しい売買手法や市場でトレードを始めるときの判断は、どのようにして決めますか？

- バックテストを重ねて、どれだけの収益性があるのか、その売買ルールや市場をどれだけ加えたら、運用資産全体にどれだけの影響があるかなどをみたうえで、まずは小さくトレードをする。

——どのようなタイミングで発注しますか？

- 指値、寄り指値。
- 3種類の異なる売買ルールの組み合わせで自動的にシグナルを出す。
- たとえ相場が動きそうでも、収益目標が10％のときに、損失リスクが20％であれば発注はしない。

――どのような場合にトレードを中断しますか？

- ファンダメンタルズが良くなければ、テクニカルの指示が出てもトレードはしない。
- それぞれの売買ルール自身が、テクニカル的に何も示さないケースもあるため、売買システム自体はやめない。トレードを中断するタイミングも感覚ではなく、売買システムが判断する。
- 相場のボラティリティが低いとき。
- 中断したあとは、状況を裁量で判断してトレードをする。

――どのような指標をみていますか？

- ボラティリティ、マーケットモメンタム、ストキャスティック、フィボナッチ、MAなど。
- 200MA（移動平均）、55MA、10MAの交差をシグナルのひとつとし、これからのレベルを推測するためにフィボナッチを使う。
- FXにはフィボナッチが有効だ。
- テクニカル指標のどれに重きを置くかは、それぞれの市場によって異なる。
- トレンドライン、サポート、レジスタンスなどベーシックなもの。

> →どの市場でトレードをするのかでも違ってくるので注意が必要だが、私が考えるに、一般的なオシレータを複数組み合わせて使うよりも、統計的な指標を使っていることが多い。

――利益の確定方法はどのようにしていますか？

- ○日移動平均乖離率が○％以上など値動きが基準。

●約定値から○％以上などは客観性がないため、使用しない。

——当初の損切りは何を基準にしますか？

●逆張りなら期限切れ、順張りならトレンドが逆方向になったとき。
●リスクリターンに応じて。
●テクニカルでポイントを算出する。
●市場の構造そのもの。

——1トレード当たりのリスクはどれくらいですか？

●0.25〜1％。
●1トレードのポジションサイズが大きければ、そして想定されるトレード回数が多ければ、ストップの幅を小さくする。

——リスク管理はどのように決めていますか？

●リスクリターンが3対1以上。
●運用資産に対するポジションの比率は、通常は4〜6％。大きくても9〜11％の範囲。
●売買システムが複数の市場でトレードをしているときのリスクは、合計で最大1.5％が限度。

——ポジションサイジングはどのように決めていますか？

●運用資産の18分の1か100万円のどちらか小さいほうを採用。
●価格と相場のボラティリティに基づいて決める。
●実際のトレードで使うのは資金の10〜30％前後。配分が高い場合

は損切り位置に注意する。
- 売買システムのリスクを統計的に判断する。
- 期待するリスクリターン比率を決め、それに予想される値動きから計算する。
- 1トレードの損失を2％以下に抑えるようにする。
- 賭け金はできるだけ小さく。

――分散投資をしていますか？

- 世界75市場でトレードをしている。
- 同じ売買ルールでも複数の時間枠がある。
- 複数の売買ルールで売買手法を構築している。

――トレード戦略が計画どおりにいっているか、何を目安に判断していますか？

- 1年ごとにバックテストを実施しなおし、資産曲線の傾き（角度）が今までよりも悪化していたら原因を考える。
- 簡単に売買ルールは変えない。
- 損益結果を記録して判断する。このシステムは何％の利益、これは何％の損失、この相場は動かないから収益も損も出ないなど、いろいろと考え合わせながら判断する。

――自分自身の教育計画はありますか？

- トレードで勝つための勉強として相場に関することを貪欲に学ぶ。
- 取引単位、1ティックでいくらの損益となるのかなど、市場の基本ルールを理解しておく。

- 何らかの売買手法（売買ルール）を構築する。感情だけでトレードをしない。
- 最初は学べば学ぶほどうまくいかないと思うかもしれない。だが、それをしないと目標は達成できない。

> →魚のもらい方ではなく、魚の釣り方を学ぶことに注意しよう。「だれを信じて儲けさせてもらおうか」と考えないことが前提だ。誰もあなたにお金を運んではくれない。しかし、素晴らしいことに、良いものを選ぶことができれば、本や講習でやり方は教えてもらえる。教育計画の目的を間違えなければ、望む結果に到達することは可能になるだろう。

——過ちを犯さないためには？

- ミスは常にある。どのトレードが儲かるか損するかは分からない。しかし、やっていることが正しければ、リスクのイメージも正しいはずだ。
- 自己規律を維持すること。
- 基本をよく学ぶべきだし、うまくなってからもリズムが壊れたら、基本に返るべきだ。
- 人は同じ失敗を繰り返すもの。だから対策が必要だ。
- 相場が変な動きをして、自分の売買手法が機能しないとき、バカな真似をしないこと。
- 予防策を作る。どこで仕掛けるかだけでなく、どのように手仕舞うかもあらかじめ考えておくこと。
- 自分のトレードを毎日ノートに記録する。損を記録し、それを読み返すのはつらいことだが、大事なことだ。
- ポジションについてだけは常に悲観的に考える。

勝者の環境（第一段階）

――運用資産のうち、リスクにさらしてもよい、もしくはなくなってもかまわない額は？

●基本的にトレード用の口座に入金しているものはリスク資金だと思っている。

――生活費として必要な金額を毎月トレード資金から引き出しますか？

●実際には使わなくても、利益が出たときはリスク資金から切り離すために現時点でも毎月出金している。

3-2　理想を明確にする

　目標となるトレーダー像を設定したら、その目標に達成した状態を、視覚、聴覚、体感覚からイメージしてみてください。それこそが自分は将来こうありたいという「理想形」なのです。

　理想形は具体的になればなるほど、現実味を帯びてきます。どこに向かって三位一体のトレード戦略を継続していくのか、その方向性が、具体的な理想を持つことで明確になってくるからです。

　この理想形をより具体的なものにするため、まずは現在の自分の置かれているトレード環境を確認しておきましょう。

理想のトレード環境

　トレード環境とは、日常のストレスや身体的健康だけでなく、性格・環境・感情の問題、家庭や人間関係の問題も含まれます。これらがうまくいかないと、精神的に不安定になり、トレードに集中できなくなり、ルールどおりにできなくなってしまうため、どんどん停滞期に陥ってしまうわけです。

　最高のパフォーマンスを維持するためには、心身ともにバランスのとれた、健康な心理状態となる環境に整えていくことが必要不可欠となります。理想的な将来のトレード環境を明らかにするために、まずは自分の過去と現在の環境を調べてみましょう。

　過去と現在の位置を正確に把握することにより、将来的にどのような環境が理想的か浮き彫りになってきます。例えば、感情的にならず、トレードに集中するため、狭い空間よりも広い空間のほうが自分に

とって良いのであれば、できるだけ広めの空間を作るためにどうしたらよいかが、みえてくるはずです。

できれば、自分のことをよく知っている人から、第三者の目線でチェックしてもらいましょう。自分のことはよくみえていないことが多いからです。

過去（トレードを始めた当初。未経験の場合はトレードを始める前）の環境、現在の環境について、次の項目をそれぞれ10段階で評価してみてください。近い将来実現させる未来の環境を「10」とします。例えば、過去が4で、現在が6であれば、何が改善されており、どうすれば10になるか、そのためにどうしたらよいか書き出してみましょう。

まずは「総体的な環境」についてチェックします。

＜精神的な健康について＞
●自尊心はあるか？
●充足感のある活動（社交や趣味など）をしているか？
●過去の問題は処理されているか？
●何か大きな悩みごとはないか？

＜肉体的な健康について＞
●依存的行動（アルコール、ギャンブル、薬物など）はないか？
●慢性的症状（痛み、ストレス、不眠など）はないか？
●深刻な病気はないか？

＜感情について＞
●ネガティブな感覚（恐怖、怒り、不安、強欲、寂しさ）はないか？
●ウツの症状はないか？
●愛情を与える（受け入れる）ことに問題はないか？
●ネガティブに妄想する癖はないか？

＜経済面について＞
●通常の生活ができる安定収入はあるか？
●運用資産は余裕資金であるか？

＜生活環境について＞
●居住空間は整理整頓されているか？
●騒音・悪臭・陰気などはないか？
●少しでも自然に接することができる環境か？

＜人間関係について＞
●近所や職場の人たちとの人間関係は良好か？
●家族との絆はあるか？
●適度に人と接する環境にいるか？

＜性格について＞
●柔軟性はあるか？
●短気・怠惰ではないか？
●嘘や裏切り、いじめなどはないか？

次に「トレードの環境」についてチェックしてみましょう。

●取引会社への発注方法やツールを使いこなせているか？
●指標や方法論などは十分理解できているか？
●売買ルールの構築やその組み合わせなどのスキルは十分か？
●最大ドローダウン、枚数設定、リスク配分など、どの程度理解し、行動しているか？
●大きな損失やリターン、連敗・連勝、暴落など、相場の状況に左右されることなく、冷静にトレードを続けることができるか？

こうして自分の環境を見直してみることで、トレードで成功して将来こうありたいという理想形もまた、具体的にイメージしやすくはなるはずです。

自分の理想形を書き出す

自分の理想形を明確にすることで、三位一体のトレード戦略を進めるべき方向が定まり、そこまでの問題がみえてきます。

私たちの脳には、もともと「目的志向性」という性質があります。自分では意識していなくても、脳は常に目的を志向しており、到達までに必要な情報を収集し、思考や行動を組み立てる作業をしているということです。

さらに脳には、現在の自分の位置と目的地を正確に設定すれば、自動的にナビゲーションしてくれる機能が備わっています。つまり、設定された理想形に進もうとすると、言動も自然と変わっていくのです。

ただし、自分の理想形は、できるだけ現実的に具体的にイメージするようにしてください。漠然としていると、最初は自分の理想形を設定したつもりでも、途中でその理想に到達するための課題が理想形になってしまうケースが多いからです。

例えば「トレードで1億円を稼ぐぞ！」という理想形を設定したとします。ところが、これに向かって、いろいろとセミナーに参加して、さまざまな書籍を読んで、懸命に知識もテクニックもとり入れ、日々トレード日誌をつけ、常に自己の見直しを行っているにもかかわらず、なかなか理想形に近づけない人が、たくさんいるのです。

本人は「勉強が足りないから」「運が悪いだけ」と考えるかもしれません。しかし、実は自分のそもそもの理想形が、当初の「トレードで1億円を稼ぐ」ではなく、「（お金を稼ぐための）勉強をする」という課題をこなすことに変わっているからです。

同じ内容のセミナーに何度も参加しているような人は、その兆候がみられます。いわゆる目的と手段を見誤っているケースです。
　この"落とし穴"を避けるためには、まず自分の理想形に到達したというイメージを、視覚・聴覚・体感覚を意識しながら、できるだけ現実的に具体的に感じるようにすることです。例えば「トレードで豊かな生活を手に入れたい」というのが目標ならば、トレードで成功をして、どのような豊かな生活を送っているのか、どのようなことをみて、聞いて、感じているのかを現実的に自分の姿をイメージし、十分に体感し、楽しむのです。
　自分の理想形では、朝起きて何をしているのか、どのような部屋・空間にいるのか、どのような食事を誰としているのか、どのような時間を誰と過ごしているのか、どのような楽しみを誰と手に入れているのか、そして夜寝る前に何をしているかまでイメージします。もちろん、トレードをしている自分が、どのような環境で、どのような精神状態で、どのようなトレードをしているのか、イメージしなければなりません。
　そして十分にイメージを膨らませたら、その様子について、ゆっくりと書き出してみます。まとまった文章でなくても構いません。イメージにあるものを箇条書きで記していきましょう。
　ただし、書き出すうえで注意点がひとつあります。それは「～しなければならない」という"否定的な"意味合いの表現で書かないことです。「～する」と肯定的に書くようにします。
　これは否定文を理解するのは論理的な顕在意識であり、潜在意識では細かい部分まで理解できないからです。むしろ、潜在意識では反発を生み出してしまいます。例えば「タバコを吸わない」「禁煙をしなければならない」という否定的な表現をすると、むしろタバコのことを思い出してしまうのです。
　一方、肯定文で書くことによって、その先の未来をイメージできる

ようになり、楽しい感情で理解できるようになります。例えば「禁煙をする」「禁煙をして健康な身体をとり戻す」という肯定的な表現であれば、明るい未来を想像して、気持ちを奮い立たせることができるのです。

　これは日常のコミュニケーションでも有効な知識といえます。会社の部下に「〜をやらなければならない」といわせるよりも「〜をします（そしてこれが成功すると、こんないいことがある）」といわせたほうが、やる気になるはずです。また、配偶者に「浮気をしてはダメよ」という（むしろ逆効果です）よりも「私のことだけを考えてほしい」といったほうが効果的といえます。

　トレードでも同様です。例えば「トレードで損を出さない」「無職で無収入の状態から抜け出さなければならない」という否定的な表現で書き出すのではなく、「利益を安定的に積み重ねる」「トレードでの収入を生活基盤とし、ボランティア活動をする」といった肯定的な表現で書き出すのです。

　書き出したら、そのイメージをまとめてみましょう。そして現在の自分とどう違うか振り返る作業をします。理想形に到達したイメージがより現実的であればあるほど、現在位置とのギャップが潜在意識としてインプットされ、脳のナビゲーション機能が正確に働くはずです。また、理想形に近づいているかも実感できます。

　私たちの脳は、体験をイメージするときも、実際に体験するときと同じ神経回路を使います。したがって、脳にとってはシミュレーションでイメージすることも、実際に体験することも同じなのです。そしてこの作業が、脳のナビゲーション機能をフルに使いこなす重要なポイントとなります。

問題解決と戦略

第4章

Christopher Stanton　Mark Shlaes　Ken Jakubzak

Scott Ramsey　Larry Williams　Masaaki Saito

NLP Trader Coaching :
How to Achieve the Successful Trader's Mindset

4-1　資金管理の心理学

　第2章では自分の現状を深く分析する方法について、第3章では自分の理想を具体的にする方法について紹介しました。次は、その間に横たわる問題点と、その解決策を探っていきましょう。

　ただその作業に入る前に、個人心理からみた技術面の適切な知識を押さえておかなければなりません。理想的な三位一体のトレード戦略を確立するには、当然ながら、個人心理の改善だけでなく、売買手法と資金管理が個人心理と融合するように修正する必要があるからです。

　具体的には、個人心理と融合するように「どのような売買ルールで年間どれだけのトレードをして、ポジションは基本何日間保持するのか？」「どれだけのリスクを許容して、どれだけのリターンを期待するのか？」といった細かな部分を明確に決めていきます。

　ただし、すべてを説明するとなると、いくら紙幅があっても足りないので、ここではトレーダーが絶対的に知っておかなければならない常識について説明します。それは**資金管理**、特に**「リスク管理」**です。

リスク管理は生き残りのカギ

　資金管理には、勝ちポジションにさらにポジションを追加する「増し玉」や、ある程度の相場のブレを見越して計画的にナンピンを仕掛けていく「分割売買」など、ポジション管理に関するものも含まれます。これはトレード勝者がさらに勝者になるための応用的でアクティブな資金管理法といえるでしょう。

　しかし、それよりもトレーダーが基本中の基本として、まず確立す

べきものがあります。それこそ、**損失リスクをコントロールすることで運用資産が破たんするのを防ぐ「リスク管理」**です。

初心者やトレード敗者にとっては、リスク管理＝資金管理といっても過言ではありません。どんなに優れた売買手法を開発できたとしても、リスク管理のルールが確立されていなければ、最悪の結果に終わる可能性が高くなります。売買手法の結果を大きく左右するものこそ資金管理であり、理想形に到達するためのカギとなるのです。

そして実は、**リスク管理について深く理解しているほど、自分の現状（トレード戦略）に潜む問題点と解決策**がみえてきます。例えば、運用目標と売買手法のバックテスト結果から算出した損失リスクと、自分が心から許容できる損失額に、大きなギャップがある場合は、どうしたらよいでしょうか。

資金管理と個人心理との融合をどのように目指すか考えてみましょう。そうすれば、より強力な解決策、そしてトレード戦略を構築できるはずです。

期待値

まずは資金管理のキーワードのひとつである**「期待値」**について解説します。

一般的に"優れた売買手法"というと高勝率のものを思い浮かべがちです。しかし、第1章でも述べたとおり、どんなに勝率が高くても損益比率が悪ければ、まったく使いものになりません。

そこで本書では、優れた売買手法を「期待値が高いもの」と定義します。ここでいう期待値とは、**ある売買ルールで多数回トレードを続けた場合、1トレードに投じた資金に対して戻ってくると「見込まれる」平均損益額（金額）**のことです。

例えば、くじ引きで考えてみましょう。くじ100枚につき次のよう

な内訳で当たりくじが含まれていたとします。

> 1等：10,000円×2枚
> 2等：5,000円×5枚
> 3等：1,000円×10枚

このくじを1枚引いたときに期待される金額を考えてみると、次のような計算式になります。

> $10,000円 \times \frac{2}{100}枚 + 5,000円 \times \frac{5}{100}枚 + 1,000円 \times \frac{10}{100}枚$
> $= 550円$

つまり、このくじを100回引いたとき、1枚当たりに戻ってくると見込まれる金額（期待値）は550円というわけです。もちろん、実際に当たりくじで受けとる金額は1万円、5000円、1000円のいずれかですから、正確には「くじを100回引いたときの平均受けとり期待金額」となります。

このくじ1枚の値段が550円よりも安ければ、ぜひ100枚購入したいところです。もちろん、安いに越したことはありません。1枚当たりに損をすると見込まれる平均損失額が550円未満であればあるほど「期待値がプラスになる」からです。

ポジションサイズ

私はセミナーで資金管理の重要性について説明するとき、受講者の方たちに、カードを使ったゲームをしてもらっています。ルールは次のとおりです。

●カードは合計10枚。「10倍」「−5倍」「−1倍」の3種類があり、それぞれの枚数は次のとおり。

　10倍：2枚
　−5倍：1枚
　−1倍：7枚

●カードを中身のみえない袋の中に入れて、かき混ぜる。
●1ゲームの運用資産を300万円とする。
●1口3万円で何口賭けるかを決めて、カードを1枚引く。
●出たカードの倍数分が損益となる。例えば、3口（9万円）を賭けて「−1」のカードを引いたら、9万円の損失。
●引いたカードを袋に戻して、かき混ぜて、また1枚を引く。
●これを30回行ったらゲーム終了。

このゲームを3回戦で行います。ただし、それぞれのゲームで、次に挙げた「運用目標」の達成を課題とします。

第1ゲームの運用目標「稼げるだけ稼ぐ」
第2ゲームの運用目標「資金を倍にする」
第3ゲームの運用目標「損をしない」

プレーヤーは、それぞれの目標に合わせた戦略を練って、達成を目指さなければなりません。

それぞれのゲームの推移を記録しておきましょう（**図4.1**）。

セミナーでは、実にさまざまな結果が得られます。積極的に賭けていって1億円まで増やした人もいれば、30回引く前に破たんしてしまった人もいました。1口ずつ賭けていって、結局300万円前後で終

図4.1 ポジションサイズゲームの計算シート

売買ルール						総資産	¥3,000,000
回数	口数	投資金額	出たカード		利益	損失	総資産
1				倍			
2				倍			
3				倍			
4				倍			
5				倍			
6				倍			
7				倍			
8				倍			
9				倍			
10				倍			
11				倍			
12				倍			
13				倍			
14				倍			
15				倍			
16				倍			
17				倍			
18				倍			
19				倍			
20				倍			
21				倍			
22				倍			
23				倍			
24				倍			
25				倍			
26				倍			
27				倍			
28				倍			
29				倍			
30				倍			

結果	投資総額	勝数	負数	勝率	利益総額	損失総額	最終総資産額

わった人もいます。

　なお、このカードゲームを戦略的に楽しんでもらうため、エクセルシートを作成しました。次のURLからダウンロードができますので、参考にしてください。

> http://www.reed-jp.com/contents/works/

　このゲームから何口賭けるかで結果が大きく変わることを実感するはずです。そして、この「何口賭けるか？」をトレードでは「ポジションサイズ」といいます。
　このゲームの期待値は次のとおりです。

> ①10倍のカードの期待値　10倍×2÷10枚＝＋2.0倍
> ②－5倍のカードの期待値　－5倍×1÷10枚＝－0.5倍
> ③－1倍のカードの期待値　－1倍×7÷10枚＝－0.7倍
> 　合計の期待値（①＋②＋③）　＋0.8倍

　つまり、このゲームでは1回の賭けに対して0.8倍のリターンが見込まれるというわけです。期待値がプラスであるにもかかわらず、運用資産を増やせなかったのであれば、1回の賭けに対してどれくらいのポジションサイズをとるのが適当か考慮せずに、リターンだけを目指してゲームを進行してしまったのかもしれません。
　期待値がプラスの売買手法では、ポジションサイズが結果の鍵を握ります。つまり、1トレードに対してどれくらいの資金を投入するか決めることが、トレード戦略のなかで最も基本的なポイントとなるわけです。
　また、このゲームから運用目標によってポジションサイズが変わることを実感できます。「稼げるだけ稼ぐ」が目標なのに「損をしない」

戦略でポジションサイズを決めても、達成は難しいでしょう。また「損をしない」が目標であるにもかかわらず「資金を倍にする」戦略を実行しても、結果は得られないでしょう。

つまり、まずは自分が望む運用目標を明確にしておくことが先決ということです。そのうえで目標達成に"適当"となるポジションサイズと「向き合う」ことになります。

ポジションサイズの方程式

資金管理の世界も個人心理と同じぐらい一般には軽視されやすい分野です。しかし非常に幅が広く、ポジションサイズのルールだけでもケリーの公式やオプティマルfなど、いろいろとあります（これらのルールの概要については、中原駿著『魔術師に学ぶFXトレード』パンローリング刊などを参考にしてください）。

ここでは最も基本的な例として、ロン・イシバシ氏が考案した「CPR」について紹介しましょう。非常にシンプルかつ明確な計算モデルです。

C＝キャッシュ
（1トレード当たりで、どれくらいの金額をリスクにさらせるか？）
P＝ポジションサイズ
（どれだけの単位数を買うか？）
R＝リスク
（1単位当たりで、どれくらいの金額をリスクにさらせるか？）

Rにある「1単位」とは最少取引単位のことです。例えば、ある株式の最少取引単位が1000株単位であれば、1000株が1単位となります。先物であれば1枚が1単位、1万通貨単位のFXであれば1万通貨が1単位です。

レバレッジ取引の場合、Rは損切り幅×倍率となります。例えば、ドル円のFXで50pipsを損切り幅とした場合、Rは5000円（＝0.5円×1万通貨）です。
　CPRでは、このうち２つが決まれば、残りのひとつが算出されます。

C＝R×P（キャッシュ＝リスク×ポジションサイズ）
P＝C÷R（ポジションサイズ＝キャッシュ÷リスク）
R＝C÷P（リスク＝キャッシュ÷ポジションサイズ）

　例えば、自分には１トレード当たりのリスクを運用資金の２％まで許容できるとします。したがって、運用資金が500万円であれば、１トレードに投入できる金額は最大10万円です。このとき１単位当たりで許容できるリスクの金額が5000円とすれば、最大ポジションサイズは次のようになります。

100,000円÷5,000円＝20単位

　この場合、１回のトレードに最大20単位のポジションを持つことができるわけです。
　ここから分かるのは、ポジションサイズを決定する要素には、自分の運用目標、自分の売買手法だけでなく、自分の許容損失リスク（１トレード当たりの許容損失リスクと１単位当たりの許容損失リスクの２種類）があるということです。いいかえれば、自分の運用目標の達成に求められるポジションサイズと自分に許容できる損失リスクの大きさを比較することによって"理想と現実のギャップ"を明らかにすることができます。
　例えば「運用資産500万円を増資することなく10年間で１億円にしたい」と考えれば、単純計算で、年利35％で回していける売買手法が

必要です。自分の売買手法は、その利回りを毎年弾き出すために、どれだけの許容損失リスクをとっていく必要があるのでしょうか。そしてそのリスクを自分は許容できるでしょうか。

　もちろんこの場合、運用資産が増加すれば、35％の利回り（複利）を達成するために、ポジションサイズを拡大させていかなければなりません。単純計算で7年後には4000万円を超える運用資産を35％で運用するということになるわけです。

　1回のトレードで扱う金額が大きくなっていったとき、自分の"器"も（そして売買手法の器も）、それだけの許容損失リスクに耐えられるよう、大きくしていくことができるでしょうか。運用資産の拡大に伴い、利回りを下げていくことを考慮するときがあるかもしれません。

リスクリターン比率

　「どれだけの許容損失リスクに対して、どれくらいの利益（リターン）を目標とするか？」──そのリスクリターン比率を表す指標として一般的に用いられているのが、第1章で紹介した「損益比率」、先ほど紹介した「期待値」、そして「プロフィットファクター」です。

　なおプロフィットファクターとは、ある売買システムが得た総利益を総損失で割ったものです。したがって、この数値が1よりも小さいと売買システムの収支は赤字となります。

　ここでは「リスク倍数」という基準を紹介しましょう。この指標で「許容リスクに対して損益が何倍あったか」をみます。これはバン・K・タープ博士が先述の著書『タープ博士のトレード学校　ポジションサイジング入門』で「R倍数」として紹介しているものです。

　「いくらになったら損切りをする」といった「当初リスク」を限定した売買手法であれば、当初リスクに対してどれくらいのリターンを得られたか算出します。当初リスクを設定せず、手仕舞いルールだけ

を設定した売買手法であれば、許容リスクは過去の平均損失で代用をしてください。

システムトレードであれば、バックテストで各トレードのリスク倍数を算出することが可能です。もし、その平均値（期待リスク倍数）がマイナス倍であれば、この売買手法は"損大利小"ということなります。最初から"負け戦術"というわけです。

例えば、1単位当たりの許容損失リスクを1万円に設定した売買手法で、次のような損益結果（1単位当たり）が出た場合、期待リスク倍数はいくらになるでしょうか。

```
1回目   −8,000円
2回目   −2,000円
3回目   +20,000円
4回目   −10,000円
5回目   +15,000円
```

まず、それぞれのトレードのリスク倍数を算出します。

```
1回目  −8,000円 ÷10,000円 = −0.8倍
2回目  −2,000円 ÷10,000円 = −0.2倍
3回目  +20,000円 ÷10,000円 = 2.0倍
4回目  −10,000円 ÷10,000円 = −1.0倍
5回目  +15,000円 ÷10,000円 = 1.5倍
```

そしてすべてのトレードのリスク倍数の平均値を出します。

```
(−0.8倍) + (−0.2倍) + (2.0倍) + (−1.0倍) + (1.5倍)
÷5トレード = 0.3倍
```

したがって、この売買手法での1トレードに期待される1単位当たりの許容損失リスク1万円に対する期待リスク倍数は0.3倍であり、期待リターンは3000円（＝1万円×0.3倍）となります。

この期待リスク倍数から、目標利回り（運用目標）を達成するために必要なトレード回数とポジションサイジング、そしてどれだけの許容損失リスクが必要となるか、数字としておおよその見当がついてくるわけです。

最大ドローダウン

先ほど、ポジションサイズを決めるとき、1トレード当たりの許容損失リスクと1単位当たりの許容損失リスクの2種類がポイントとなると述べました。しかし、トレードの許容損失リスクには、もうひとつ押さえておかなければならないものがあります。「運用資産全体の許容損失リスク」です。

全戦全勝の売買手法というものは、現実的にはあり得ません。通常は買ったり負けたりの繰り返しです。そして、どんなに優れた売買手法であっても、負けがかさみ、一時的に運用資産を減らす時期があります。

この運用資産の落ち込みの幅を「ドローダウン」といいます。資産曲線（運用資産の金額推移を表したグラフ）が天井を付けたときから、再びその天井を更新するまでの間に、どこまで資産を減らしたかの「引かされ幅」です。そのなかでも最大のものを文字どおり「最大ドローダウン」といいます（**図4.2**）。

得てして初心者や敗者ほど、トレードで平均的にリターンを得られると無意識に思いがちで、ドローダウンそのものや、ドローダウン更新の頻度、最大ドローダウンを現実的にイメージしようとしません。バックテストの結果、資産曲線が全体的に右肩上がりで、最終的には

図 4.2 最大ドローダウン

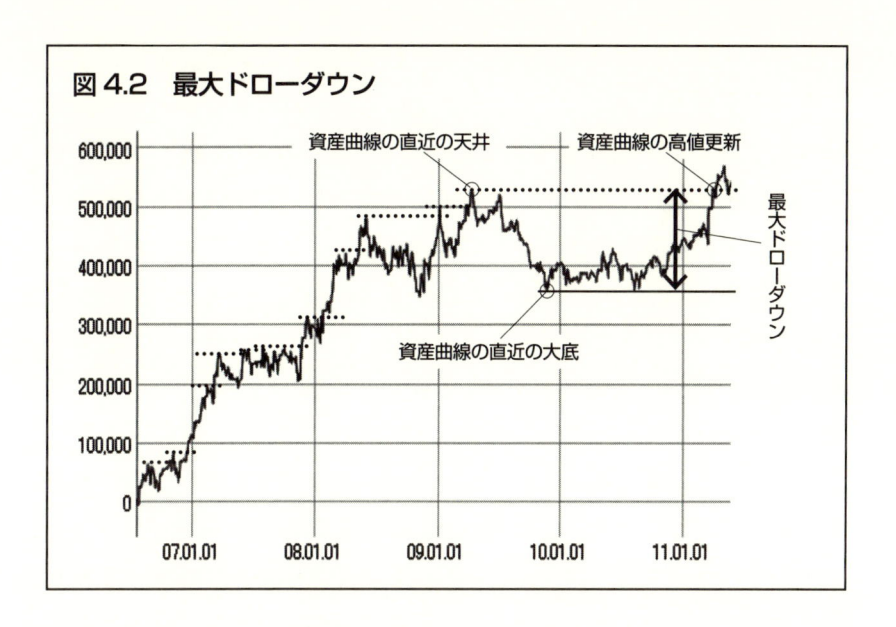

(グラフ: 資産曲線の直近の天井、資産曲線の高値更新、資産曲線の直近の大底、最大ドローダウン)

利益になっていることを確認すると「一時的にマイナスが出ても、最終的には儲かるんだから」と安心してしまうのです。

　むしろリターンに注目するあまり、さらに儲けてやろうとポジションサイズを大きく設定する人さえいます。しかし当然のことながら、ポジションサイズを大きくすれば、それだけリスクも大きくなるのです。いいかえれば、現実の損失額が心理的許容範囲を超えやすくなるといえます。

　ところが、こうした人ほどドローダウンの現実に直面するまで、その恐ろしさに本当の意味で気がついていません。そのため、その状況に陥ると、慌てふためき、ネガティブな感情に支配され、ルールを犯してしまい、負のスパイルへとはまっていくのです。

　実際、受講者のなかに「運用資産が半分になっても別に構わない」といっていたのに、実際トレードに連敗すると、ドローダウンに耐え切れず、冷静に学べなくなってしまった人がいました。本当の意味でドローダウンを許容していないのです。

しかも今後、最大ドローダウンが更新されないという保証は、どこにもありません。また、バックテストによって算出されるドローダウンは手仕舞いをして損益を確定したものだけであり、建玉（たてぎょく）中のポジションの含み損（一時的損益）を考慮していない可能性もあります。したがって、個人的には「最大ドローダウン×２倍ぐらい」のドローダウンは想定してしかるべきだと思います。

　最大ドローダウンが更新されたときや、最大ドローダウン×２倍が発生したときを、バックテストでのドローダウン結果を参考に、サブモダリティ（第５章で解説）を使って現実的にイメージしてみましょう。どのように勝ち負けを繰り返しながら運用資産を削っていく可能性があるのでしょうか。それだけ続いても運用を続けられるような許容損失リスク（許容ドローダウン）はどれぐらいでしょうか。この作業をしておくだけでも、実際に発生したときの心理的負担は大きく変わってきます。

　なお、バックテストから最大ドローダウンの値と傾向を出すときは、検証期間を数年に区切り、複利で計算するようにしてください。バックテストでは、売買手法の全体的な再現性を分析することが主眼となるため、単利で計算するのが普通です。しかし単利では、運用資産が増えてからのドローダウンが見逃されやすくなります。

　また、最大ドローダウンでは、金額だけでなく「期間」も重要です。運用資産が回復するまでに、どれだけの期間、心理的ダメージに耐える必要があるのか「最長回復期間」をバックテストから明らかにし、イメージしておく必要があります。

　「それだけの期間、結果が出なくても自分はポジションサイズを保つことができるか？」「結果が出ないことに苛立ちを感じ、途中で売買を中断してしまわないか？」といったことを潜在意識に問いかけ、イメージするのです。

新しい手法は必ずウォーミングアップから

　ここまでポジションサイズを決定する許容損失リスクの要素として「１単位当たり（損切り幅）」「１トレード当たり」「運用資産全体（許容最大ドローダウン）」の３つを挙げ、バックテストの結果やリスクリターンを参考に、それぞれ「このサイズで運用した場合の心理的ダメージはどれくらいか？」を具体的にイメージしてほしいと述べました。心理面から資金管理を講じることで、トレード戦略の実現性が高まってくるからです。

　もちろん、どんなにイメージをしたとしても、実際の損失やドローダウンで受ける心理的ダメージは、さらに大きいのが普通といえます。私の経験では、実際にトレードを始めてみると、ポジションサイズが大きすぎて値動きに耐えられなかったという方がほとんどでした。

　そこで、私が講師を務めている日経225先物のトレードスクールでは、新しく売買手法を構築して「いざ実践」という方に対して「しばらくはウォーミングアップとして日経225mini先物を１枚だけでトレードしてください」と提案しています。まずは１単位当たりの許容損失リスクと運用資産全体の許容損失リスクを潜在意識のレベルで受け入れられるまで、ウォーミングアップを続けるのです。

　１枚での損失であれば、深刻な痛手を被ることは、そうそうありません。しかし、実際のトレードを体感することで、資金の増減に伴う感情がイメージだけのときとどれくらい違うか、比較的冷静に受け止められます。

　経験して初めて自分の潜在意識にある感情が分かるのです。ドローダウンや連敗を体験して、リターンとリスクを実感し、実際に自分の感情がどのように動いていくか自覚していきます。

　もし、自分の理想とするポジションサイジングと自分の感情にかなりのギャップがあると分かれば、そのギャップを埋めるため、再度自

分の器からポジションサイズと運用目標を見直さなければなりません。このギャップが埋まったと実感できるまで、ウォーミングアップを続けるべきです。

　ところが、なかには「えっ、せっかく覚えて、意欲満々なのに……」と、がっかりする方もいれば、「もう完璧に許容損失リスクをイメージできたから」と、運用目標に合わせたポジションサイズで始めてしまう方もいます。このような方は残念ながら、遅かれ早かれ失敗することになるでしょう。

　早くトレードを本格的に始めたいという感情を抑えられないということは、ドローダウンや連敗にも耐えきれるわけがありません。今後のトレードでも、感情を抑えられず、暴走してしまう可能性があります。このぐらいの感情を制御できないようであれば、トレードをしても結果はみえているのです。

　なお、これは初心者に限ったことではありません。経験者であっても、新しい売買手法を初めて相場で実践するときには、売買手法と個人心理が一致したと感じられるまで、ウォーミングアップを続けるべきです。

4-2　問題点と解決策を探り出す

　それでは問題点とその解決策を探っていきましょう。自分の現状と目標（理想形）を見比べて「どこが違うのか？」「何が足りないのか？」を検証します（テスト）。

　例えば、トレードは「楽をして金儲けをしたい」というネガティブな欲求を満たしやすいため、「懸命に勉強をして、リスク回避、収益という形で自分の成長を感じとり、自由を得たい」という勝者の欲求に"つなげにくい"ものといえます。それをつなげるためには「何が問題か？」ということです。

　そして「ここを改善してみよう」と考案し（気づき）、三位一体のトレード戦略に落とし込んで実践するのです（オペレート）。このTOTEのプロセスを繰り返していくほど、目標（理想形）に達成する可能性も高まっていきます。ひとつひとつ明確にしていきましょう。

解決シートの作成

　まずは、第2章の「ニューロロジカルチェック」などで書き出した自分自身の現状と、第3章の成功モデルなどをもとに作り上げた目標（理想形）を質問ごとに見比べて、かなりのギャップがあるもの（改善すべきだと感じたもの）を抽出します。そして**図4.3**のような解決シートを質問ごとに作成します。

　解決シートは下記URLからもダウンロードできます。

http://www.reed-jp.com/contents/works/

図4.3 解決シート（前半）に質問と現状と目標を書き込む

＜質問＞

売買システムを構築するには常に検証・研究が求められます。エクセルやプログラムを使って、自分で検証・研究できる能力は持っているでしょうか？

＜現状＞

ある程度の知識と自信はあるが、過去の株価の特徴などをつかんで、それを売買システムに落とし込んでいくような高度な能力は持っていない。

問題点は何か？

＜目標＞

自分の売買システムや売買ルールをよく知っている。また、それがどのようなリスク要因を抱えているか統計的に判断できる。

図4.4　解決シート（後半）に問題点と解決策を書き出す

＜問題点＞

ある程度の知識とは、テクニカル分析の基礎的な知識であり、自信とは、その知識に基づいた今のシステムを理解しているという自信である。

そもそも現在使用しているシステムは自分が発案したものではなく、アイデアを教えてもらったものだ。したがって、相場の特性に合わせた戦略を売買システムに反映させる能力は持ち合わせていない。

自分で検証・研究するには、それなりのスキルを習得する必要があり、時間がかかる。だが、できれば有効なアイデアを誰かからもらえれば（魚をもらう）、そのほうが時間がかからずに手っとり早いという考えも心のどこかにある。

＜解決策＞

まずは週に数日、仕事が終わって寝るまでの間に「趣味」としてシステム作りの時間を作る。（検証ソフトを使って）少しずつ知識や経験を積み重ねながら、こつこつと良いものを作っていく「楽しみ」を自分の中に持つ。

定期的に開催される勉強会に必ず参加し、自分が考案したシステムについての長所と弱点を、自分以外の第三者に解説できるようにする。さらに新しいアイデアがあれば、自分のシステムに組み込むことができるかなど、綿密に調査し、導入できるものはする。

システムの研究には「面倒くさい」「もっと早く稼ぎたい」「じれったい」という感情がわき起こりやすいので、メンタル改善のスキル（リフレーミング）を活用し、改善する。

そして現状欄と目標欄を見比べ、「何が足りないのか？」を自分に問いかけ、目標達成に、どのような問題点があるのか、それをどう解決していくのか、具体的に書き出していくのです（**図4.4**）。

ひとつひとつの質問で解決ファイルを作成していきますから、非常に根気のいる作業となります。しかし、ここで作成した「資料」は、トレーダーとして一回り成長するために大きな財産となるはずです。勝者の思考法や行動も含めた「本質」を無意識のレベルで長期的に習得する道標となります。

問題点と解決策を書き出すポイント

残念ながら、実際のところ、一発で自分の問題点と解決策を正確に突き止めるのは困難です。そんなに簡単であれば、誰も苦労はしません。何度も試行錯誤（TOTE）を繰り返すことになるのが普通です（もちろん、そのプロセスを経験すること自体が、自分のトレードを成長させるために非常に貴重なことです）。

私たちトレードコーチの大きな役割のひとつは、そうした問題を浮き彫りにして、「ここを改善してみよう！」と気づいてもらう手助けをすることにあるといえます（もっとも、自分の主観と思い込みを押しつけてくるコーチもいないわけではないので、コーチは慎重に選ぶ必要もあると思います）。

身近に信頼できるコーチや師匠、仲間がいないのであれば、自分のことをよく知っている家族や友人に、客観的な第三者の視点から意見をもらうのも有効です。

自分で問題点と解決策を明らかにしていくには、どれだけ細かく、深く自分に問いかけていくかが、とても重要となります。回答が具体的であればあるほど、自分自身が望む結果や、そこに行き着くまでにすべき行動をはっきりとイメージできるからです。

自分に問いかけるには先述の5W2Hを用います。ただし「なぜ」という質問を使う場合は、注意が必要です。このタイプの質問は「問題誘導型」となってしまうからです。

問題誘導型というのは「なぜうまくいかないのか」ということについて焦点を当てる問いかけのことをいいます。例えば、次のような問いかけです。

●なぜ失敗ばかり繰り返すのか？
●なぜルールどおりにできないのか？
●何が原因でそうなったのか？

しかし、これだけでは問題解決に至りません。原因のみを追求するような質問を繰り返しても、結局出てくるのは言い訳ばかりになるからです。これでは状況を変化させることは難しいといえます。

こうした問題誘導型の問いかけは、自己責任として冷静に問題解決にとり組む姿勢があれば有効的に機能するでしょう。しかし、大抵の場合は、問題に対する「できなかった」という感情的な部分だけに焦点を当てることになってしまいます。その結果「今回はたまたまできなかっただけで……」「運用資産がもう少しあればルールどおりにできるのだけど……」といった言い訳を引き出すだけになってしまう場合が多いのです。

問題点の抽出と解決策の考案に効果的なのは「解決誘導型」の問いかけです。「勝者となるためにはどうすればよいか？」に焦点を当てます。例えば、次のような問いかけです。

●この目標を達成するためには、どうしたらよいか？
●ルールどおりにトレードをするためには、何が必要か？
●ここから何を学んだか？

そしてさらに、目標を達成した自分、自分の理想形を具体的に五感を使ってイメージしていきます。

> ●目標達成をどうやって知ることができるか？
> ●目標達成をしたら、どんないいことがあるか？
> ●目標達成をしたら、自分はどのように変わっているか？

　夢をかなえた自分はどんな人になっているでしょうか。経済面でどんないいことがあるでしょうか。精神面ではどうでしょうか。
　想像できたら、そのイメージをさらに深めてみてください。できればゆったりとした音楽などをかけながら、リラックスした空間のなかでイメージをするとよいでしょう。
　このようにポジティブな問いかけで脳の機能を活用し、目標達成のための問題点と解決策を自然に選択していくよう誘導していくのです。

解決シートの具体例

　解決シートの具体例を第2章で紹介したニックさんとのコーチングをもとに作成してみましたので参考にしてもらえればと思います（図4.5〜4.8）。

図4.5　解決シート例①

＜質問＞

トレードが計画どおりにいっているかは、何を目安に判断していますか？

＜現状＞

これまであまり定量的に考えていたわけではなく、儲かっていればオッケーで、儲からなければダメという程度。

ダメという場合でも、大数の法則によって、いずれ目標のリターン率に収束していくだろうと、ちょこちょこシステムをチェックおよび修正していない。

問題点は何か？

⬇

＜目標＞

- 1年ごとにバックテストを実施しなおし、資産曲線の傾き（角度）が今までよりも悪化していたら原因を考える。
- 簡単に売買ルールは変えない。
- 損益結果を記録して判断する。このシステムは何％の利益、これは何％の損失、この相場は動かないから収益も損も出ないなど、いろいろと考え合わせながら判断する。

＜問題点＞

全体的な損益の変動を意識せずに、目先の損益だけで判断していたことが問題である。損益も金額のみにとらわれ、全体の何％の利益や損失なのかという数値では考えていない。

大数の法則によって、いずれ目標のリターン率に収束していくだろうという考え方の根本には、そこまで労力をかけたくない、面倒だという感情がある。もっと深く掘り下げてみれば、手間をかけずに早く利益を出す方法があればいいなという感情もある。

また「ちょこちょこシステムをチェックおよび修正する」については、一度失敗したときに「システムは相場の状況に合わせて、修正・追加をしていかなければならない」ということを学んだ（つもりでいた）ため、知識として頭の中には入っていたのだが、どういう状況のときにどういうロジックが有効なのか、あるいは無効なのかを深く探ったり、どれくらいのスパンで考慮する必要があるのかの知識までは持ち合わせていなかった。

「ちょこちょこ」の定義についても、目先の損失が出たら＝数週間単位と、明確な定義づけではなかった。

＜解決策＞

頻繁にシステムの修正をする前に、慎重にシステムを検討する。

目先の損益に翻弄され、頻繁にシステムに変更を加えるのではなく、成績の良くない時期にはじっくり原因を考え、システムに修正を加えていく作業をコツコツ行う。損益結果はきちんと記録し、それぞれの売買ルールについて、何％の損益が出ているかなど、細かく分析して判断したうえで、システムの追加や修正を行う。

また、トレード計画の遂行については、損益だけでなく、ルールどおりに行えたか、心身ともに健全な状態でトレードに望んでいるか（ネガティブな感情がわき起こっていないか）、常に新しいシステムを検証・研究するための時間をとっているかなど、総合的に判断する。

図4.6　解決シート例②

＜質問＞

現在のトレード計画がうまくいっているときとそうでないときの期待値や、リターンとドローダウンの範囲を知っていますか？また、相場のトレンドや変動（ボラティリティ）の度合いがどう影響するかについては知っていますか？

＜現状＞

大数の法則に従う前提でシステムを過信していたため、その質問のような視点は持っていない。

問題点は何か？

＜目標＞

期待するリスクリターン比率を決めており、それに予想される値動きからポジションサイズを計算できる。

＜問題点＞

期待値からどの程度乖離したら売買手法にミスがあると判断するかなどの知識がない。

現在使っているシステム全体のリターンやドローダウンについては、数値としては知っているが、実際に潜在意識にその数値を落とし込み、感情で納得する作業までは行っていない。そのため、実際にドローダウンに遭遇したとき、感情的になり、規律を守れなくなった。

相場のトレンドやボラティリティの度合いを、システムに反映する作業を怠っていたため、使用しているシステムに不安が残り、実際の相場の動きに大きなボラティリティがあったときなどに、不安な感情がゆさぶられ、かなりのストレスを感じる。

＜解決策＞

期待値やリスクリターンの傾向など、自分のシステムについて詳しく見直し、必要があれば修正する。

トレード戦略を立てるときは、過去の最大ドローダウン値の1.5〜2倍のリスクを想定内においた資金管理に修正する。そのうえで再度ドローダウンのリスクイメージを、大きさ、時間（期間）ともに、潜在意識に落とし込む。違和感があるようであれば、再度リスク調整をしなおす。

また、トレンドやボラティリティの条件を追加できるソフトを使用し、相場の大局的な動きをシステムに反映するとどうなるかを、研究・検証してみる。特に、過去の大きな価格変動時のシステムの状況について確認し、そういった状況下でも通常どおりの運用ができるかどうかのイメージトレーニングを行ってみる。

図 4.7　解決シート例③

＜質問＞

年間で運用資産の何％の利益を見込んでいますか？　逆に年間で運用資産の何％の損失を覚悟していますか？　運用資産がいくらマイナスになったら運用を中断しますか？　1トレード当たりでは、どれくらいのリスクをとりますか？

＜現状＞

期待利回りは年100％。運用資産が倍になることを期待している。運用資産全体の損失許容リスクは年間で30％。50％を割ったら運用を中断する。1トレードの損失許容リスクは5％。

問題点は何か？

↓

＜目標＞

- 年間利益は運用資産の40％を目標。ただし、利益は意識しない。
- 損失許容リスクは運用資産の10％。
- 運用資産が不足したら増資し、運用は中断しない。

＜問題点＞

そもそも期待利回りが高すぎるため、うまくいかなかったときに、焦りや苛立ちを感じてしまう。なぜ期待利回りが高いのかは「早く利益を出したい」という感情が根本にある。

また、許容損失リスクの30%はバックテストの結果から出された最大ドローダウン値をもとに、現在の運用資産と照らし合わせて算出したものだが、そもそも最大ドローダウン値自体が、過去の数値上のものであり、更新される可能性を考慮していなかった。

このため、最大ドローダウン値が更新されたときに、想定外のリスクに感情的になり、焦りと不安から規律から外れた行動をとってしまった。

また、スイングトレードのポジションの含み損をまったく考慮していなかったため、途中損失が膨らんだときに、資金的に耐えられなくなってしまった。

1トレードの損失許容リスクはシステムを考慮せず、感情のみで判断した数値（適当）であり、含み損を考慮した最大リスクについては、注意を払っていなかった（たまたますぐに利益が出たこともあり、リスクよりもリワードのほうに意識が集中してしまった）。

＜解決策＞

期待利回りは、システム考案の目標数値として、当然高い数値を目指すが、潜在意識のイメージとしては、あくまでも目安としてとらえ、半分以下を想定する。

年間の想定リスクはスイングトレードの含み損も考慮する。そして過去の最大ドローダウン値は検証結果を1.5～2倍上回ることを想定する。具体的な数値としては運用資産の15%を年間の想定リスクとする。

この数値を上回るような状況になったら、その時点でシステムの見直しを行い、調整する。

現在のシステムでは、上記の年間の想定リスクから算出した（含み損失も含めて）1トレードの最大リスクは5%となる。これは感情の許容範囲である。

図4.8　解決シート例④

＜質問＞

人間の6つの欲求のうち、それぞれの欲求はどのように満たしていますか？　そしてその欲求の順位は？

＜現状＞

◎安定のポジティブ欲求：検証ソフトを使って自分で売買システムを構築している。リスク管理や分散投資については、安定の欲求を満たすために必要だとは思うが、実際はできていない。

◎安定のネガティブ欲求：含み損を抱えていても、いずれ戻ってくれるに違いないと期待して、そのまま損切りをせずに放置。また、そのような状況では自分に都合の良いニュースだけをみて自分を安心させる。ファンダメンタルズ、チャート分析などで株価の動きを予想する（思い込む）ことや、ジンクスなど、根拠がないことを信じたりすることでも安心する。

◎自由のポジティブ欲求：さまざまなパターンで売買ルールを研究し、自分で売買システムを構築することで満たしている。

◎自由のネガティブ欲求：勝ちトレードが続いたあとでポジションの含み損が膨らんだとき、大きく取り戻そうと、勝算が高いと思い込んで、リスク管理で決められた枚数を逸脱して、一か八かで大きくポジションをとってしまうことや、自暴自棄になって売買ルールを無視して、なんとなく勘に頼って仕掛けや手仕舞いをしてしまうこともある。

◎愛のポジティブ欲求：フェイスブックなどで、トレーナーやトレード仲間の書き込みを閲覧したり、トレード状況について仲間と情報交換をする。

◎愛のネガティブ欲求：自分のトレード状況について公開しないとか、トレーナーに相談しなかったりする。根拠のないジンクスも気になる。

◎重要感のポジティブ欲求：自分で売買ロジックを考案したり、そのアイデアを人に伝えたりする。

◎重要感のネガティブ欲求：将来への期待感と安心感。期待していた以上に利益が上がったときや、負けるときはあっても安定的に資産が増えているとき。

◎成長の欲求：自分で売買システムを作成したり、システムの精度を上げるために研究したりする。トレードの成績によってポジションサイズを調整。政治経済ニュースから相場の大きなトレンドを予測したりもする。

◎貢献の欲求：自分で作った成績の良い売買システムを人に教えてあげる。

◎欲求の順位：①安定　②自由　③重要感

問題点は何か？

＜目標＞

◎欲求の順位：①成長　②安定　③自由

◎ネガティブ感情をとり除く
- ●ネガティブなプレッシャーになると思うことはしない。
- ●本を読み、内容を理解し、売買手法を知り、自分の資産規模に合ったリスクリターン比率を総合的に考える。
- ●ネガティブになるのは、勉強が足らず、自分のスタイルが出来上がっていないからだ。
- ●「自己規律はあったか？」「リスク管理は正しく行えたか？」と問い続ける。それを続けていれば、ネガティブにはならない。
- ●損をしてもパニックにはならない。
- ●何度も繰り返し、慣れることで、恐怖を乗り越えられる。

<問題点>

まずは順位の上位に成長の欲求がきていないことが問題である。成長の欲求が低いところにあるのは、できるならば勉強したくないと思っているからだ。

次に、自分の目標にポジティブと思っていた欲求のなかにも、実はネガティブな欲求であるものがみつかった。

愛のポジティブ欲求の「フェイスブックなどで、トレーナーやトレード仲間の書き込みを閲覧したり、トレード状況について仲間と情報交換する」は、実際は「仲間と情報交換＝楽に稼げる情報をもらいたい」という、安心のネガティブ欲求であった。

また、愛のネガティブ欲求として書き出した「自分のトレード状況について公開しないとか、トレーナーに相談しなかったりする」ことは、重要感のネガティブ欲求（孤独）と判断できる。

各欲求でネガティブな満たし方のほうが目立つ。それぞれのネガティブ欲求についての問題点は

◎安全のネガティブ欲求：自分のシステムに対しての不安が相当あるため、成績が悪くなってくると、自分にとって都合の良い情報を探し出したり（自分は何も変わらずに、現状が変わってほしい）、仲間からもっと良い方法がないかを聞き回る（自分は努力せずに、魚をもらいたい）という行動が出る。

◎自由のネガティブ欲求：早く儲けたいという焦りから、損益に意識が集中してしまい、衝動的に自暴自棄な行動を起こすことが多い。

◎愛のネガティブ欲求：自分の能力を使い、正しく現状を判断することを避け、神頼みをしてしまうということは、成長の欲求が低いことと繋がってくる。

◎重要感のネガティブ欲求：成績が悪くなってきたり、ルールを犯して暴走しているときは、自分でもよくない行動をとっている自覚はあるので、そのことを人に知られたくない＝知られていないから自由に暴走できるという悪循環になっている。また、利益＝正しい、損失＝正しくないという価値観が出来上がっているため、利益が出ているときの自分は絶対だという傲慢さが出てくる。

＜解決策＞

目標のとおり、いきなり成長の欲求を最優先にもっていくことは、現状では精神的にハードな作業になると思われる。まずは成長の欲求を上位にするために、ほかの欲求のネガティブな満たし方をポジティブな満たし方に改善し、意識を損益からトレードそのものに向けるように変化させてみる。

いずれの感情も損益に対しての変動が作用しているので、損益に対しての意識が強すぎる原因を探り、改善していく必要がある。

なぜ損益に執着するのかを探ってみると「早く儲かりたい」という欲求が深く関係していると分かった。このため、利益が出ると「もっと早く稼げるのではないか」という意識が働き、損失が出ると「こんなことでは一生夢はかなわないのではないか」という不安が膨らむ。

この感情が膨れ上がると、いずれにせよルールを犯して、暴走する行動に出てしまう。

大本となる欲求について、ネガティブな満たし方を改善し、さらにその順番を意識的に変えることで、意識を損益からトレードそのものに向けることで解決するのではないか。

4-3　信念をより深く探る

　問題点を抽出するなか、自分の選択、行動、結果に問題があるとすれば、つきつめるとそれはすべて信念の問題となります。ニューロロジカルチェックで書き出した自分の信念について、実は自分の認識と違っていたり、「トレードで成功する」という価値観とは矛盾が生じていたりということが、明らかになるかもしれません。

　つまり問題を解決するには、この信念をどう扱うかが重要なカギとなるわけです。ここでは信念について、もう一度深く探り、これを変化させ、新しいものに入れ替えていく作業について紹介します。

無意識の自問

　「無意識の自問」とは、日ごろつい自分に問いかけてしまう疑問のことです。

　トレードに関連することで、日ごろつい自分で自分に問いかけてしまうことはないでしょうか。自問をしている自分に気がついたら、ぜひメモをとるようにしておきましょう。

　そして、こうした無意識の自問のなかにトレードにネガティブな信念がないかを確認するのです。ネガティブな表現をポジティブに修正し、それを新しい自問として活用することで、トレードに対する姿勢は大きく変化するはずです。

　以下は、30代未婚で一般企業のサラリーマンの男性、ジャックさん（仮名）とのコーチング例です。

――トレードをするときに、いつも知らず知らず、つい自分に問いかけてしまうことはありませんか？

そうですね……。正直、今までトレードで勝つために、いろいろな本や教材を買い、自分に投資をしてきたので「それをとり戻せるくらいの利益を出せるようになりたいな」とは常に考えています。

――そのほか癖になるほど問いかけているようなことは？

「早く成功しないだろうか？」とか「調子が悪い売買ルールを使い続けるべきだろうか？」とかは、常に考えているような気がします。

――では「調子が悪い売買ルールを使い続けるべきだろうか？」について考えてみましょう。この問いかけを日ごろ繰り返していることで、自分にどのような良い影響があったでしょうか？

この問いかけを繰り返すことで、現状に対して前向きな見方ができ、行動に移せるようになりました。

――ということは、この問いかけは、ポジティブなものだと認識しているわけですね。

はい、そう思っています。

――自分がトレードをするとき常にこの問いかけをしてしまう、最も強い感情や信念は何でしょうか？

トレードに対する不安ですかね。私には「トレードは確実なものではない」という信念があります。あるいは「悪いものは新しいものに変えないといけない」という信念でしょうか。

——では「調子が悪い売買ルールを使い続けるべきだろうか？」という問いかけに対して、うまくいかなかった場合、どのような結果になるでしょうか？　失敗したとき、何か失うものはあるでしょうか？

　その問いかけに対して、行動せず、さらに成績が悪化してしまった場合は、かなりの苦痛を感じます。「やはりやめておけばよかった！　なんであのときやめなかったんだろう！」と後悔し、イライラして冷静さを失うことになります。

——得てして、そのような苦痛や感情は、過去の強烈な経験によって形成されています。もし、その苦痛や感情のもととなった出来事や経験があるとしたら、何だと思いますか？

　おそらく、株式投資を始めて間もないころ、XYZ株を買ったときの経験です。なかなか損切りができず、何年も持った揚げ句、買ったときの10分の1以下の値段で手放すことになりました。

——これまで繰り返してきた「調子が悪い売買ルールを使い続けるべきだろうか？」という問いかけの、良い面とは何でしょうか？

　現状を疑うことで、改善の余地がみつかります。

——反対に、悪い面はなんでしょうか？　自分がその問いかけを続け、悪い面が続くと、究極的には、どのような問題が起こるでしょうか？

その問いかけに対して行動しなかった場合、その疑いが現実になると「やっぱりな！　何でかなあ……」と自己嫌悪に陥ることです。それが続くと、小さな損失が出ただけで不安になってしまいます。売買ルールの調子が悪くなったときは、すぐに入れ替えずにはいられなくなってしまうでしょう。

　逆に、その問いかけに対して行動した場合でも、疑ったことが現実にならなければ「なぜ、もう少し辛抱できなかったんだろう」と後悔することになると思います。それが続くと、損切りができない状態にまで陥るでしょう。

——これまで繰り返してきたこの問いかけによって、自分はどのような欲求を満たそうとしていたのでしょうか？

　安定の欲求のうちの「安定と快適」だと思います。

——自分が理想とするトレードを実現するため、この問いかけをしている自分自身に必要なものは何だと思いますか？

　トレードで成功したという実績だと思います。また、些細なことで揺らがない精神力や、自分ひとりで売買ルールを構築できるという自信、売買ルールを適切に活用できる思考力も必要だと思います。

——これまで繰り返してきたこの問いかけのポジティブな側面を保ちながらも、トレードで必要な欲求や感情を与えてくれる"新しい問いかけ"を考えてみましょう。

　「売買ルールをもう一度検証しなおしてみるとどうだろうか？」

あるいは「許容できる損失リスクの範囲はこれでいいだろうか？」でしょうか。

――では、これからのトレードに新たな力を与えてくれるような効果的な問いかけは何でしょうか？

「この売買ルールの想定リスクは、自分が耐えられるリスクの範囲内だろうか？」です。

――これからのトレードで、この問いかけがもたらすメリットは何でしょうか？

　自分が設定した損失リスクの範囲でトレードを続けられる可能性が高くなります。したがって、精神的に安定したトレードができるのではないかと思います。

――では、この新しい問いかけに何か弱点はないでしょうか？　あるなら、そこを変えてみましょう。

　損失リスクにこだわりすぎて、リターンを考えたアイデアが思い浮かばないかもしれません。トレード戦略については別にスキルアップする必要があると思います。

――この新しい問いかけは、6つの欲求をどのように自分でポジティブに満たせるでしょうか？

　安定（安定と快適・安全と自信）の欲求は「損失リスクを限定すること」で満たされます。

自由（冒険とバラエティ・達成感）の欲求は「新たな問いかけができた自分であること」で満たされます。
　愛（愛・繋がり）の欲求は「家族をリスクにさらすことがないこと」で満たされます。
　重要感の欲求は「きちんとリスク管理ができていること」で満たされます。
　成長の欲求は「新しい問いかけができた自分であること」で満たされます。
　貢献の欲求は「新しい問いかけによって目標が達成できて、社会に還元できること」ができれば、満たされます。

——この新しい問いかけが、今後トレードをするときに適していると証明するような経験はありませんか？

　「備えあれば憂いなし」の言葉どおり、事前に準備しているときはいつでも精神的に落ち着いていられます。

——トレードをするときに、この新しい問いかけを繰り返すことで、どのような気持ちになれるでしょうか？

　ゆったりした気持ちになります。これで安心してトレードを続けられるという気持ちになりますね。

　もうひとつ無意識の自問について探っている例について紹介しましょう。先述のニックさんとのコーチングです。

——トレードに関連することで、日常無意識に重点を置いている考え方（常識や思い込み）をみつけてみましょう。トレードをしているとき、

頻繁に知らず知らずにしている問いかけや、癖になるほど自問しているような問いかけはあるでしょうか？

「もっと早く資産を増やす方法はないか？」「今日はどちらの方向（上げるか？　下げるか？）に動きそうか？」「今日の成績はどうだったか？」「どうしてそういう結果になったのか？」というような問いかけを常に頭の中でしています。

――常にその問いかけをしてしまう、最も強い思い（信念・思い込み・価値観）は何だと思いますか？

年齢的にあまり時間をかけられないため「早くトレードで成功しなければならない」という思い（信念）だと思います。

――その「思い」を得ることができなかった場合、どのような否定的な結果、苦痛がもたらされるでしょうか？　つまり、そのときニックさんが失うものは何でしょうか？

早くトレードで成功できなかった場合、生活のために働く生活から抜け出せなくなります。年齢的な理由から、新たなチャレンジに制約やブレーキがかかっているでしょう。55歳を過ぎたら新しいことを始めるには遅すぎると思うので……。その結果、自由でお金に束縛されない生活は、できなくなると考えられます。

――そのようなパターンは、得てして過去にあった強烈な感情をともなう経験から形成されています。もし、苦痛の原因となった出来事や経験があるとしたら、何だと思いますか？

私の父親は52歳で亡くなっています。妹も37歳で亡くなりました。いずれもガンです。ガンは私の家系の病気という意識があります。「老いてからあまり時間がない」という意識が原因のひとつではないかと思います。

　あと、もともと「会社員にはなりたくない」という思いを持っていたことも、早く会社をやめて新しいことを始めたいと考える一因かと思います。

　大学生のときは、中小企業経営者の相談相手になりたいと考えていました。税理士や社会保険労務士の資格を持って経営の手助けをするイメージです。企業の歯車になるのではなく、地道に頑張っている小さな会社の経営者たちを助け、その人たちから感謝されたり、喜びを分かち合ったりしたいと考えたわけです。

　実際、大学4年のころは税理士の勉強をしていて、科目合格をいくつかとったのですが、残念ながら、資格取得にまでは至りませんでした。そして大学4年の冬に父親が亡くなったこともあり、長男である私は地元企業に就職することにしたのです。働いてみると仕事が意外に面白く、そのまま税理士の勉強をせずに現在に至りました。

　ところが、現在の年齢になって先のことを考えたとき、このまま定年退職を迎えるのではなく、もともとやりたかったような仕事（人を助け、その人たちから感謝されることで、自分も喜ぶ）をしたいという気持ちが強くなってきたのです。

――では、先ほどのような問いかけを繰り返すことで、どのような力がもたらされ、どのような良い結果をもたらしているでしょうか？

　常により良い方法をみつけるよう自分を促すことで、自らが成長する手助けになります。新たな売買ルールや組み合わせを発見

することができるので、売買手法の精度を上げることができると思います。それから、トレードに対して前向きにとり組むことができます。

――では逆に、その問いかけを続けることで、究極的にはどのような代償を支払うことになると思いますか？

　利益を優先することで、設定したリスクレベルを逸脱した、よりリスキーなシステムを志向してしまう可能性があります。一方でシステムに自信がなくなり、頻繁にシステムに手を加えることにもなると思います。
　その結果、大きな損失を出して「早くトレードで成功して生活のために働く生活から抜け出したい」という思いを達成できなくなるかもしれません。

――この問いかけによって、どの欲求を満たそうとしていたのでしょうか？

　安定と快適さの欲求、そして重要感の欲求だと思います。

――理想のトレードを実現するために、この問いかけをしている自分に必要なものは何だと思いますか？

　現在の売買手法の期待利回りから、将来のどの段階でいくらぐらいの資産にたどり着いているかを明確にし、それにより、早く早くと焦る気持ちを抑えることが必要だと思います。売買手法を信じて、安定的で安全な利益を出せる戦略でトレードを遂行していくことが必要です。

——それでは、これまでの問いかけのポジティブな側面を保ちながらも、トレードで必要としている欲求や感情を与えてくれる新しい質問は何でしょうか？

「得たい未来をより確実に実現させるため、安定的に利益を得るにはどうしたらよいか？」です。

——これからのトレードに新たな力を与えてくれる効果的な問いかけは何でしょうか？

「自分で決めた約束事を破り、相場から見捨てられたトレーダーになりたいのか？」「もう一度、トレード敗者に戻りたいのか？」です。

——今後のトレードで、この問いかけがもたらすメリットは何でしょうか？

無謀にリスクをとったトレードをしないよう自分を抑制してくれます。また、根拠のない"おいしい話"に乗せられないよう自分を抑制してくれます。

——この問いかけに何か弱点はあるでしょうか？　あるなら、それを変えましょう。

ネガティブな印象があるため、ポジティブな言い回しに変えたほうがよいと感じます。「その信念、感情、行動は、相場に愛されるトレード勝者と比べてどうだろうか？」にします。

――新しい質問は、深いレベルで６つの欲求をどのように満たしているでしょうか？

　ポジティブな安定と快適・安全と自信、成長、重要感を、トレード勝者になるという形で満たしています。ポジティブな愛・繋がりを、相場から祝福される（相場から利益を安定的に得られる）という形で満たしています。

――この新しい問いかけが、今後トレードをしているときに適した質問であると証明するような経験はありますか？

　これまでの私の行動、感情、信念が、ラリー・ウィリアムズのそれとは全く逆のものであったことを知りました。

――トレードをするとき、この新しい問いかけを繰り返すことで、どのような気持ちになるでしょうか？

　これまでのトレード敗者であった自分に戻りたくないという強い気持ちです。また、あのときのような苦しい感情を感じたくないという強い気持ちがあります。

　このように無意識の自問を糸口に、トレードの成功にとってポジティブな信念とネガティブな信念を探り出すことが可能になります。そしてよりポジティブな信念に基づいた問いかけに修正していくことで、言動がポジティブに変化し、三位一体のトレード戦略を理想に向けていっそう進めやすくなるのです。

◎無意識の自問を探る作業

——トレードをしているとき、頻繁に知らず知らずに自分にしている問いかけや、癖になるほど自問している問いかけは何でしょうか？

——その問いかけを日ごろ繰り返していることで、どのように力を与えられ、どのような良い影響があったでしょうか？

——自分がトレードをするとき常にこの問いかけをしてしまう、最も強い感情や信念は何でしょうか？

——自分が得たいと考えているものを得られなかったら、どのような否定的な痛みを伴う結果になるでしょうか？ 失敗したとき、何か失うものはあるでしょうか？

——そのような苦痛や感情は、得てして過去の強烈な経験によって形成されています。もし、その苦痛や感情のもととなった出来事や経験があるとしたら、何だと思いますか？

——これまで繰り返してきた問いかけの、良い面とは何でしょうか？

——反対に、悪い面は何でしょうか？ 自分がその問いかけを続け、悪い面が続くことで、究極的には、どのような問題が起こるでしょうか？

——これまで繰り返してきたこの問いかけによって、自分はどのような欲求を満たそうとしていたのでしょうか？

——自分が理想とするトレードを実現するため、この問いかけをしている

自分自身に必要なものは何だと思いますか？

——これまで繰り返してきたこの問いかけのポジティブな側面を保ちながらも、トレードで必要な欲求や感情を与えてくれる"新しい問いかけ"を考えてみましょう。

——これからのトレードに新たな力を与えてくれるような効果的な問いかけは何でしょうか？

——これからのトレードで、この問いかけがもたらすメリットは何でしょうか？

——この新しい問いかけに何か弱点はないでしょうか？　あるなら、そこを変えてみましょう。

——この新しい問いかけは、6つの欲求をどのように自分でポジティブに満たせるでしょうか？

——この新しい問いかけが、今後トレードをするときに適していると証明するような経験はありませんか？

——トレードをするときに、この新しい問いかけを繰り返すことで、どのような気持ちになれるでしょうか？

トレードに理想的な信念を手に入れる

　三位一体のトレード戦略を持続的に遂行するうえで、現在の自分にはないトレード勝者の建設的でポジティブな信念をとり入れなければならない場合があります。具体例は後ほど紹介するとして、このときは、具体的な「規則」を作るのが有効です。
　例えば、ひとことで「トレードの勉強をする」というだけでは、具体的にどうするか、はっきりしません。そこで「毎日１時間は投資の本を読むこと」「トレード日誌を書くときは、ふと気がついたことも欠かさず記録すること」といった規則を作るのです。
　こうしたポジティブな信念を引き出すための規則を作る第一のポイントは、簡単に達成できそうなものにすることです。達成が難しい場合（時間がかかったり、コストがかかったり）は、規則を作ってはみたものの、どこかで「本当に達成できるのかな……？」という思いがあるため、ポジティブな信念になりにくくなります。
　規則は「〜ときは〜すること」という形式で表現します。できることと、できないことが明らかになってくるからです。
　例えば、プログラムを組むのが極度に苦手な人がシステムトレードを実践するとき、次のような規則を作れるでしょうか。

> 「売買ルールをトレードで使うときは、まず自分で検証プログラムを組んで、優位性を検証すること」

　このような場合は「自分で検証プログラムを組む」のは困難です。したがって、ほかの方法（検証プログラムを組まなくてもできる方法）を選択します。
　例えば、次のような規則です。

> 「売買ルールをトレードで使うときは、まず検証ソフトで優位性を検証すること」

　これなら無理なく達成できます。したがって、納得したうえで新たな信念としてとり入れることができるのです。
　また「～したときは～し、～なときは～すること」のように、複数のパターンを書き出すのもよいでしょう。例えば、次のとおりです。

> 「売買システムの調子が悪くてイライラしたときは、いったん外の空気を吸いに散歩に出掛けることにし、売買システムの調子が良くて精神的にも安定しているときは、資金管理を見直して、増し玉を検討すること」

　ただし「～したとき」については、外的要因に左右されるものではなく、自力でできるものにします。例えば「月100万円稼げたときは……」では、100万円稼げるかどうかは相場次第なので不適当です。「ルールどおりに執行できたときは……」であれば、自力でできることなので適当ということになります。
　一方、現在の自分にあるトレードに非建設的でネガティブな信念を修正するときは、まずどのようにネガティブな信念が継続的に発生すると理想形ではないのかを考えてみます。ポイントは理想形から程遠い表現にしてみることです。
　例えば、過去の連敗から「自分が買ったときは必ず負ける」という幻想に惑わされたとします。このときは「過去の失敗のイメージが頭から離れず、売買ルールを犯したときだけ負ける」という信念にすり替えるのです。
　そして、その信念に対する解決策を考えましょう。この例の場合は「常に失敗の幻想をイメージすることを避ける。惑わされそうになっ

た場合は、音楽をかけるなどして意識を別の方向に持っていく」といったように、具体的な解決策を準備しておくのです。

理想的な信念を引き出す一例

先ほど「三位一体のトレード戦略を持続的に遂行するうえで、現在の自分にはないトレード勝者の建設的でポジティブな信念をとり入れなければならない場合があります」と述べました。実際にはどのようなケースがあるか、先述のジャックさんとのコーチング例から紹介しましょう。

――自己認識の作業で書き出した、ジャックさんの現在の信念について再度確認してみましょう。

- ●トレードは確実なものではない。
- ●早く成功しなければならない。
- ●調子の悪い売買ルールは新しいものに変えなければならない。
- ●いち早い情報の入手が利益につながる。
- ●有効な売買ルールを探す努力をしなければならない。
- ●資金管理を徹底すれば、破産する可能性が低い。
- ●リスクは常に想定内にする。
- ●損益は大数の法則の考え方に基づき長期的視野で考える。
- ●損失は小さいほうがいい。
- ●利益が出たときは確定しておかないととり逃してしまう。
- ●少しぐらいはギャンブルとしての楽しみがあってもいい。
- ●損失は出さないほうがよい。
- ●面倒なことはせず、もっと気楽にトレードをしてもよい。

――さらに、ジャックさんが理想とするトレーダー像とテーマは次のとおりになりますね。

> ●理想像「常に明確な裏づけを持つトレード戦略を組み、冷静にトレードを続けられるトレーダー」。
> ●テーマ「より良い売買ルールを探求し続ける、冷静沈着なトレーダー」。

――理想のトレーダーになるため、現在の信念のうち最も優先すべきものは何でしょうか？

「有効な売買ルールを探す努力をしなければならない」です。

――この信念を最優先にすることで、何を得られるでしょうか？

安心と自信を得られます。

――反対に、この信念を最優先にすることで、どのような代償を払うことになるでしょうか？

それを追及するために時間と労力を費やします。

――では、理想のトレーダーになるためには、どのような信念を捨てる必要があるでしょうか？

次の信念は捨てたほうがよいと思います。

- 早く成功しなければならない。
- 調子の悪い売買ルールは新しいものに変えなければならない。
- いち早い情報の入手が利益につながる。
- 損失は小さいほうがいい。
- 利益が出たときは確定しておかないととり逃してしまう。
- 少しぐらいはギャンブルとしての楽しみがあってもいい。
- 損失は出さないほうがよい。
- 面倒なことはせず、もっと気楽にトレードをしてもよい。

――理想のトレーダーになるためには、ほかにどのような信念を付け足すべきでしょうか?

次の信念を加えるべきだと思います。

- 毎日健康に気を使うことが大切である。
- 市場を分散することでリスクを分散できる。
- 常に冷静に判断し、行動するべきだ。

――理想のトレーダーになるためには、加除修正した信念の優先順位をどのように並べるべきでしょうか?

次のように並べてみました。

① 有効な売買ルールを探す努力をしなければならない。
② 許容損失リスクは常に想定内にする。
③ 損益は大数の法則の考え方に基づき長期的視野で考える。

④資金管理を徹底すれば、破産する可能性が低くなる。
⑤市場を分散することでリスクを分散できる。
⑥常に冷静に判断し、行動するべきだ。
⑦毎日健康に気を使うことが大切である。
⑧トレードは確実なものではない。

――この信念の順位づけによって、どの信念を最優先しているかが明確になります。そして、この信念の優先順位を変えることで、行動も変わってくるのです。では、その信念の根源となる、欲求についてひとつずつ調べてみましょう。

①有効な売買ルールを探す努力をしなければならない。
　⇒　成長・自由
②許容損失リスクは常に想定内にする。⇒　安定
③損益は大数の法則の考え方に基づき長期的視野で考える。
　⇒　自由・成長
④資金管理を徹底すれば、破産する可能性が低くなる。⇒　安定
⑤市場を分散することでリスクを分散できる。　⇒　安定
⑥常に冷静に判断し、行動するべきだ。　⇒　成長
⑦毎日健康に気を使うことが大切である。　⇒　安定
⑧トレードは確実なものではない。　⇒　自由

――自己認識の作業で、ジャックさんの欲求の優先順位は「①安定、②重要感、③自由」でした。今回新しく決めた信念の順番と照らし合わせたとき、欲求の優先順位を変える必要はあるでしょうか？

　　もっと自由の欲求を優先すべきだと思います。また、重要感の

代わりに成長の欲求を優先すべきです。したがって優先順位は次のように変わります。

①自由
②成長
③安定

――では、その欲求の順位に基づき、先ほどの信念の優先順位についてイメージしてみましょう。目をつぶって未来の自分を思い浮かべてみてください。理想のトレーダーに向けて少しずつ変化できているでしょうか。そこに大きな問題はないでしょうか？

　ひとつ気がついたことがあります。「有効な売買ルールを探す努力をしなければならない」という信念ですが、私は普段の仕事が忙しく、休みの日もじっくり売買システムの研究に時間を割くことができない状況です。理想のトレーダーになるために必要なことだとは理解していますが、実際にシミュレーションをしてみると、本業の仕事や睡眠時間を削らなければ、売買システムの研究をする時間が作れないと思います。そうなると、かなりの精神的ストレスがかかり、悪影響が出る可能性が高いと思います。

――トレード勝者は皆、研究と成長を楽しんでいます。しかし、確かにこの信念のままだと義務的なことが多く、モチベーションを持続するのは大変かもしれません。売買ルールを研究するには、情熱やトレードを楽しむワクワク感が必要だと思います。そこでジャックさんが捨てる必要があるといった「少しぐらいはギャンブルとしての楽しみがあってもいい」という信念を「売買ルールを研究することは楽しいことだ」という信念に変更し、追加してみたらどうでしょうか？

確かにそうですね。例えば「有効な売買ルールを探す努力をしなければならない」という信念の優先順位をもう少し下げ、とりあえずは今使っている売買ルールで資金管理を徹底しつつ運用し、時間があるときに新たな売買ルールを探求するという順番にすれば、義務感がなくなり、おそらく睡眠時間を削ってでもやってみたいという情熱が自然に出てくると思います。

また「トレードは確実なものではない」という信念は「トレードは不確実性のなかで戦うゲームである」というようにポジティブな見方にすれば、ワクワク感を得られると思います。

——では、新たな信念を加えて、優先順位を考慮するとどのような順番になるでしょうか？

この順番であれば、スムーズに実行できそうです。

---

①売買ルールを研究することは楽しいことだ。　⇒　自由
②有効な売買ルールを探す努力をしなければならない。
　⇒　成長・自由
③許容損失リスクは常に想定内にする。　⇒　安定
④損益は大数の法則の考え方に基づき長期的視野で考える。
　⇒　自由・成長
⑤資金管理を徹底すれば、破産する可能性が低くなる。
　⇒　安定
⑥市場を分散することでリスクを分散できる。　⇒　安定
⑦常に冷静に判断し、行動するべきだ。　⇒　成長
⑧毎日健康に気を使うことが大切である。　⇒　安定
⑨トレードは不確実性のなかで戦うゲームである。　⇒　自由

◎理想的な信念を引き出す作業

——トレードに対して、どのような信念を持っていますか？

——どのようなトレーダーになりたいですか？

——自分のトレーダーとしてのテーマをどのようにしたいですか？

——理想のトレーダーになるためには、自分の信念のうち何が最優先であるべきでしょうか？

——この信念を最優先にすることで、何を得ることができるでしょうか？

——この信念を最優先にすることで、どのような代償を払うことになるでしょうか？

——理想のトレーダーになるためには、どのような信念を捨てる必要があるでしょうか？

——理想のトレーダーになるためには、ほかにどのような信念を付け足すべきでしょうか？

——理想のトレーダーになるためには、それらの信念はどのような順番であるべきかを並べてみてください。

——信念の順位づけによって、どの信念を最優先するかが明確になり、行動も変わってきます。その信念の根源となる、欲求についてひとつずつ調べてみましょう。

――今回新しく決めた信念の順番と照らし合わせたときに、欲求の優先順位はどのように変える必要があるでしょうか？

――新しく決めた欲求の順位に基づき、先ほどの信念の優先順位についてイメージしてみましょう。目をつぶって未来の自分を思い浮かべてみてください。理想のトレーダーに向けて少しずつ変化できているでしょうか。そこに大きな問題はないでしょうか？　問題があれば、新たな信念を加えたり、優先順位を考慮したりしてみましょう。

メンタル改善のスキル

第5章

Christopher Stanton　　Mark Shlaes　　Ken Jakubzak

Scott Ramsey　　Larry Williams　　Masaaki Saito

NLP Trader Coaching :
How to Achieve the Successful Trader's Mindset

5-1　解決策を遂行するために

　第4章では、現状認識と理想形をもとに解決シートで問題点と解決策を明らかにする作業について紹介しました。

　本章では、それらの解決策を遂行するために役立ちそうな改善術として「メンタル改善のスキル」をいくつか紹介します。どのスキルが自分の問題解決にどのように使えるか考えながら読み進めるとよいでしょう。

　ただし、どのようにトレードの技術を学んだとしても、それを自分のものにするためには相当な努力が求められるのと同じように、メンタル改善のスキルを自分のものにして解決策を完遂するには、強い自覚と意志で継続的に実践していかなければなりません。

　人には「無意識に、目先の痛みを避け、目先の快楽を得ようとする」という習性があります。読者の皆さんも自分の問題点を明らかにするなかで、そのことをはっきり自覚されたのではないでしょうか。

　多くの投資家が、そうした習性を損大利小の行為で習慣化してしまい、都合良く正当化し、頑固な自我として"大切"にしています。そのため「自分には無理」と諦めてしまったり、「心理なんかまやかしだ」と結論づけてしまったりして、トレードで継続的に利益を出すことができないまま、敗者として終わってしまうのです。

　この根本的な習性を"矯正"するうえでも、メンタル改善のスキルは非常に有効に機能します。また、このスキルは普段の生活やビジネスでも役に立つはずです。

　ただ、具体的なスキルを紹介する前に、まずはそれらのスキルを有効に使ううえでの前提知識となる「心理的フィルター」「人間の変化

の構造モデル」「感覚とサブモダリティ」について解説しておきたいと思います。

心理的フィルター

人は、五感（視覚・聴覚・触覚・嗅覚・味覚）から得た情報を「解釈」して、心の中で感情を抱いたり、生理的な反応を示したりします。そしてその結果、行動に起こしたり、記憶に残したりします（**図5.1**）。

五感に入ってくる情報自体は誰にとっても同じものです。ところが、解釈の仕方は人によって異なります。例えば、同じ人の顔でも、ある人には怒っているようにみえるかもしれませんし、ある人には真剣に考えているようにみえるかもしれません。

このように違いが出る理由のひとつは、人によって「感覚」に優先順位があるからです。NLPでは、感覚を視覚、聴覚、体感覚（触覚・嗅覚・味覚を含める）の3つに分けており、人によって優先する感覚が異なることを明らかにしています（感覚については後ほど説明しま

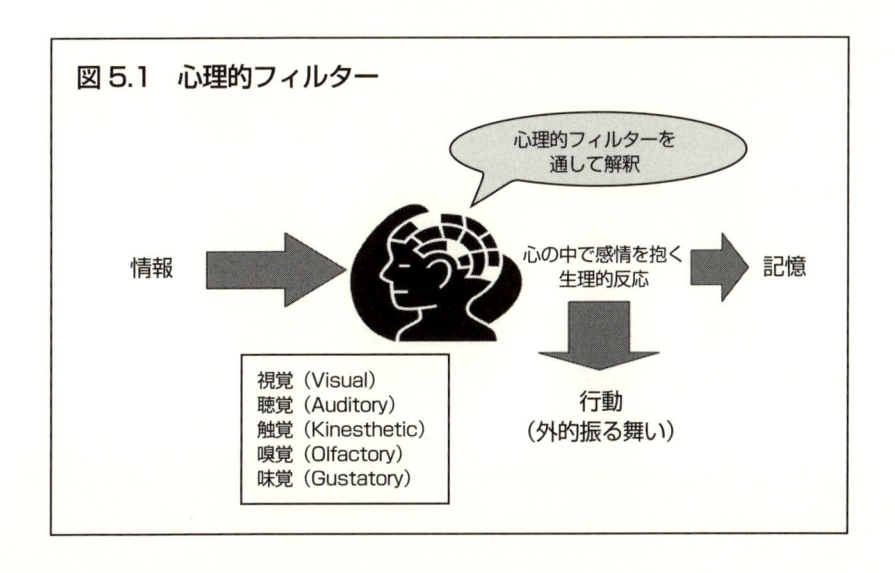

図5.1 心理的フィルター

情報 → ［心理的フィルターを通して解釈］ → 心の中で感情を抱く／生理的反応 → 記憶
↓
行動（外的振る舞い）

視覚（Visual）
聴覚（Auditory）
触覚（Kinesthetic）
嗅覚（Olfactory）
味覚（Gustatory）

しょう)。

　もうひとつは、五感から得た情報を解釈するとき**「心理的フィルター」**にとおして「自分に都合良く」単純化しているからです。投資家は、まずこの単純化による落とし穴を認識しておかなければなりません。

単純化には「省略」「一般化」「歪曲(わいきょく)」があります。

①省略
　例えば、次のような出来事があったとします。

>　2008年6月19日9時32分、自宅のノートパソコンでソフトバンク(9984)の日足をみていると、チャートパターンから今が買いだと判断した。ところが、指値で発注しようとネット証券の口座にログインし、発注画面を出して注文条件を入力していると、その間に株価はどんどんと上昇してしまった。
>　「成行注文にしたほうがいい。早く注文しないと!」
>　焦って慌てて注文を入力しなおそうとしたそのとき、たまたま妻が部屋に入ってきた。
>　「あなた電話よ」
>　意識が一瞬、電話をとるかとらないかの返事のほうにいってしまい、発注画面の買いボタンを押すつもりが、誤って売りボタンを押してしまった。誤発注だ……。

　この具体的な経験すべてを完璧に記憶として残すことは困難です。そのため、次のように適当に省略して、記憶として残そうとします。

>「朝、株のトレードをするときに、誤発注をしてしまった」
>「注文を出すとき妻に声をかけられたので、誤発注をしてしまった」

どの部分を省略して記憶するかによって、事実の内容は、若干または大きく変化してしまい、今後のトレードを実践するうえで大きな障壁となる可能性があります。例えば、妻の呼ぶ声を聞くだけで、誤発注をしたあとの嫌な感情が思い浮かんでしまい、「こんなときに声をかけてくるな！」と怒りの感情が爆発し、その都度まともな注文ができなくなるかもしれません。

②一般化

交通規則、社会常識、社内規則、数式といったように、人は社会で生きていくなかで、いろいろなルールや公式を作っています。同じように自分のなかでも、情報を解釈するとき「一般的にみてこうだ」と、まとめてしまいがちです。そして、それがトレードにネガティブに作用するときがあります。

例えば、板情報の画面をみていると、どんどん買い注文が増えてきて、株価が上げてきたとき「みんながここで買いだと思っているから自分も今すぐ買わないと！」と衝動的に買ってしまうケースです。

これは子供が**「みんな持っているから」**といって親にゲーム機をねだるのと似ています。そのゲーム機が欲しいから「みんな」と一般化して、自分を正当化してしまうのです。

③歪曲

人は、**思い込みによって情報を都合良く解釈する**ことがあります。例えば、次のようなケースです。

> 早朝テレビをみていたら「○○食品、業績好調で業界トップに！」といったニュースが報道された。そこで「これは間違いなく○○食品の株価は上がるな。ここから下がることはまずないだろう」と考え、寄り付きに信用買いを仕掛けた。

> ところが、なぜか株価はどんどん下げていった。それでも「今日は相場全体が下がったから、たまたまだろう。むしろ、ここで買い増しをしよう」と考え、さらにポジションを膨らませた。
> しかし、数日たっても株価は上がらない。それどころか買ったときよりも20％近く下げてしまった。追証がかかってしまい、やむなく損切りをした。
> あとで調べてみると、あのニュースはすでに株価に織り込み済みで、しかも直後に競合他社が新製品を出しており、業界トップは一時的なものとのことだった。よくみれば普段のチャート分析では、トレンドの終了を示していた。

これが歪曲によるミスです。ニュースからの情報がインプットされたために、チャート分析からそれまでの上昇トレンドが崩壊して下降トレンド入りしたことを見抜けず、判断を誤ってしまったのです。

このように人は心理的フィルターをとおして情報を「省略」「一般化」「歪曲」して解釈しています。しかも、同じ情報を受けたとしても、受ける側の個人個人によって、その行動や記憶は異なるのです。

こうした心理的フィルターによってトレードにネガティブな感情が生まれ、その経験をネガティブに記憶したり、ネガティブに行動したりする可能性があることを自覚しておく必要があります。そして本章で紹介するメンタル改善のスキルは、この心理的フィルターを自分の目標達成に望ましいようにポジティブに変化させるのに非常に有効なのです。

人間の変化の構造モデル

人間の変化の構造モデルとは、人間の状態を構成する要素が「感情」

「行動・生理的反応」「サブモダリティ」の３つに分けられ、それぞれが互いに影響し合っているという考え方です。

●感情（IS＝Internal State）
　潜在意識にある無意識に引き起こされる感情の状態です。喜怒哀楽のほか、雰囲気といったような内的気分も含まれます。

●行動(EB＝External Behavior)・生理的反応（Ph＝Physiology）
　体の動かし方や表情や姿勢といった外的振る舞いと、呼吸法や姿勢や体温、筋肉の緊張度、声の調子といった生理機能の状態や使い方を指します。

●サブモダリティ（IR＝Internal Regularization）
　例えば、そのときの明るさや音質や温かさなど、情報を五感から得たときの細かな感じ方です。外から情報を得るとき、どの感覚を一番よく使うかは人によって異なります。後ほど具体的に説明しましょう。

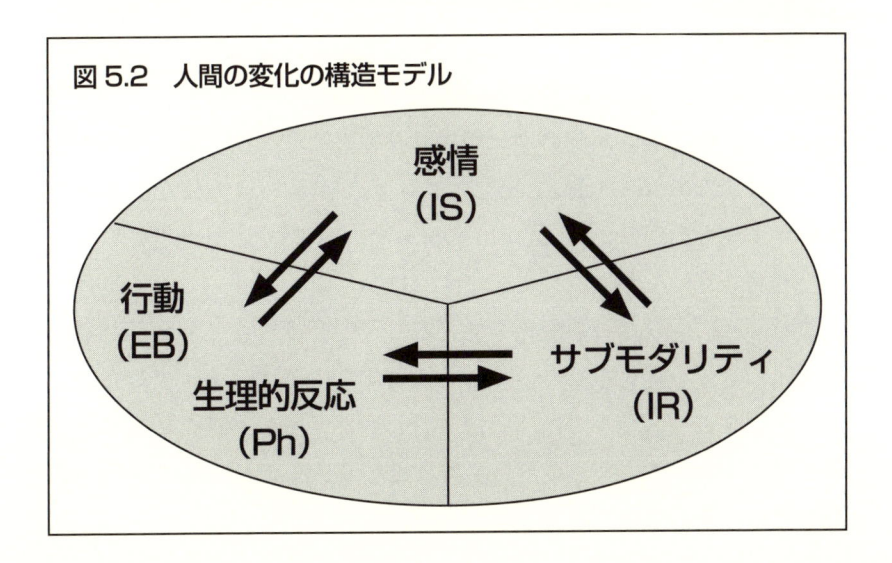

図5.2　人間の変化の構造モデル

感情
(IS)

行動
(EB)
生理的反応
(Ph)

サブモダリティ
(IR)

3つの要素は図5.2のように互いに影響し合っており、どれかひとつの要素を変化させるだけで、ほかの要素にも変化が引き起こされます。例えば、早朝から配偶者と喧嘩をしてしまい、ストレスがたまったままの状態で前場のトレードに臨んだとしましょう。

　喧嘩をしたときの怒鳴り声、配偶者の怒った顔、カッとしたときにかいた汗など、五感からの記憶が、まだそのまま残っています。これがサブモダリティ（IR）です。

　そのため、イライラして集中力がなくなってしまいます。これが感情（IS）です。

　そのため、発注をするときに売りと買いを間違えてしまいました。これが行動（EB）です。また、間違いに気づいて大声を上げたあとの興奮で、心臓の鼓動が早くなります。これが生理的反応（Ph）です。ストレスによって我慢ができなくなったため（IS）、ルールどおりに損切りができなくなります（EB）。

　これは、よくある負の連鎖です。このように３つの要素は互いに影響しながら、どんどん人間の状態を変化させていきます。

　そこで「いったん休憩をとって外出してみる」といった行動をとってみたら、どうなるでしょうか。周りの景色が狭い部屋から広い外の景色へと変わります（IR）。晴れた日の真っ青な空を見上げ（IRとEB）、新鮮な空気が肺の中に吸い込まれることで（Ph）、すがすがしい気分になります（IS）。そして、すがすがしい気分になるとモチベーションが上がり、やる気が出てきます（IS）。やる気が出てくると、景色も明るく鮮やかにみえてきます（IR）。

　このように、ひとつの変化を加えることで、それまでとまったく逆の状態に全体を変化させていくことも可能なのです。本書で紹介するメンタル改善のスキルでは「感情」「行動」「サブモダリティ」のどれかを変えれば、すべてが変わってくるという、この「人間の変化の構造モデル」を活用していきます。

感覚とサブモダリティ

先ほども述べたように、同じ外からの情報でも人によって感じ方が違うのは、優先する感覚が人によって異なるからです。

自分が視覚、聴覚、体感覚のどれを優先しているか、簡単に自己診断をする方法のひとつに、会話でよく使われる叙述語（主語の動作・状態・性質を説明する言葉）と行動の特徴から判断する方法があります。

視覚（V）を優先するタイプの人にみられる特徴は次のとおりです。

＜視覚優先タイプがよく使う叙述語＞
漠然とした（明確な）、明るい（暗い）、鮮明な、視野に入れる、注目する、話がみえない、～のようにみえる、～の視点、みえる、分かる

＜視覚優先タイプの行動の特徴＞
●外見にとらわれやすい。
●違いが明確である（効果がはっきりしている）ことが好き。
●結果が見えないと、モチベーションが下がる。
●テンポが速い。早口である。
●暗記をするときはノートをとる。
●イラストやグラフなどで表現するのが得意。
●会話にジェスチャーが加わる。

聴覚（A）を優先するタイプの人にみられる特徴は次のとおりです。

＜聴覚優先タイプがよく使う叙述語＞
説明する、リズムが合わない、評判がよい（悪い）、発言、フレーズ、呼びかける、教える、～のように聞こえる、説明する

<聴覚優先タイプの行動の特徴>
●声の調子や言葉に強く反応する。
●独り言をいう。
●ヒアリングが得意。
●電話が好き。
●雑音が嫌い。
●うまく話せなかったりすると焦る。
●言葉での表現を重要視し、論理的。

体感覚(K)を優先するタイプの人にみられる特徴は次のとおりです。

<体感覚優先タイプがよく使う叙述語>
感じる、手に入れる、肌に合う、頭に入る、暑い（寒い）、ずっしりとした（軽い）、感情、フィーリング、ソフトな、〜な感じ、手がかり

<体感覚優先タイプの行動の特徴>
●動作がゆったりしている。
●早口で説明されると、理解するのに時間がかかる。
●居心地の良い空間が好き。
●結果よりもプロセスを重要視する。
●場の空気が読める。
●体を動かしながら覚えるとスムーズに頭に入る。

　もちろん、あくまでも優先順位です。明確にひとつの感覚だけを優先して使っているわけではありません。優先順位が「体感覚 ＞ 視覚 ＞ 聴覚」の人であれば、体感覚の要素を最優先しているとはいえ、視覚の要素がかなりみられる場合もあるでしょう。また、トレードと

普段の生活で優先順位が異なる場合もあります。

視覚・聴覚・体感覚のサブモダリティ（細かい要素）は、次のとおりです。

＜視覚（V）のサブモダリティ＞
●イメージのある位置と自分との距離
●明るさ
●カラーかモノクロか
●大きさ
●静止画像か動画か
●立体か平面か

＜聴覚（A）のサブモダリティ＞
●音量
●音の高低
●ステレオかモノラルか
●テンポやリズム

＜体感覚（K）のサブモダリティ＞
●体のどの部分で感じているか
●温度
●強度

私たちが情報を記憶するときは、そのときのサブモダリティも組み合わせています。つまり、自分が「トレードで」どの感覚とサブモダリティを優先しているか知っておけば、そのサブモダリティを重点的に変えていくことで、効果的にメンタルが改善され、感情や行動を変えていくことができるわけです。

5-2　環境を創造する

かつて大失恋をしたときによく聞いていた音楽を再び耳にすると、その恋人にフラれたときに受けた（おそらくネガティブな）感情を呼び起されることはないでしょうか。このように**外部の刺激から特定の感情や反応が呼び起こされる現象を「アンカー」といいます。**

英語で錨（いかり）という意味です。海の底に沈んだ錨のように、ある特定の感情や感覚が沈んでいる状態をいいます。

ネガティブアンカー

アンカーは条件反射の一種です。**強い感情と外部からの刺激が結びついた過去の体験によって、同じような状況で同様の刺激を受けた場合、自動的にそれと結びついた感情が呼び起こされます。**

例えば、次のようなケースです。

> 買いポジションを持ったあと、急に株価の動きが激しくなり、あっという間に下がってきた。慌てて指値で手仕舞い注文を出したものの、下落の動きが早いため、その指値で約定しなかった。そのまま株価はさらに下落したため、かなりの大損が出た。
>
> この経験で、かなりつらい思いをして以来、少し値動きが激しくなってきて、チャートや板情報がチカチカと早い動きをしてくるたびに、そのときに受けたネガティブな感情がよみがえってしまう。そして「早めに手仕舞いしないと、大損をするかもしれない！」と感じ、損切りの位置まで待てず、つい手仕舞いをしてし

まう行動をとるようになった。

　大損をしたときの強いネガティブな感情が、チャートや板情報の早い画面の動き（視覚のサブモダリティ）と結びついて記憶されています。そのため、早い画面の動きがアンカーとなって「大損してしまう」という感情を条件反射で引き起こしてしまうのです。
　このような負の流れを「ネガティブアンカー」といいます。

アンカリングのポイント

　アンカーは、先ほどのケースのように、過去の経験から自然に生まれるのが一般的です。しかし、意図的に自分にアンカーをかけることもできます。
　五感からの外部刺激を条件付けし、特定の感情や反応をいつでも呼び起こす（発火する）ように定着させるのです。このように**意図的にアンカーを使って手に入れたい感情を引き出す「しかけ」を作ることを「アンカリング」**といいます。
　例えば、イチロー選手が打席に入ったときのあの動作がそうです。多くのスポーツ選手が、本番直前に毎回同じポーズをしています。これは、過去に最高のパフォーマンスを発揮したときのポジティブな感情（集中力）を呼び起こすため、特定のポーズにアンカリングをしているのです。
　同様に、自分のトレード環境にアンカリングをして、ポジティブアンカーを増やしていきましょう。それを「発火」させれば、ポジティブな感情を呼び起こしやすくなり、常に最高の成果を上げられるよう自分を高めることが可能となるのです。
　アンカリングを成功させるには、次の4つがポイントとなります。

①経験の強度
②経験の純度
③アンカリングのタイミング
④アンカリングの正確さ

　経験の強度が強いほど、アンカリングは容易です。強烈にポジティブな感情になったときの経験や、なりたい自分の状態になっているときの状況を具体的に思い出してみましょう。そのときの色は何色でしょうか。そのときの音はどうだったでしょうか。そのときのサブモダリティをできるだけ思い出すのです。

　また、ほかの要素が混じらず、単一であるという経験の純度も重要となります。例えば、ただ何かの大会で優勝したからポジティブな感情を持ったというのではなく、そのとき親が涙を流して喜んでくれたことを思い出してなのか、いつも負けているライバルに勝てたことを思い出してなのか、その特別な瞬間のときや、そのときのサブモダリティを思い出して、アンカリングをするのです。

　アンカリングをするタイミングは、呼び起こしたい感情が最高潮に達する直前にしましょう。絶頂を過ぎたあとでは、気分は冷めていくだけですので、アンカーがかかりにくくなるからです。

　そして複雑すぎるものや、いつもするような紛らわしいものをアンカーにすることは避けます。「単純で、特徴があり、正確に繰り返せるもの」を選んでください。例えば、次のようなものです。

●特定のポーズやジェスチャーを用いる（視覚的）。
●特定の言葉や声の調子を用いる（聴覚的）。
●特定の場所に触れる（感覚的）。

　アンカリングは、繰り返すほど改善されていきます。最初はあまり

図 5.3　アンリング

手ごたえがないかもしれません。しかし、粘り強く継続していけば、徐々にアンカーを用いるだけで、手に入れたい感情を呼び起こすことができるようになります。

　もちろん、過去の経験を思い出してアンカリングをしていくだけでなく、実際に非常にポジティブな状態を経験している最中にアンカリングをするのも効果的です。イメージだけでアンカリングをするよりも感覚として受ける情報は多いので、強力なアンカーを作り上げることができます。アンカーをあらかじめ決めておき、その瞬間が来たとき、すかさずアンカリングをするのです。

　例えば、トレードをしているときに手に入れたい感情を得る経験を今しているのであれば、そのとき意図的に右の耳たぶをつまむよう習慣化します。そうすれば、右の耳たぶをつまむだけで、ポジティブな感情を呼び起こせるようになるのです（**図5.3**）。

環境をアンカリングする

　よく、セミナー講師が自分の話しやすい場所や空間（環境）を作るために、会場や壇上にアンカリングをすることがあります。例えば、意図的にライトアップされた壇上をアンカーにして、そこに立てば最高のパフォーマンスを演じている自分をイメージするのです。

　同様に、投資家にとってトレード環境のアンカリングは非常に重要です。「トレード中に子供が邪魔をしてくる」「部屋の温度が暑すぎる（寒すぎる）」「トレード中に妻がガミガミいう」といった環境では、トレードに集中できなかったり、モチベーションが下がったり、不安や恐怖が増幅したりして、ネガティブアンカーが生じやすくなります。

　逆にいえば、常に冷静な判断ができるようなポジティブな感情を呼び起こすため、意図的にトレード環境にポジティブアンカーを作っていけばよいのです。例えば、トレード前に気分が向上するような音楽をかけてもいいでしょうし、早起きをしてランニングをしてからトレードを始めてもいいでしょう。

　冷静さや安心感など、自分のトレードにとってポジティブな感情を呼び起こせる環境をアンカリングで整えます。それは感情を自分でコントロールしやすくなることを意味し、自分の能力を存分に発揮しやすくなることを意味するのです。

　まずは、自分自身がパワフルになれる最適な環境を全体的にイメージしてみましょう。そしてある程度イメージできたら、さらにサブモダリティを脚色してください（音楽や匂いなどをつけてもよいでしょう）。

　そしてそのイメージを実際の環境に反映させてみます。以前に比べて、より万全なメンタルの状態でトレードに臨むことが可能となるはずです。

ネガティブアンカーを中和する

人はさまざまな場面で自然にアンカーを生み、そこから呼び起された感情によって決断や行動が無意識に誘導されていきます。トレード中に毎回同じような反応として現れ、悪い感情を招くようなネガティブアンカーがないか探ってみましょう。

ネガティブアンカーがいつ、どのようなときに、どんな形で現れるでしょうか。例えば、次のようなものです。

●損切りのシグナルをみると、肩が重くなり、手が動かなくなる。
●「やめておくべきだ」という声が聞こえる。
●「大損を被ってしまったら……」という恐怖にかられる。
●心臓がドキドキして胸が苦しい。
●チャートをみていると、もやもやとした感じがしてパニックになる。

トレード中の精神状態を最適な状態に保つため、ネガティブアンカーを確認したら、それを解消しなければなりません。そこで「中和のアンカー」の方法を紹介します。

これは、ポジティブアンカーとネガティブアンカーを同時に発火することで、ネガティブアンカーだけを解消して、ネガティブな感情を和らげる方法です。

①まず、ポジティブアンカーとネガティブアンカーを設定する場所を決めます。アンカーの場所はどこでもかまいません。ただし、両方一緒にアンカリングできるところがよいでしょう。例えば、ここでは、右の耳たぶをつまむ動作をポジティブアンカーにして、左の首筋をさする動作をネガティブアンカーにしてみます。

②「うまくいった」「売買ルールどおりにできた」「相場がシナリオどおりに動いた」といったポジティブな経験を、サブモダリティを使って思い出してください。ポジティブな感情を高めていって、最高潮に達しそうな直前に、ポジティブアンカーと決めた右の耳たぶにアンカリングをします。

③②の作業を2〜3回繰り返したら、一度発火テストをしてみましょう。右の耳たぶをつまむだけで、ポジティブな感情を呼び起こすことができたでしょうか。発火が確認できるまで、この作業を続けます。

④ポジティブアンカーの発火テストがうまくいったら、いったん気持ちを切り替えます。席を立って散歩してもいいでしょうし、誰かとアンカリングとは関係のない雑談をしてもいいでしょう。ポジティブアンカーで呼び起した感情をいったん消し去ります。

⑤「失敗した」「損をした」「シナリオとは逆の方向に動いた」といった小さなネガティブな体験をひとつ思い出してください。同様に、そのときのネガティブな感情を高めていって、最高潮に達する直前に左の首筋にアンカリングします。

⑥⑤の作業を2〜3回繰り返したら、アンカーが作られたか発火テストをしてみましょう。左の首筋をさするだけでネガティブアンカーが発火したでしょうか。発火が確認できるまで、この作業を続けます。

⑦ネガティブアンカーの発火テストがうまくいったら、先ほどと同様に気持ちを切り替えます。ネガティブアンカーで呼び起した感情をいったん消してください。

⑧右の耳たぶをつまんでポジティブアンカーを発火させ、そのままで左の首筋をさすってネガティブアンカーを発火させます。そして、その状態を数秒間維持してください。もし両方のアンカーが発火していないようであれば、ネガティブアンカーが強いと考えられます。したがって、ポジティブアンカーの強度をもっと高めなければなりません。

⑨左の首筋から手を離してネガティブアンカーを外し、消火してください。消火したら数秒後に右の耳たぶからゆっくり手を離してポジティブアンカーを外し、消火します。

⑩再び左の首筋をさすって、ネガティブアンカーを発火してみましょう。何か違いはあるでしょうか。ネガティブな感情が起こらなくなれば、アンカーの中和は完了です。

5-3　視点を変える

　人は、何かの出来事（物事）が起こった瞬間に、それを「主観的」にとらえます。そして主観的であるがゆえに、わき上がる感情を抑えられなくなる場合があります。
　例えば、相場が当初の損切り位置へと近づいてきたとき、この出来事を現在の自分の立場から主観的にみると、どうしてもそこから価格が反転していくように感じてしまいがちです。悔しい思いをしたくないという思いから、損切り位置を変更しようという衝動にかられやすくなります。
　しかし、このようなとき、いったん現在の自分から「離脱」してみたらどうでしょうか。トレードで成功したあとの自分の立場から、客観的に判断してみるのです。
　「仮に相場が損切り位置から反転して、結果的にダマシであったとしても、そのリスクも考慮したうえで、トータルで計算をすると、利益を出せる売買手法ではないか。ダマシにあうリスクよりも、損切り位置から価格が大きく動いて損失が膨らんでしまうリスクのほうが高いのだ」といったように、冷静な意見が出てくるはずです。
　起きた出来事は変えられません。しかし、現在の自分の位置から離脱し、成長した自分の立場から客観的にその出来事をとらえることができれば、現在の自分の感情を改善するための気づきや学びを得ることができます。
　トレード中の感情を改善するには「客観的な視点を持つ」ことも重要なカギとなるのです。

知覚のポジショニング

　何か出来事が起きたときや人間関係などを知覚するときに用いる、特定の視点（観点）を「知覚のポジション」といいます。そして、起きた出来事を別角度の視点からもとらえていくことを「知覚のポジショニング」といいます。
　知覚のポジショニングでは、基本的に次の3つのポジションを設定します。

> ポジション①……現在の自分の視点
> ポジション②……①とまったく別の考え方を持つ人物の視点
> ポジション③……自分が理想とする人物の視点

　ポジション②と③は、自分以外の"人物"の立場でポジション①をみます。ただし「もし自分があの人だったらどうだろう」という視点でみるのではありません。それでは、自分の感情が残っているため、自分に甘くなってしまいます。
　例えば、自分に子供が産まれたとき「親の気持ちが初めて分かった」というのは、子供の立場から親の気持ちを考えたからではありません。自分が当事者（親）になったからです。
　できるかぎり別の人物になりきりましょう。しぐさも言葉づかいも別人になりきってください。
　これをNLPでは「アソシエイト（当事者意識）」といいます。したがって、ポジション②と③のモデルとなる人物は、自分がその人になりきれるだけよく知っている（イメージできる）ほど効果的ということになります。
　知覚のポジショニングを実践するときは、実際に椅子を3つ用意して、それぞれのポジションに座り直すのが一般的です。

ポジション①と②については、例えば次のようなケースがあります。

●含み益が増えてくると……
①「もっと増やしたい」と利益を追いかけてしまう。
②「早く利食いをしないと利益がなくなってしまう」とすぐに手仕舞いをしてしまう。

●含み損が増えてくると……
①「いつか戻るはず」と損失を受け入れられない。
②少しの損失リスクにも耐えられず、すぐに損切りをしてしまう。

●相場が下げてくると……
①「これ以上は下げないだろう」と上げるイメージしか思い浮かばない（逆張り）。
②「まだまだ下げるに違いない」と下げるイメージしか思い浮かばない（順張り）。

●売買手法の調子が悪くなってくると……
①売買手法に自信がなくなり、内容を頻繁に変えてしまう。
②売買手法の変更が面倒で、何もせず傍観する。

　もちろん、ポジション①と②は、逆になってもかまいません。
　まずは、現在の自分の席（ポジション①）に座り、問題となる感情がわき起こっている状態を具体的に思い出し、アソシエイトします。
　次に、自分と反対の立場（ポジション②）の席に座り、その人物になりきります。このとき、その人物の動作や表情、口調などを模倣しながら、その人物の状態や感情を五感で感じます。②の立場からそのときの状態を深くイメージし、どんな感情を抱くかを体感し、自分に

図5.4 ポジショニング

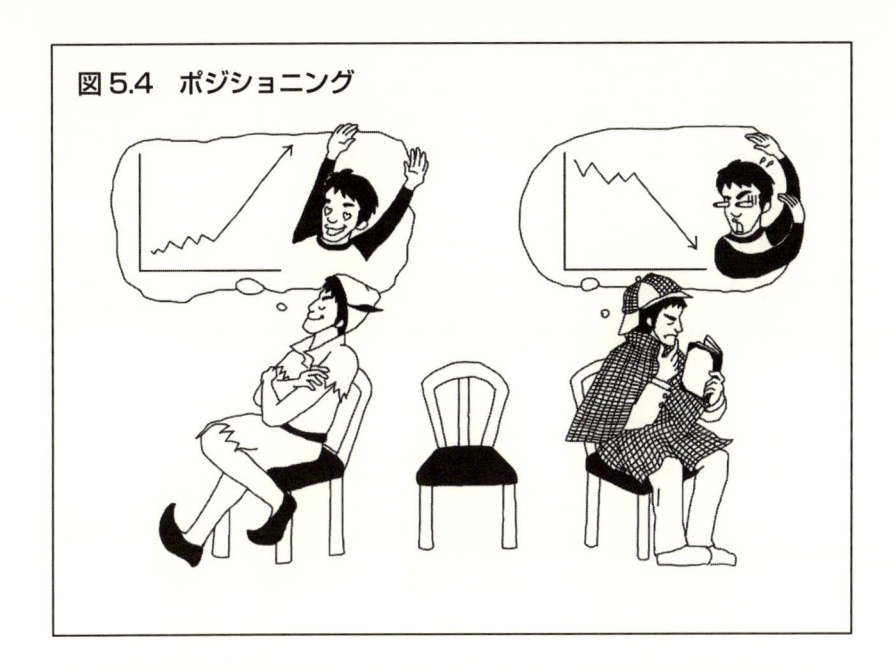

メッセージを伝えるのです（**図5.4**）。

　最後にポジション③の席に座り、その人物にアソシエイトします。そして、トレード中に感情をコントロールできていない①の人物に対して、③の人物の視点からどう行動するのが最善かをアドバイスするのです。

　ただし、ポジション①からポジション②に移る前に、また同様にポジション②からポジション③に移る前に、いったん席を外し、休憩をとってください。そのとき外側から3つの椅子をみながら「①②③はそれぞれこういう人物なんだな」と傍観するのです。

　これを「デソシエイト（非当事者意識）」といいます。アソシエイトとデソシエイトを意識しながら知覚のポジショニングを実践することで、客観性はさらに高まり、この作業はさらに効果を発揮するはずです。

ディズニーストラテジー

　知覚のポジショニングの活用例として有名なのが**「ディズニーストラテジー」**です。
　ウォルト・ディズニー氏は「ディズニーランドを創設する」という壮大な夢を実現するため、自宅に次の3つの部屋を作って、それぞれの視点から目標を実現可能な形に練り上げていきました。

> ●夢想家（ドリーマー）の部屋
> ●現実家（リアリスト）の部屋
> ●批評家（クリティック）の部屋

　まず、夢想家の部屋では、自分の夢を思う存分に膨らませました。次に、現実家の部屋では、弁護士をモデルに、現実的にはどのようなものが必要となるかを考えました。そして、批評家の部屋では、兄のロイ・ディズニー氏をモデルに、その計画にどのような問題点があるか冷静に批判したのです。
　ディズニー氏は単に場所を変えるだけではなく、その部屋に入ったとき、モデルとなる人物に徹底的になりきりました。そうすることで、構想や行動を明確にしていったのです。
　人は、夢を追い求めすぎたり、現実をみすぎたりと、偏った方向に進みがちです。このようなとき、人間の感情はバランスを崩しやすくなります。
　例えば「トレードで100万円の運用資産を1年以内に1億円にしたい」という夢だけで突っ走ってしまった場合、「早く稼がないといけない」という思いから、資金管理の面や相場状況の面からみて、現実的に無理があるようなトレードをしてしまう傾向があります。夢を達成したい一心で無謀なトレードを試みれば、焦りが生じて、失敗に終

わるのがオチです。

　反対に現実的になりすぎて失敗するケースもあります。例えば「1カ月に10％の利益を生活費として稼ぐ」ことを目標とした場合、「10％以上の稼ぎがないと生活をしていけない」という思いから、利益が10％程度になると「リスクを抱えるのが怖い」という感情がわいてくるかもしれません。そのため、損失が怖くてトレードを仕掛けられなくなって機会を失ったり、わずかな損失も受け入れられなくなって損切りが遅れたために大金を失ったりするのです。

　自分はトレードで成功した先に何を望んでいるのでしょうか。夢や現実に偏りすぎてはいないでしょうか。ディズニーストラテジーを活用し、夢想家、現実家、批評家になりきって、トレードでの目標を明確にし、その実現に何が必要なのかを深く冷静に追求してみてください。

5-4　記憶に伴う感情を変える

　2人のトレーダーAとBが、次のチャートを分析して「上昇トレンドの押し目で、買い仕掛けのタイミングだ」と判断したとします。

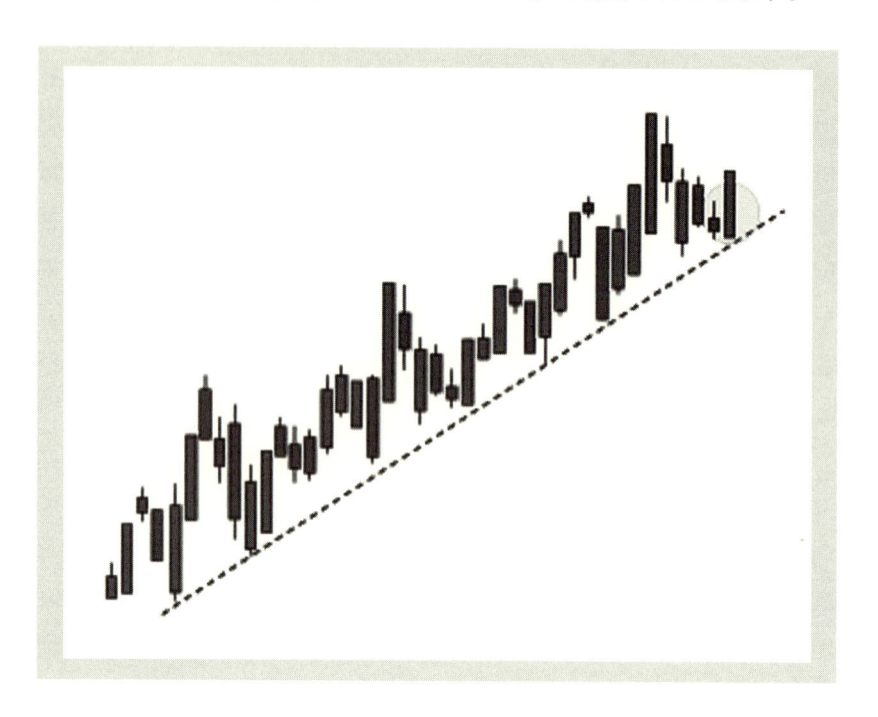

　ところが、トレーダーAは「チャンスだ！」と買いを仕掛けたのに対し、トレーダーBは躊躇してしまい、買いを仕掛けることができませんでした。なぜ、このような違いが出たのでしょうか。
　実は、トレーダーAには押し目買いで利益を出した経験が何度もありました。彼がトレードを始めたのはバブル全盛期だったので、高値から少し安くなったところで買いを入れるたびに、相場は上昇したの

です。

　儲かったお金で、彼は毎日のように飲んでは歌い、楽しい日々を過ごしました。そのときに食べた美味しいものの味覚や、楽しそうな歌声の聴覚のサブモダリティと組み合わさって、楽しい記憶が残っています。そのため、同じようなチャートパターンであれば、トレーダーAは無意識に躊躇なく買いを仕掛けられるのです。

　一方、トレーダーBには押し目買いで利益を出した経験がほとんどありませんでした。彼がトレードを始めたのはバブル崩壊後で、押し目と思って買いを仕掛けるたびに相場はさらに下げてしまい、かなり痛い目にあった経験のほうが何度もあったのです。

　妻からは毎日のように甲高い声で叱咤されており、その声の聴覚のサブモダリティと組み合わさって、つらい記憶として残っています。そのため、押し目だと思っても、つらい感情に支配されて、仕掛けるのを躊躇してしまうのです。

サブモダリティを変える

　では、トレーダーBのつらい記憶に組み合わさっているサブモダリティをトレーダーAのサブモダリティとすり替えたらどうなるでしょうか。つらい記憶を五感でイメージしたとき、ネガティブアンカーとなっている妻の甲高い声を、明るく楽しそうに笑う声に変えてみるのです。

　この作業を徹底できれば、その記憶に組み合わさったネガティブな感情（先入観）は弱まり、トレードを仕掛けられるぐらい冷静な判断を下すことができるようになります。同じ記憶でも、どのように思い出すかによって、イメージやとらえ方は大きく変わる場合があるのです。

　通常、人は特定のサブモダリティとの組み合わせによって、過去の

経験をとらえています。いいかえれば、**経験をどのように解釈して思い出すかは、記憶に組み合わされているサブモダリティがどうであるかと深く関係している**のです。

過去の楽しかった経験を具体的に思い出してみてください。どのような感覚があるか書き出してみましょう。例えば、次のとおりです。

- ●カラーの静止画像にみえる（視覚）。
- ●イメージは頭の上あたり（視覚）。
- ●軽やかなテンポの音楽がする（聴覚）。
- ●弾むような感覚がある（体感覚）。

では、過去のつらかった経験を具体的に思い出してみてください。どのような感覚があるか、こちらも書き出してみましょう。例えば、次のとおりです。

- ●白黒の暗い動画にみえる（視覚）。
- ●目の前から少し離れている（視覚）。
- ●低くうなるような音がする（聴覚）。
- ●手足が思うように動かなくなるくらいの重さがある（体感覚）。

なお、個人差はあるものの、楽しい体験はカラーでイメージし、悲しい体験は白黒でイメージするといったように、似たようなとらえ方をする場合も多々あります。つまり、カラーは肯定的な心理状態を引き出すもの、白黒は否定的な心理状態を引き出すもの、といったとらえ方をされているわけです。

人が受けた感覚は、感情中枢など大脳中枢から届くほかの情報と結びつき、同じ神経回路を通って脳に伝達されています。つまり、あるサブモダリティとある感情が組み合わされて経験が記憶されているわ

図5.5 サブモダリティ

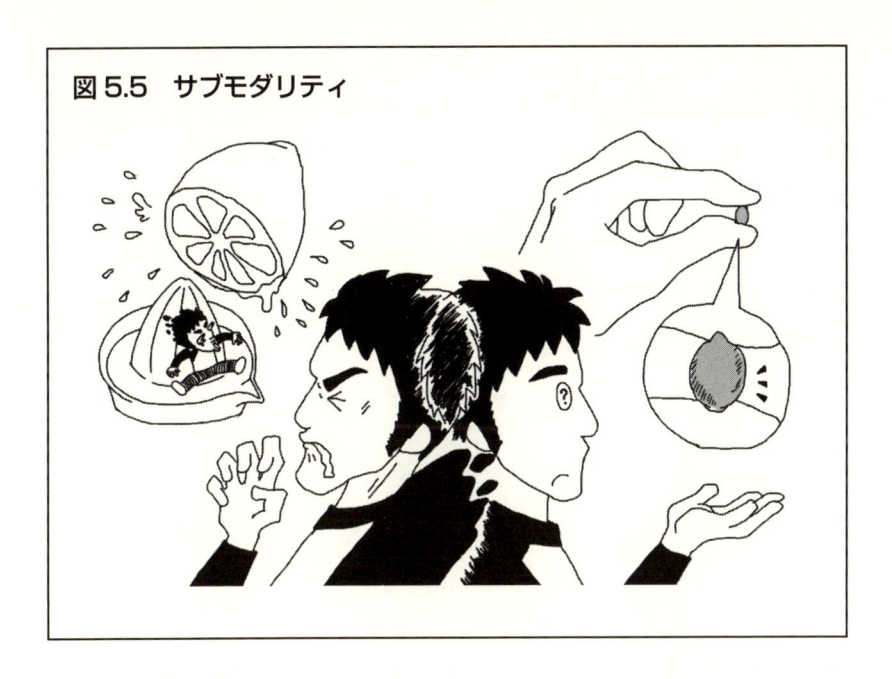

けです。特に、興奮、喜び、怒り、不安といった強い感情を持つ記憶は、ほとんどの場合でサブモダリティを強固に組み合わせています。

　それはいいかえれば、**記憶に組み合わされているサブモダリティをまったく別のサブモダリティに変えてしまうと、その記憶に組み合わされた感情もまた変化させることが可能となることを意味している**のです。

　例えば、レモンをイメージすると多くの人は唾液が出てくると思います。しかし、レモンを絞ったときに汁が飛び散るところをイメージしたり、その切り口を口の近くに持ってきたりと、より具体的にイメージするとどうでしょうか。酸っぱいという刺激は一層強くなり、さらに唾液の量が増えるはずです。

　では、レモンの色を黄色ではなく茶色にしたり、小指の爪ほどの大きさにイメージを変えてしまったりしたらどうでしょうか。酸っぱいという刺激は弱くなり、唾液の量は減るはずです（**図5.5**）。

237

先ほどのトレーダーBのように、過去のつらい経験によって「仕掛けるのに躊躇してしまう」という悪癖が作り上げられてしまっている場合、まずはそのつらい感情が組み合わさった経験を、五感を使って具体的にイメージします。次に、その経験とまったく正反対の感情が組み合わさった経験を、五感を使って具体的にイメージします。

そして、つらい経験のサブモダリティをその正反対の経験のサブモダリティと差し替えてしまうのです。こうすることで感情と行動に変化がもたらされ、悪癖を抑えることができます。

サブモダリティ変化の例

実際のコーチングで相談者の感情を変えていくときには、詳細を聞きながらサブモダリティを探っていきます。例えば、相談者が「赤いローソク足がみえています」と答えたら、コーチが「それはどのくらいの大きさですか？」「色は？」「形は？」と聞いていくのです。

そして「色を青くしてみてください」「大きさを小さくしてみてください」とイメージを変えさせながら、どのサブモダリティを変えれば、感情が効果的に変わっていくのかを探っていきます。

一例として、先述のジャックさんとのコーチングを紹介しましょう。

――トレードで失敗して嫌な思いをした経験をひとつ思い出してください。

妻と相談しながらシステムトレードをしているのですが、私がデイトレードの手仕舞い注文を出すのを忘れてしまい、数日間ポジションを放置してしまったことがありました。そのときの損失額がかなり大きかったものですから、自分も精神的に相当なダメー

ジがあったのに加え、妻からも怒られてしまい、かなりつらい思いをした経験があります。

——では、そのときの記憶の詳細を明確にしていきましょう。まず、どんなものが目に映っていますか？　何がみえますか？

　ネット証券の取引画面です。自宅のパソコンのモニター画面をみています。

——明るさはどうですか？　一番明るいレベルを10とすると、どれくらいの明るさですか？

　5くらいです。暗くはないです。

——距離は自分からどれくらい離れていますか？　近くに大きくみえますか？　それとも遠くに小さくみえますか？

　目の前です。普通の画面の大きさです。

——数はどうですか？　ひとつですか？　いくつかに分かれていますか？

　ひとつですね。分かれていません。

——色はついていますか？　白黒ですか？　カラーですか？　鮮やかにみえていますか？

　周りの色は明確ではありませんが、取引画面の損益の部分がマ

イナスになっていて、その部分だけ青く、くっきりとみえています。

——動画ですか？　写真のような静止画ですか？

　動画です。画面は動いてないのですが、その画面をみている自分は映像となっているようです。

——その動画の動きの速さは、どれくらいですか？

　ゆっくりですね。コマ送りのような感じがします。

——焦点がはっきりしていますか？　それとも全体的にぼんやりしてみえますか？

　マイナスの金額の部分がクローズアップされて、くっきり見えます。そのほかは、ぼんやりした感じです。

——音はどうでしょうか？　どんな音が聞こえてきますか？　誰かの話し声でしょうか？　音楽でしょうか？　物音でしょうか？

　電話の呼び出し音です。それと妻の声です。

——音の大きさはどうですか？　最大ボリュームを10とすると、どれくらいのボリュームで聞こえますか？

　5くらいです。普通の大きさです。

——その音はどこから聞こえてきますか？　方向は？　遠くからです

か？　それとも近くからですか？

　　携帯電話からです。左側から聞こえます。近いです。

――音の数はどうでしょう？　ひとつですか？　ざわざわとしたように複数聞こえますか？

　　少しざわついているような感じがします。携帯の呼び出し音と、妻の声が一緒になって聞こえているような感じです。

――音の速さはどうですか？　ゆっくりですか？　速いですか？

　　普通の速さです。

――リズムはありますか？

　　呼び出し音のリズムです。

――音の高さはどうですか？　低い音ですか？　高い音ですか？

　　普通だと思います。実際の呼び出し音と同じ大きさです。

――はっきり聞こえますか？　こもったようによく聞こえないような音ですか？

　　呼び出し音ははっきりしていますが、妻の声は鮮明ではないですね。

――その感覚は、身体のどの部分にどのくらいの範囲で感じとれますか？

　胸から上ですね。電話を聞きとる左耳、パソコンをみている目、考えている頭のあたり、ドキドキしている心臓などです。

――その感覚に動きはありますか？　止まっていますか？

　動いています。特に心臓がドキドキしています。

――重さはありますか？　あるとすれば、ずっしりと重い感じですか？　それとも軽い感じですか？

　あります。かなり重い感覚があります。

――感覚の強さはどうですか？

　そこそこ強い感じがします。

――温度はどうですか？　暖かい、寒い、暑い、涼しい、熱い、冷たい……といった感覚はありますか？

　暑いですね。焦って血液が頭にのぼる感じ。

――乾いたような感じですか？　湿ったような感じですか？

　汗をかいた感覚があるので、湿ったような感じがします。

——肌触りはどうでしょうか？　例えば、ツルツル、ザラザラ、固い、柔らかい……といった感覚はありますか？

　なんとなくですが、固い感覚があるように思います。

——では、もう一度目を閉じて、ゆっくり記憶の詳細を思い出してください。ただし、今度はネガティブなイメージがポジティブになるように、ひとつずつ違うものに変えていきましょう。例えば、映像が大きくみえているであれば、小さくしてみます。暑いと感じているのであれば、涼しくするのです。

　パソコンの画面を明るくして、位置を離してみました。それから、電話の呼び出し音をゆったりとした音楽にして、妻の声を明るく優しい声にしてみました。心臓のドキドキをなくし、ゆったりとした鼓動に変えてみました。肌触りをふんわりとしたタオルのようなものに変えてみました。

——この記憶に変化はありましたか？　変化があったならば、それはどのように変化しましたか？

　ありました。特に心臓のドキドキ感がなくなり、妻の声も優しくなったので、以前に比べると恐怖感が薄れました。

5-5　悪癖を根本から改善する

　「悪癖」とは、文字どおり、自分にとって"よくない"行動パターンです。よくないといっても、つめを噛むとかタバコを吸うなど、日常生活はともかく、トレードには悪影響がないと考えられるものもあります。しかし、その悪癖がトレードでの成功を明らかに妨げていると分かれば、積極的に変えていかなければなりません。
　トレードの悪癖で代表的なのは、売買ルールを破ってしまい、損切りができなかったり、利益を伸ばせなかったりすることです。
　あらかじめ損切りの位置をルールどおりに決めておいても、いざ価格がその位置に差し掛かると、「ここで反転するのではないか」という考えがわき出てしまい、損切りができず損を膨らませたことはないでしょうか。あるいは、あらかじめ目標値を決めておいても、値動きが少し悪くなってくると「せっかく乗った利益がなくなってしまう」と、ルールを破って早めに利益確定してしまい、そのあとの大きな収益機会をとり損ねてしまったことはないでしょうか。
　同じミスを何度も繰り返しているのであれば、そこには明らかに改善すべき悪癖があります。

悪癖の利得を探る

　悪癖を改善するためには、その意志を明確にするだけでなく、その悪癖の持つ**「二次利得」**を理解しておくことが重要となります。二次利得とは、**表面的にはマイナスにみえる悪癖の背景にある"マイナスを超えたプラス"**のことです。

例えば、やせたいと思い、そのためにはカロリーを抑えればよいと分かっているのに、つい食べ過ぎてしまう人がいます。これは、その人にとって「食べ過ぎると太る」というマイナス面よりも「美味しいものをたくさん食べることができて幸せ」というプラス面のほうが大きいからです。

先ほどの損切りができない悪癖も同様となります。「ルールを破る」というマイナス面よりも「大きな損失を受け入れなくて済む」というプラス面のほうが勝っているのです。

二次利得があるため、本人は心の奥底で「変わらなくてよい（変わらないほうがよい）」と思っています。したがって、ただ悪癖をやめようと表面的に決意するだけでは、実現するのは非常に難しいといえます。

そこで**「リフレーミング」**という方法を紹介しましょう。

リフレーミングとは、**NLPでいう「出来事の枠組み（フレーム）を変える能力」**のことをいいます。**フレームを変えることで「意味」を変え、意味を変えることで反応と行動を変えていくのです。**

例えば、タバコをやめたくてもやめられない人は、吸っているときの「リラックスできる」といった二次利得が大きいために、やめることができません。強いストレスがある状況下では、そのときの環境に適応した肯定的な反応ともいえます。人はどのような状況でも、常にその人なりに考えた、最善の選択をしているものなのです。

では、リラックスできるものを"たばこ"というフレームではなく、ほかのフレーム（例えばガムや飴やお茶）に変えたらどうなるでしょうか。代用したフレームによって、タバコを吸ったときと同じようにリラックスできれば、タバコをやめやすくなるはずです。

もちろん、簡単にできることではありません。しかし「タバコでないとリラックスできない」という思考から「タバコでなくてもリラックスできる」という思考に変わるだけでも、禁煙は成功に向かいやす

くなるのです。

　先述の「損切りができない」という悪癖には「大きな損失を受け入れなくて済む」という二次利得がありました。これは、ポジションサイズを小さくすることで代用できるかもしれません。ポジションサイズを小さくすれば、損失が小さくなるので、大きな損失を受け入れなくて済むからです。

　このように、**悪癖を変えるためには、その悪癖の持つ二次利得を知り、その二次利得を代用できるほかの方法を探してみる（リフレーミングをする）**ことが解決の糸口になります。

　リフレーミングのステップは次のとおりです。

①トレードでの成功の妨げとなっており、自分が変えたいと思っている行動やパターンは何でしょうか？

②その行動パターンが本当に「トレードにとって」悪癖であり、変えても不都合はないか、再度考えてください。不都合だと思った場合は、ほかの方法を考えなければなりません。

③今まで、その悪癖について自分が向き合ってこなかったことを受け入れ、今この場で本気で向き合って考えていることを自分自身に強くいい聞かせます。

④その悪癖によって、どのような二次利得があったか考えてみます。

⑤その二次利得と同じ効果を得られる、まったく別の行動やパターンを考えてみてください。必ず３つ以上の選択肢を考えます。アイデアが思い浮かばなければ、まだ変化を受け入れていないのです。②からやり直してみましょう。

⑥新しく考案した行動パターンのなかで、自分にとって最もフィット感があり、1～3カ月以上試していけそうなものを選んでください。

⑦選んだ行動パターンが、本当に合っているか自問自答し、最終確認をします。

⑧未来へのリハーサルとして、実際にその新しい行動やパターンを頭の中でシミュレーションしてみましょう。

　リフレーミングでは、選択肢を必ず3つ以上用意してください。ものの考え方はひとつではありません。いろいろな角度からみる（いろいろなフレームでみてみる）ことで、柔軟な考え方に変わる効果があります。

　選択肢がわずかだと、実際にやってみて自分と合わなかった場合、また悪癖に戻ってしまう可能性があるという意識が、最初からイメージされてしまいます。「別の方法で利得を満たす方法はいろいろあるのだ」という信念に変わることが、第一歩なのです。

ポジティブリフレーミング

　リフレーミングを活用し、**トレード中のネガティブな感情を変えることを「ポジティブリフレーミング」といいます。**

　例えば、自分のことを「頑固者で強情で融通がきかない」というネガティブな意味付けをしていたとしましょう。確かに、家族や友人関係で考えてみると、他人のことをまったく受け入れない付き合いづらい人だという見方になります。

　しかし、状況を変えて、職場で頑張っている自分で考えてみたらどうでしょうか。「信念があり、けっして手を抜くことなく仕事をこな

す信頼できる社員」というポジティブな意味付けになるかもしれません。

では、トレードで考えてみましょう。次のチャートをみてください。

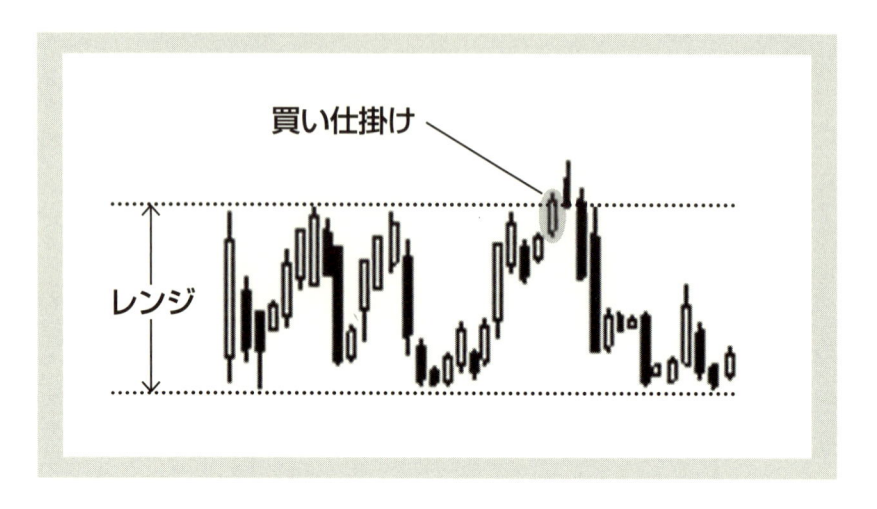

買い仕掛け

レンジ

　価格がレンジをブレイクしたところで買いを仕掛けたとします。しかし、そこから価格が反転し、再びレンジ内に戻ってしまったらどうでしょうか。「ダマシにあったに違いない。どうみても下げていくチャートにしかみえない」とネガティブな感情になりがちです。

　しかし、冷静に次のような質問で自分に問いかけてみたらどうでしょうか。

　「過去数回レンジのサポートラインで反転上昇しているということは、再度上昇してくる可能性も高いのではないか？」「仮に買いポジションを持っておらず、買い仕掛けのタイミングを待っている状況だとすると『安いところで買いたいのに、なかなか下げてこない。サポートラインを切って下値をブレイクしないということは、ここで再び上昇して買い遅れるかもしれない』という感情を持つのではないか？」

　すると「確かにそうだな。仮に今回シナリオどおりにいかなかったとしても、ルールどおりにトレードを続ければトータル的には利益が

出るというバックテスト結果も出ていることだし、焦らずにルールどおりにいこう！」という、ポジティブな感情を引き出すことができるのです。

　皆さんもポジティブリフレーミングの作業をしてみましょう。

①トレードで感情的になり、売買ルールが守れない状況を思い出し、その場面を深くイメージしてみてください。

②どのような場面で、どのようなネガティブな感情がわき上がるでしょうか？　具体的に書き出してみてください。

③それぞれのネガティブな感情について「ルールどおりにいこう！」というポジティブな感情に切り替えられる効果的な質問を考え、それを書き出してみましょう。

④書き出したネガティブな感情と効果的な問いかけをそれぞれ短くまとめ、次のようにチェックシートに書き写します。

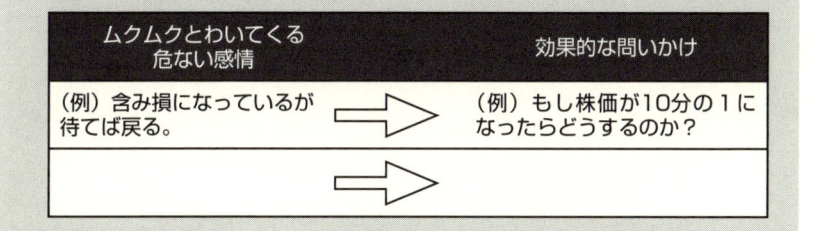

ムクムクとわいてくる危ない感情	効果的な問いかけ
（例）含み損になっているが待てば戻る。	（例）もし株価が10分の1になったらどうするのか？

⑤チェックシートを、トレードのときによく目につくところに張ってください。ネガティブな感情がわき上がってきたら、このチェックシートを確認しながら自問自答し、ポジティブリフレーミングをします。

5-6　偏見を自覚して解消する

　次のチャートをみて、相場がこれからどのように動くか、シナリオをいくつかイメージしてみてください。

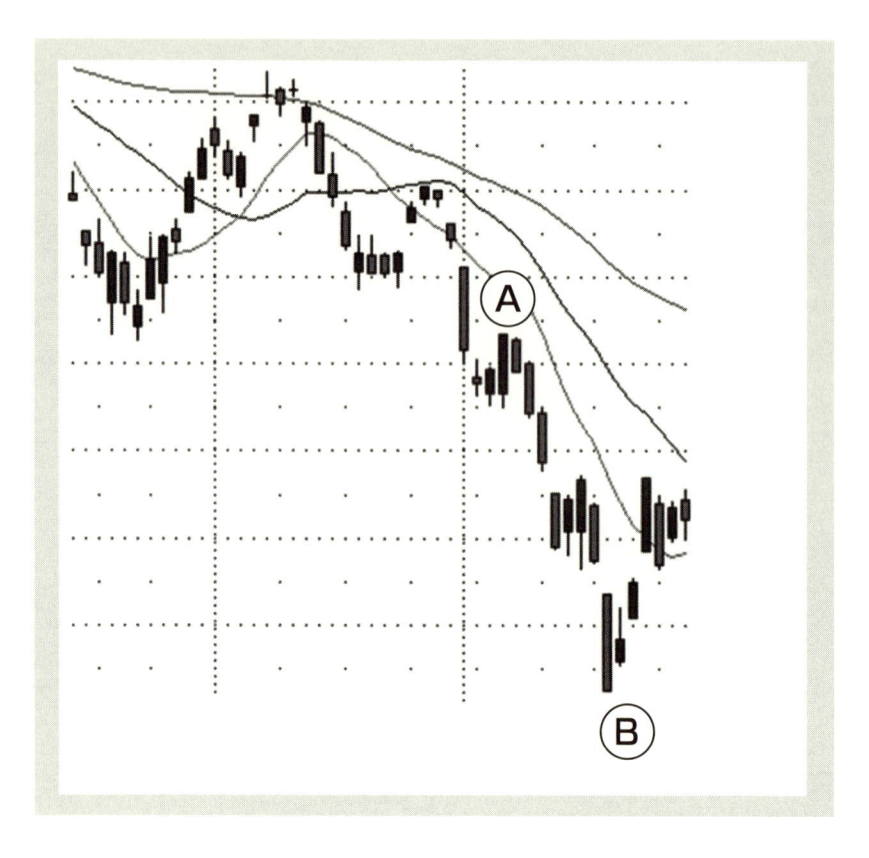

　いくつのシナリオをイメージできたでしょうか。シナリオのイメージが少ない人（一方的な人）ほど、過去の経験による「偏見」に注意してください。

例えば、底値で買って利益を得た経験や、底値で買いそびれて苦い思いをした経験が何度もある人は「これから上昇していくのではないか」と判断しやすくなります。

　逆に、大底だと思って買ったらブレイクダウンをして大きな損失を出してしまった経験や、同じような位置で空売りを仕掛けて利益を得た経験を何度もしてきた人は「もう少し下落が続くのではないか」と判断しやすくなります。

　また、トレードを仕掛けた位置によっても、その「願望」によって偏見を生む場合があります。

　例えば、このチャートのAで買いを仕掛けている人は「ようやく価格が戻ってきた。少しでも損が出ないように、もう少し上がったら売ろう」といったように、大損をしたくない、上がってほしいという願望によって、このまま上昇するという偏見を持つかもしれません。

　一方、Bで買いを仕掛けている人は「しまった！　伸び悩んでいるぞ。上がったときに利益確定をしておけばよかった。これ以上含み益が減らないうちに利益を確定しておこう」といったように、下げないでほしいという願望によって、再び下げてくるのではないかという偏見を持つかもしれません。

　このように、人には、過去の経験やトレードを仕掛けた位置によって、感情的に一方向にしかみえなくなってしまう危険性があるのです。

フラットな視点を心掛ける

　トレーダーとして成功するためには、いくつか異なる視点で相場をみる柔軟な思考が求められます。

　例えば、値動きを次のようにチャート枠の左下に描くと、ここから価格が上昇していくように感じやすくなります。そのため「押し目買いのチャンスだ！」といった行動を誘いがちです。

一方、まったく同じ値動きを次のように枠の左上に描くと、ここから価格が下落していくように感じやすくなります。「このまま持っていては危ない！　損切りだ！」といった行動を誘いがちです。

　どちらも同じ値動きなのに、視界を変えるだけで、まったく違う動きにみえてくるのです。
　まずは、自分が過去の経験や願望によって、どのような偏見を持ちやすいか認識することが重要なポイントとなります。そして、いった

んその視点を外し、フラットな視点で冷静に判断できるよう心がけるのです。

例えば、買いポジションを持ったとたんに値下がりし、損切りの位置に達していないにもかかわらず、どうしてもこのまま下がってくるようにしか思えず、売買ルールを破って手仕舞いしたくなった場合は、次のように考えます。

●いったんポジションを持っていることを忘れる（ポジションを持っていない自分をイメージする）。
●その状態で、空売りを仕掛けるタイミングであるか判断してみる。

もし、このまま値を下げると冷静に判断したのであれば、ポジションを持っていない状態の自分は、迷わず空売りを仕掛けるはずです。しかし、大抵の場合、答えは「ノー」になります。つまり、さらに下げてくるというイメージは「これ以上損失を膨らませたくない」という願望による偏見から生じたものというわけです。

トレードでは常に自分自身の視界で行動しています。しかし、その視界が偏見を生み、失敗を招くケースも多いものです。自分の視界を知り、いったんフラットな視点で別方向から考えなおすことが重要です。

偏見を外す戦略

明確な根拠のない「ただなんとなく」という判断は、自分の視点による（偏見による）トレードとなり、ほとんどが失敗に終わります。仮に思惑どおりに相場が動いたとしても、自分の偏見がさらに頑丈になるだけで、その過信によって、その後さらに大きな損失を被るケースがほとんどです。

偏見を外すための考え方の例をいくつか挙げました。自分に必要なものがあれば、チェックシートに書き写しておきましょう。

自分のポジションに対する根拠なき偏見	効果的な問いかけ
相場が暴落した！ これ以上は下がらないだろう。今のうちに買っておこう。	相場が暴落を続け、資金が数十分の1になる可能性もあり得るのでは？
含み損が出ていても、ポジションを維持していれば、いずれ回復するだろう。	値動きは上か下だけではない。横ばいでそのまま動かないときや、さらに損失が膨らんだら、どうする？
ロスカットをしたとたん、価格が反転して悔しい思いをするのが嫌だ。	仮に数回ロスカットで結果的に失敗したとしても、ルールどおりにロスカットしたほうが、トータル的には正解であることのほうが多いのではないか？
買いポジションに利益が出ていたのに、また約定値付近まで戻ってきてしまった。このまま手仕舞うのは悔しいから、少しでも上げて、利益が出るまで待ってからにしよう。	もし、買いポジションを持っていなかったらどう考える？ 空売りのお膳立てが整っているとは考えられないか？ ポジションを持っていない状況で分析してみるとどうだろう？
今が仕掛けの絶好のタイミングだ！ チャンスを逃さないように全額注ぎ込もう！ 前回の負けをとり戻したいから、大きく賭けて勝負に出てみよう。	相場がシナリオと反対の動きをしたときのダメージは許容範囲内か？ 損失が出てもトレードを続けることが可能か？ 最大ドローダウンの金額は事前に確認してあるか？
チャートや板情報を眺めていると、何でもいいからとりあえず仕掛けたくなる。	売買シナリオは立ててあるか？
シナリオどおりに動く自信があるから、全額投入しよう！	シナリオと逆方向に動いたときのダメージは受け入れることができるか？

目標値を決めているのに、ポジションに少しでも利が乗ると、せっかくの利益がなくなってはもったいないし、また下がってくるのではないかと不安になり、手仕舞いをしたくなる。	トレードはトータルの利益で考える。仮に目標値まで達せずに反対に損切りすることになったとしても、売買ルールを守っていれば、最終的には利益が残せる計算ではなかったか？ 1トレードの利益ではなく、数回のトレードの利益と損失を差し引くと、どういう結果が出るだろうか？ 損大利小になっていないか？売買ルールを守らないとどういう結果になるだろうか？
強い動きだからもっと上がってくるのではないか？ ちょっと高いけど早く買わないと買いそびれてしまう。	高値圏で過熱感がありすぎるのではないか？
この売買システムはどうもうまくいかない。最近はシグナルどおりに仕掛けると必ず損をする。ということは、シグナルの逆をすれば勝てるのではないか。	長期的な視野でみてみるとどうだろう？ 逆の条件でバックテストをしてみると、どういう結果が出るだろうか？
最大ドローダウンまではきていないが、資金が減ってしまった。損失が出るのが怖いので、売買枚数を減らしたい。	売買枚数を減らすということは、利益が出たときにも受けとり分が少なくなる。これを続けた場合、当初のシミュレーションどおりのリターンが得られない可能性が高い。ポジションサイズを調整したくなるほど「怖い」という感覚が出るのであれば、初期のポジションサイズの設定にミスがあったのではないか？ もしくは最初から資金の増減によってポジションサイズを調整するという方法論を追加した場合、どういう結果が出るのかも検証しておくべきだったのではないか？

事業計画

第 6 章

Christopher Stanton

Mark Shlaes

Ken Jakubzak

Scott Ramsey

Larry Williams

Masaaki Saito

*NLP Trader Coaching:
How to Achieve the Successful Trader's Mindset*

6-1 戦略を維持する計画と習慣を作る

　第３章と第４章では、理想形をより具体的にイメージできるほど、三位一体のトレード戦略を構築するための問題点を抽出できると述べました。
　しかし、理想形はそれだけでなく、諦めずにトレードを続けていきたいというモチベーションの維持にも役立ちますし、「事業計画」を構築するうえでも重要となります。今から、いつまでに、どの順番でその問題をクリアしていくのか、そして何年後に理想形に到達できるのか、という具体的な事業計画が明らかにできるのです。
　もちろん、理想形に向けて問題をこなしていく過程では、柔軟性をもって臨む必要があります。事業計画を変更する場合もありますし、ほかにも理想形ができるかもしれないからです。
　得てして理想形は、実際にステップアップするごとに変化していきます。したがって、定期的に（例えば毎年）事業計画を見直すときに、この理想形を修正する作業をしておくことも重要です。「最初に設定した理想形に絶対に到達しなければならない」と意地になることはありません。肩の力を抜いて、柔軟にとり組みましょう。
　また、いかに三位一体のトレード戦略を洗練させていったとしても、環境面・精神面・身体面などの一時的悪化によって日常生活のバランスが崩れてしまい、最高のパフォーマンスが崩壊してしまうことは、よくあることです。このように理想形に向かう途中段階では、うまくいかなかったり、後退してしまったりするときもあります。ずっと晴れの日が続くわけではなく、雨の日も嵐の日もありながら、前進していくのが普通なのです。

途中で諦めずに、コツコツと確実に前進していくことが成功（理想形）への扉を開くカギとなります。だからこそ、事業計画を立て、それを定期的に確認し修正すべきなのです。また、トレードにポジティブな影響を与える行動を日ごろの「習慣」にしてしまうことも有効です。

理想形から事業計画を立てる

ほとんどのトレード勝者に共通していることに「不測の事態が起こり得ることも踏まえたうえで、売買ルールだけでなく、どのレベルでも明確な計画を立てている」ことが挙げられます。計画があるからこそ、想定外の悪いことがあっても、乗り越えられるのです。

売買ルールでは、仕掛ける前からそのトレードの利益目標や当初の損切り位置、ポジション保持期間を想定しています。同様に勝者自らの理想と哲学に基づき「こうなったら、こうする」と資金管理や日常生活、そして人生でも、あらゆる領域で計画を立てているのです。

ウォーミングアップが完了したら、三位一体のトレード戦略を理想形に向けて進めるスケジュールを立てます。つまり事業計画です。

一例として「運用資産を1億円に増やす」という理想形（目標）に向けて、どのような計画を立てていくか考えてみましょう。現状は次のとおりです。

- ●運用純資産（投資元本）は500万円。
- ●現在の売買システムはバックテストから年利60%を期待できる。
- ●単純に複利で回した場合、7年で目標を達成できる。
- ●自分に許容できる損失リスクは運用資産の20%である。

計画の立案には、第4章で紹介した解決シートを使います。良い解決策が思い浮かばなかったときは、自分のことをよく知る人や、メン

図6.1　解決シートで事業計画を練る

＜現状＞
- 運用純資産（投資元本）は500万円。
- 現在の売買システムはバックテストから年利60％を期待できる。
- 単純に複利で回した場合、7年で目標を達成できる。
- 自分に許容できる損失リスクは運用資産の20％である。

問題点は何か？

＜目標＞
運用資産を1億円にする。

＜問題点＞
現在の売買システムの最大ドローダウンはバックテストから40％であり、最悪80％のドローダウンが将来的に起こり得ると覚悟することになる。これでは、自分の許容損失リスクに合わない。

＜解決策＞
次のうちベストの解決策を明確にする。
- 許容損失リスクの割合を上げる。
- 目標の金額を下げる。
- 運用純資産（投資元本）を増やす。
- 目標達成までの期間を長くする。
- 現行システムのリスクリターンを下げる。
- リスクをさらに下げる売買ルールを探す。

ターに相談してみるのもよいでしょう。解決の糸口が見つかるかもしれません。

解決策がみつかったら、あとは実行するのみです。具体的に理想形到達までの**「マイルストーン」**を立てていきます。マイルストーンとは段階的小目標のことです。理想形への到達が100％として、いつまでに何％解決できるのかを具体的に書き出します。そして１年、２年、３年、４年、５年以上に区切って、計画を立てるのです。

図6.1にあるように、この解決シートに従って、問題点を明確にし、解決策を考えてみました。

そして、どの解決策が自分にとってベストか探った結果、まず売買システムの最大ポジションサイズを小さくしてリスクリターンを下げ、期待利回りを年40％にしました。さらに運用資産には毎年１月に100万円、毎年６月に50万円、さらに毎月５万円を追加して、５年後に投資元本（資本金）を500万円から1000万円に増やすことにしました。

また、それに並行して売買システムのリターンを補完し、リスクを低減する売買ルールの開発を進めることにしました。

すると、現状は次のように変わります。

●運用純資産は500万円（ただし毎年100万円を追加して、５年で1000万円にする）。
●自分に許容できる損失リスクは運用資産の20％である。
●複利で回した場合、７～８年で目標を達成できる。
●現在の売買システムでは年利40％を期待できる。

そして解決シートを使って、また問題点と解決策を探り出していきます（**図6.2**）。

この場合、最悪200万円の損失を元本から出す可能性について心理的に耐えられるかが問題となり、ポジションサイズに対する感情の変

図6.2 解決シートで事業計画を修正する

＜現状＞

- 運用純資産は500万円
  （ただし毎年100万円を追加して、5年で1000万円にする）。
- 現在の売買システムでは年利40％を期待できる。
- 複利で回した場合、7～8年で目標を達成できる。
- 自分に許容できる損失リスクは運用資産の20％である。

問題点は何か？

＜目標＞

運用資産を1億円にする。

＜問題点＞

この売買システムで運用資産が期待どおりに増えなかった場合、金額的には最悪200万円の損失を元本から出す可能性がある。これに耐えられるか。

＜解決策＞

トレード後に自分のポジションサイズに対する感情の変化に注意する。ポジションサイズの拡大に従って、金額の大きさに怖気づいている自分に気がついたら、ポジションサイズの拡大を止める。もし一度でも売買手法を破ることがあれば、ウォーミングアップに戻る。

同時に、売買システムのリスクを低減し、リターンを高められる売買ルールもしくは追加ルールを考案する。

化に注意するという対策を立てることになりました。もし、耐えられず売買ルールや規則を破るような危険性を感じたら、ウォーミングアップに戻り、事業計画を立て直すのです。

また、それと並行して、売買システムのリスクを低減し、リターンを高められる売買ルールを考案することにしました。

このように解決シートを参考に、毎年毎月の増資計画や、売買ルール考案のノルマ（例えば「毎月売買ルールを4本試作して検証する」など）を明確にすることになります。そして毎月、進捗状況を見直すのです。

もし達成したら、自分をほめてあげましょう。その達成感がトレード戦略を理想形に推進する力となります。

なお、計画には変更や調整がつきものですが、あまり頻繁に変更してしまうとトレード戦略の一貫性が保てません。したがって、1年ごとに見直すのが、ちょうどよいでしょう。

ビジョンボードの作成

理想形に到達したときのイメージ写真をコルクボードなどにはって、毎日よく目につく場所に飾っておくのも効果的です。これは「ビジョンボード」と呼ばれます。

例えば、自分の理想形が「時間に追われることなく、自宅でトレードをしながらゆったりとした生活を送る」であれば、広くてきれいなトレーディングルームの写真や、旅行や趣味を楽しんでいる写真、カタログやパンフレットなどでイメージに合う画像を切り抜いてコルクボードなどにはっておくのです。常に目に入れておくことで、到達後のイメージが潜在意識に焼きつきやすく、常に理想形へと方向を合わせることができます。

運動の習慣化

　健全な精神と身体を養うため、定期的に（できれば、ほぼ毎日）適度な運動をする時間を作り、実行しましょう。たいていの人は、その気になれば、それくらいの時間を作れるはずです。第7章のインタビューにもあるように、ほとんどのトレード勝者が身体を動かすことを習慣にしています。
　体力を失い、体調が思わしくないと、ネガティブな感情が生じがちです。ましてや深刻な病気になってしまっては、トレードどころではありません。
　睡眠も健全さを保つために重要です。"適度"な睡眠時間は個人差があります。自分に最適な時間と時間帯を知るのも、自分を知る作業のひとつです。

毎日のポジティブな問いかけ

　理想形に向かって行動するなかで、ベクトルが少しずつずれていくことを防ぐため、これから紹介する「問いかけ」を毎日の習慣とすることをおすすめします。毎日自分に問いかけて、常にその方向で前向きに進んでいるかを客観的に確認するのです。
　トレードの時間帯や時間枠は人それぞれなので、まずは1日のなかでトレード開始前と終了後となる時間を決めてください。そして、次の問いかけをするように習慣づけます。

①元気が出る問いかけ
　トレード開始前には「元気が出る問いかけ」に回答します。これは自分が理想へと向かう動機、トレードからどのような欲求を得るかを再確認する作業です。

実際は、いちいち考える時間がないでしょうから、前もって回答したものを繰り返す形になるかもしれません。ただし、気持ちを込めて答えましょう。そのときのイメージを目でみて、耳で聞いて、肌で感じて、そこでの感情を十分に味わうのです。
　答えを出すのが難しい場合は「私は……何に……だろうか？」という最初の問いかけを「私は……だろうか？」と変えて「はい」「いいえ」で答えられる問いかけにしてください。また、イメージしやすいように、それぞれの問いかけに回答例を挙げましたので、参考にしてください。

①私は今、トレードで何に幸せを感じているだろうか？
　私を幸せな気持ちにさせてくれるのは、どのようなことだろうか？
　それは私をどのような気持ちにさせてくれるだろうか？

●私は今、自分の考案した売買手法に従って資産を運用していることに幸せを感じる。
●自分の考案した売買手法が機能し、そしてどのような状況になっても規律を守り、トレードを続けられることが、私を幸せな気持ちにさせてくれる。
●それは私を安心した気持ちにさせてくれる。

②私は今、トレードで何にワクワクしているだろうか？
　私をワクワクさせてくれるのは、どのようなことだろうか？
　それは私をどのような気持ちにさせてくれるだろうか？

●私は今、自分の売買手法がうまく機能していることにワクワクしている。
●浮き沈みはあっても長期的には運用資産を右肩上がりで増や

せることの期待感が、私をワクワクさせてくれる。また新しい売買ルールを発見することも、私をワクワクさせてくれる。
- ●それは私を明るく、ポジティブな気持ちにさせてくれる。

③私は今、トレードで何を達成しているだろうか？
　それは私をどのような気持ちにさせてくれるだろうか？

- ●私は今、システムトレードで安定した運用成績を残せるスキルの習得を達成している。
- ●それは私が成長しているという気持ちにさせてくれる。

④私は今、トレードで何に感謝しているだろうか？
　私が感謝しているのは、どのようなことだろうか？
　それは私をどのような気持ちにさせてくれるだろうか？

- ●私は今、目先の不安がなくなったことに感謝している。
- ●許容損失リスクの目安が明確になったことに感謝している。
- ●それは私にかなりの安心感をもたらしてくれた。

⑤私は今、トレードで何を楽しんでいるだろうか？
　私が楽しいのは、どのようなことだろうか？
　それは私をどのような気持ちにさせてくれるだろうか？

- ●私は今、自分の考案した売買手法で資産を運用することを楽しんでいる。
- ●売買手法が機能すれば、なおさら楽しい。
- ●それは私をウキウキと高揚した気分にさせてくれる。

②**終了後の効果的な問いかけ**

　トレード終了後には「終了後の効果的な問いかけ」に回答します。小さなことを丁寧にこなしている自分を積極的にみつけ、ほめてあげることで、明日へのやる気を高めるのです。

> ①今日、私はトレードに関して、自分自身に何を与えただろうか？誰に何を貢献できただろうか？
>
> - 今日、売買手法に従って冷静にトレードを継続したことで、成長の要求を満たすことができた。
> - トレード仲間にそのことを話すことで、冷静に行動することの大切さを伝えることができた。
>
> ②今日、私はトレードに関して、何を学んだだろうか？
>
> - トップトレーダーのインタビューを見直し、トレードに対しての探究心を強く持つ必要があることを改めて学んだ。
>
> ③今日、私はトレードに関して、どうレベルを向上させただろうか？理想のトレーダーになるための投資になったものは何だろうか？
>
> - 本から得た売買ルールのアイデアを検証してみた。
> - 検証の過程で、さらに新しいアイデアが浮かんだ。

③**問題解決のための問いかけ**

　トレードでうまくいかないことがあったときは、今のやり方で問題がないか確認するため「問題解決のための問いかけ」に回答しましょう。これは「この問題があることによって自分は成長できる」「ピン

チはチャンスなのだ」と気づくための質問でもあります。

①この問題に対して、正しいことは何だろうか？

- 「相場が昔たまたま儲けたときのような状況になると、裁量で大きく掛けてみたいという衝動に駆られやすい」という問題に対して、正しいことは、その条件を明確にし、検証してみることだ。

②理想のトレーダーに到達するためには、何が足りないだろうか？

- 現在の売買手法を補完する売買ルールの作成。
- 複利運用のイメージをもっと強めるべき。

③理想のトレーダーに到達するためには、何をする必要があるか？

- 売買ルールを増やすことに、もう少し意欲的にとり組む必要がある。
- 複利で運用したときのシミュレーションを確認できるようにする必要がある。

④理想のトレーダーに到達するためにとる行動を、どのようにして楽しむか？

- あらゆるアイデアを頭から否定することなく、システム化して検証することで、ルール化のスキルが向上したという実感と"お宝発見"のワクワク感を楽しみたい。
- 勉強会で人と意見交換をすることで、触発される体験を楽し

みたい。

こうした"儀式"を習慣づけることで、ポジティブな気持ちが自然とわくようになり、トレードに向かう姿勢がスムーズとなり、集中力を高められるようになります。

やる気を向上させるキーワード

理想形に進むためには、やる気を維持することが大切です。しかし、ときにはバイオリズムが崩れ、ネガティブな方向に向かってしまうこともあります。

そのようなときには、次のような「キーワード」を使って、自らを鼓舞しましょう。

- トレードを続けていることこそが成功であり、私の喜びだ。
- トレードで得た利益ではなく、そのスキルを持った自分こそが、本物の利益である。
- 成せばなる、成さねばならぬ、何事も。
- 結果ではなく、そのプロセスこそが私の財産だ。
- 私は常に理想とするトレーダー像に近づいている。そして実現する力を持っている。
- 目標に向かって、努力を惜しむことはない。
- ときには失敗することもある。だが、それは単なる結果であって、すべてではない。
- 相場では頻繁に不測の事態が起こる。しかし、私はそれに順応できる力を持っている。
- 私が経験する出来事すべてに意味がある。問題は解決できる人にだけ起こる。

- 思いどおりにならないときは「立ち止まって考えてみよ」ということかもしれない。そのあとには必ず良い未来が待っている。
- 焦らずじっくり目標に向かって行動すること。大きな目標ほど時間がかかる。
- 心身ともにベストな状態を保つよう心掛ける。
- 損失に対して精神的ダメージがあって当然。ただ、リスクにどう対処するかは明確にしておくこと。
- どんなに小さな問題でも、クリアできたなら、素晴らしいことだ！ひとつひとつ達成していければ、それでよい。
- 今日一日、精神的に動揺せず、淡々とルールどおりにトレードができたなら、それだけで成功だ。
- 苦手だと思ったら、違う角度から見直してみる。もしくは別の選択をする。
- 利益を得るためのアイデアは、目先の利益よりも大事だ。
- 今の私の状態は、自分で作り上げたものである。したがって、そのことに対して責任を持っている。
- 悩んだときは、何かを学べるチャンスだ。

このなかでピンとくるものがあれば、ぜひ活用してください。もちろん、自分自身で「マイキーワード」を書き出していくのも有効です。

事業計画表を作る

今までの作業を集約して、事業計画表を作成しましょう。次の質問への回答を1枚のポスターに書き写し、常に目に入る場所にはっておくのです。

また、回答例を挙げましたので、参考にしてください。

——トレードで成功したときの理想形はどのようなものですか？

- トレードでの「投機運用」ビジネスを楽しみながら、その利益の一部を定期的に株式などの「投資運用」に移行し、インカムゲインで生活費を賄う。
- 運用益の一部でエステサロンを設立し、全国展開する。

——理想形に到達して、どのような欲求を手に入れたいですか？

- さらに新しい知識や技術を吸収し、成長の欲求を手に入れたい。
- 運用や経営の楽しみを満喫し、自由の欲求を手に入れたい。

——今年の目標は何ですか？

- 毎日トレードにかかわる時間を1時間以上作る。
- 現在の売買手法に複利運用でのシミュレーションを追加して、運用資産の増減によるポジション設定方法を確立する。
- 現在の売買手法の弱点改善を目的とした売買ルールのアイデアを毎日ひとつは考案する。
- 新しい市場（株式・先物・FX・海外株など）を調査し、ひとつは実際に試してみる。

——トレードに対するあなたの信念は何ですか？

- トレードは楽しむものだ。
- トレードは自分を成長させてくれるものだ。
- トレードによって、心身ともに健康でイキイキとした人生を送ることができる。

——あなたはトレードにどのような立場でかかわっていますか？

- やるべきことを誰かに指示される立場。
- 売買手法の開発から実行まですべて自分で行う立場。
- 売買手法を開発して、他人にその売買手法を運用させる立場。
- 売買手法に投資をする立場（ファンドを利用する立場）。

——取引会社が提供するソフト以外に、必要なソフト（検証ソフト、シグナル表示ソフト、資金管理ソフトなど）はありますか？　あるとすれば、どうやって準備しますか？

- 検証・シグナル表示・資金管理を同時にできるソフトを購入。

——売買手法はどのようなものですか（売買スタイル、売買ルール、期待値、リスクリターン比率など）？

- 売買スタイルは、デイ～スイングの時間枠で、発注は寄り引け。できるかぎり単純なもの。
- 売買ルールは、テクニカルの理論に基づいたもの。大局的な相場の流れや、相関する市場の動向も条件に追加する。
- リスクリターン比率は、リスク倍数が２に近いもの。

——資金管理はどのようなものですか（許容損失リスク、ポジションサイズなど）？

- 許容損失リスクは運用資産の15％。
- １トレードのポジションサイズは、それぞれの売買ルールごとに最大ドローダウン値とリスクリターン比率を考慮したうえで

算出する。
- スイングの売買ルールは、ポジションサイズを算出値の2分の1に設定し、含み損に対応する。

――想定される最悪の事態とは何ですか？　実現した場合、どのような対処方法をとりますか？

- 「誤発注（売り買いの間違い、ポジションサイズの入力ミス、発注忘れなど）による大きな損失」に対して、起きてしまった事実は変えようがないので、まずは慌てず冷静に、ルールに則してすべきことだけをする。ミスを埋めようと暴走して一か八かの賭けトレードをすることだけは絶対にしない。
- 「世界的事件や災害などによる大幅な価格変動による心理的パニック」に対して、過去のバックテストはそのような事態を含めた結果であることをまず考える。通常のルールどおりに運用することを徹底するが、どうしてもルールどおりに売買するのが心理的に耐えられない場合は、ポジションを減らすか、最小単位数でトレードをする。

――トレーダーとして成長するために毎日何をしますか？

- トレードを楽しむ工夫をする（トレード仲間との交流、トレードで成功をしたらどういう自分になっているかのビジョンボードの作成など）。
- 売買手法の検証。
- 資金管理の検証。
- 新市場開拓のための準備。

――事業計画に従えなくなるような心理的な問題点はありますか？　あるとしたらどう解決しますか？

●「ボラティリティの大きな相場状況では、ギャンブルとしても楽しみたいという感情が起こる場合がある」が、ギャンブルとしてトレードをするときも、出口戦術を含めた明確な売買ルールを書き出し、バックテストの結果を確認する。

――ミスをどのように回避しますか？　実際にミスがあった場合、繰り返さないようにするにはどうしますか？

●発注時はトレードに集中する（ほかのことを考えない）。
●発注後すぐに必ず正しく注文が出されているか確認する。
●もしミスがあった場合は、すぐにミスを修正する（たまたまミスによって利益が出た場合でも、ルールを犯したトレードはしない）。
●ミスをとり戻そうと考えない。
●ミスによるミス(ミスの連鎖)だけは起こさないよう冷静になる。

トレード勝者への
インタビュー

第7章

Christopher Stanton　Mark Shlaes　Ken Jakubzak

Scott Ramsey　Larry Williams　Masaaki Saito

*NLP Trader Coaching :
How to Achieve the Successful Trader's Mindset*

7-1　ラリー・ウィリアムズ（個人投資家）
──トレードへの情熱変わらぬ世界で最も有名な個人トレーダー

> 　世界で最もよく知られている個人投資家、ラリー・ウィリアムズ氏は現在、カリブ海に浮かぶ米領ヴァージン諸島のセントクロイ島に邸宅を構え、その一室でトレードをしている。今回のインタビューも、そのトレーディングルームを使わせていただいた。
> 　この日、島のレストランで昼食をご一緒させていただいたあと、自ら車を運転して島を案内してくれた氏は、水平線が丸くみえる島の突端で、にこやかに笑いながら「この島の税金は4％。投資家にとってはベストな島だ」と、ここに住む理由のひとつを語ってくれた。
> 　しかし、それでなくても青い空と豊かな緑にあふれたこの島での生活は、まさに成功したトレーダーのひとつの理想形といえるだろう。

──現在は、どの市場でトレードをしているのですか？

　株式を含めていろいろですが、中心は商品先物市場です。

──システムトレードですか？

　売買システムを持っていますが、それだけでトレードはしません。
　100％システムの完全自動売買もあっていいでしょう。しかし、私には向いていません。

──どのタイミングでトレードを仕掛けると決めるのですか？

セントクロイ島にてラリー・ウィリアムズ氏と

　私が使っている指標からです。モメンタムドリブンというもので、そのパターンとアキュミュレーションが気に入っています。

──当初の損切り位置は何を基準にしていますか？

　相場をみるポイントは、高いか安いかではないと思います。そのときの相場の構造そのものが重要です。そして、それが私に相場から出るタイミングを示してくれます。

──資金管理はどのように行っていますか？

　私の口座では、各トレードで２％以下の損失に抑えるようにしています。賭け金は小さくです。
　デイトレードは、証拠金いっぱいのトレードになりがちです。しかし、大きな損を出したときには、それをとり戻す時間が少ないため、

さらに大きな損失につながりやすくなります。とはいえ、もし大きな利益をとれなければ、時間がないので、損のままで終わるでしょう。
　私は、１カ月や２カ月単位のトレードで、非常に大きな動きをとるようにしています。小さな金額のデイトレードでは、私には稼ぐのが困難だからです。大きな波をとらずに１日の終わりに手仕舞ってしまうのは、私のやり方ではありません。

――年間どれだけの利益を見込んでいますか？

　まず理解してほしいのは、相場には良い年も悪い年もあるということです。そのうえで基本的には６％以上です。もちろん、それよりも低い年もありますが、大体その辺りを考えています。
　数年前、私はまた200万ドルほど増やすことができました。つまり多少は儲けているということです。

――１トレード当たりでは、どれだけのリスクを許容していますか？

　１トレード当たりについては1000～1500ドルの損失を覚悟しています。しかし、基本的にそのリスクを教えてくれるのは相場です。例えば、相場が小さくて、変動がなければ、トレードをやめます。

――どのようにして検証された売買システムを手に入れますか？

　売買システムは私自身で作ります。売買システムを作ってくれる人もいますが、人によって弱点が異なるのです。
　かつては売買システムを作るのにお金を払ったこともありました。しかし私には使い勝手が悪かったので、それ以来、自分で作るようにしています。

──トレードが計画どおりにいっているかは、何を目安に判断しますか？

　一番良いのは、売買システムが機能するか判断することです。単純な例でいえば、移動平均線で分かります。
　株式のシステムトレーダーは、買いシグナルが出たら何でもトレードをしようとします。しかし、下降トレンドに入ったらシグナルが出ていても買いトレードをするのは危険です。やめるべきです。
　株価が再び移動平均線よりも上にいったら再開すればいいのです。売買システムを使いこなせているかどうかが、目安のひとつとなります。

──どんな立場でトレードを？

　素晴らしいことに、私には上司もいなければ社員もいません。そして、お客もいません。
　私は機械的に注文を出していますが、オンライン取引ではなく、注文を自分で出しています。ただ、自分が注文を出したあとの相場を四六時中、監視し続けることを好まないし、それが利益につながるとも思っていません。私自身が相場を動かせるわけでもありませんから。
　私にできるのは、相場がおかしな動きをして、自分の売買システムがその相場で機能しないときに、バカなことをしないことです。

──ミスをどうやって防いでいますか？

　今でもミスを犯しています。予防策はルールを作ることです。どこで仕掛けるかだけでなく、どのように手仕舞うかもあらかじめ考えておく必要があります。

——同じ過ちを繰り返さない方法は？

　自分が何をしたかよく知ることです。私は、自分のトレードのやり方をよく知っていますし、なぜその注文を出したのかも分かっています。
　というのも、私は自分のトレードを毎日ノートに記録しているからです。損をした日も書いています。
　それをみるのはつらいことですが、とても大事なことなのです。

——１日の流れを教えてください。

　朝起きたら、まず相場をチェックします。そのあとは海岸を散歩して、体操をします。自宅すぐそばのハーフムーンビーチという美しいビーチです。
　それから電子メールに返事をします。
　私が仕事をするのは、相場が終わってからです。大引けのあとで、明日何をするか戦略を練ります。そうすれば、翌朝に考える必要がありません。戦略は前の晩に決まっているからです。朝はビーチで体を動かすだけです。

——現在、市場は24時間化しています。さまざまな市場でトレードをしているあなたにとって、いつが相場の終わるときなのですか？

　S&P500市場が終わるときです。こちらの時間で17時15分になります。それから19時までに翌日の戦略を考えます。
　残りの大半は、相場をみることなく、リサーチと物を書いて過ごしています。それと料理です。買い物に行き、料理をします。私は料理が得意なんですよ。

——トレードの勉強は？

　まずは自分自身のノートです。よく「最高の本は何か？」と聞かれるのですが、それは自分自身で書いたものです。

——トレードの最終目標は？

　幸せであることです。今も幸せですが、幸せであっても、引退はしません。
　私は今70歳です。多くは70歳になると引退をしますが、私にはなぜ引退をするのか分かりません。
　私にとって引退とは死ぬことなのです。私は自分の好きなことをしています。
　確かに、少しスピードは遅くなり、トレードも昔ほどアグレッシブではなくなりました。リサーチも昔ほどではありません。
　昔はもっと激しく働いたものです。友人たちが「もうやめたほうがいい」といってくれたほど、懸命に働いていました。しかし、そのときも「構わないでくれ」といったものです。
　トレードは私の花園なのです。大好きです。終わりにしようと思ったことはありません。ここは私自身を発見した場所なのです。

——トレードに成功したとき、どんな気持ちになりたいですか？

　自分はプロフェッショナルなのだと実感し、そしてうまくやったという気持ちです。トレードをして、人にものを教えて、その結果、そういう気持ちになれれば最高です。
　私は個人投資家であり、自分がどう働くかを自分で決めることができます。ある人々は、トレードについては、それほど一生懸命に働き

ません。彼らは相場の周辺で遊んでいるだけです。
　私自身は「自分はできる」と信じてきましたし、そのために鍛えてもきました。ですから、自分に自信が持てます。物を書き、それが人を助けることにも幸せを感じています。

——率直な意見をお伺いしたいので、あえてその意味を説明することなく、思いつくままにご回答いただきたいのですが、安全、自由、自己重要感、愛、成長、貢献といった「言葉」のなかでトレードに重要だと思われるのは何でしょうか（※質問が本書でいう「欲求」ではなく「言葉」であることに注意）？

　「自由」こそ、なぜトレードをするのかの答えでしょう。私の父は普通の仕事をしていましたが、自由がありませんでした。午前2時に起きて仕事に出かけ、夜遅くまで働いて帰ってきます。それが彼の人生でした。私は、そうなりたくなかったのです。
　マネーマネジャーで、金のトレードで稼いでいた日本のある友人が、ある日突然、世界旅行に出かけました。そして周囲にこう宣言したのです。
　「俺は自分がやりたいことをやるし、やりたくないことはしない」
　私たちもたくさん働きます。しかし、自由でもあるのです。それができるようになることが目的のひとつといえます。

——自由を手に入れたわけですね？

　おそらく、そうでしょう。私は、大きなポジションをとりすぎたことでサウジアラビアの当局とトラブルになりましたし、オーストラリアでは税金の問題で収監されそうになりました。しかし、政府とのトラブルがあっても、それ以上に自分が自由にトレードできることのほ

うが大事です。
　「自己重要感」も私には意味がありません。会社で働いたこともありませんし、ビジネス上の肩書きは必要ないですから。
　とはいえ、まあ「グレートトレーダー」という肩書きは、私の誇りといえます。欲しかったもののひとつであったといえるでしょう。

——「好きこそものの上手なれ」という言葉があります。あなたの場合は、まさにそれですね。

　そう。それは情熱です。情熱はお金をもたらしてくれましたが、情熱はまた、人を育ててくれます。
　私の息子は情熱を持って医者になりましたし、娘もまた女優であることに情熱を燃やしています。もうひとりの娘は心理学者になるために大学に入りました。これも情熱のなせるわざです。
　お金は手段にすぎません。それよりも情熱のほうが、なくてはならないものです。情熱はまた、人生のなかで育つものでもあります。
　「成長」も重要な言葉といえます。私は、自分が何をしてきたのかを皆にみてもらいたいほうです。大学時代にフットボールをやっていたときにも、皆から「よくやった」といわれるのが好きでした。
　トレードでお金を稼ぐことは、私にとってインテリジェンスを示すことです。トレードをする理由のひとつといえます。
　トレードは自分を成長させるひとつの道でした。トレードは私の教師のひとりなのです。さまざまな教訓を与えてくれます。
　同時に市場も成長しますから、学び続けなければなりません。市場で起きることは、成功するにせよ、失敗するにせよ、神がどこにいるか、人間性とは何か、ということを私に教えてくれます。
　市場で起きることすべてを分析できません。ですから、投資家は学び続けなければなりません。初心者のときも、そして現在でも。同じ

ように学び続けています。

「貢献」も良い言葉です。私は自分の書いた本の印税をオレゴン大学に寄付しています。昨年、私は1万ドルを寄付しましたし、ある年には2500万ドルを寄付したこともあります。かなりの額ですが、私にとってはそうでもありませんでした。貢献もトレードをする理由のひとつです。

ちなみに私の息子が、個人的に私の診断書を作ったことがあります。そのときリスクに対する感情が、ほかの誰よりも低い成績でした。息子は「注意してくれ」といいましたが、「気にするな。お前はお前の仕事をしていろ」といってやりました（子息のジェイソン・ウィリアムズ氏は『The Mental Edge in Trading』というトレード心理学の本を上梓しており、パンローリング社から邦訳が出版される予定）。

――トレードのとき、どうやってポジティブな姿勢を維持していますか？

不思議に思うかもしれませんが、トレードのとき、私はペシミスト（悲観主義者）です。オプティミスト（楽観主義者）ではありません。これは人生についてではなく「トレードに関して」です。

トレードでは、いつも損失ばかりを考えます。それが私のマインドセット（心の持ち方）なのです。「本当に賭けるのか？ やめたほうがいいのではないか？」と考え、そしてトレードを始めます。

自分は偉大なるトレーダーだと思って相場と戦おうとすれば、莫大なお金を失うでしょう。家族や人生については違いますが、ポジションについてだけは常に悲観的に考えます。

そうすれば、相場に怒ることはありません。ポジションにいつも悲観的なのは、私のトレード生活の一部になっているのです。

私は、トレードを通じて自分のアイデンティティを証明してきたし、証明できたとも思います。私のトレード記録をみせてほしいという人

もおり、かつては「よしてくれ」と怒ったこともありました。しかし、今は怒りません。

　私は本を書き、人を教育し、その生徒たちの何人かはチャンピオンシップに出ています。しかし、私はもう出ません。出る必要がないからです。

──それでも今も積極的にトレードをされていますね？

　もちろん、情熱はあります。今も、城に住むドラゴンを討ちとってやろうという気持ちがあるほど積極的です。しかし、ポジションについては悲観的に考えます。これはおそらく、自分を守るための心理的なバランスメカニズムなのでしょう。

──先日、大豆のトレードを再開したと聞きましたが、今後もそのポジションを増やしていくのでしょうか？

　ポジションを追加することは滅多にありません。普通、ひとつのポジションを建てたら、それだけです。
　大豆は2012年も上昇しましたが、2013年もまた上がるでしょう。私のデータによれば、サイクル的にも「13」のつく年は強いからです。そして、このポジションで利益を得たら、また別の市場に投資するつもりです。
　私は多分、ほかのトレーダーとは違うことをやっていると思います。よくトレードを中断するからです。
　そういうとき、ほかのトレーダーはすぐに再開してしまいます。特に相場に対して怒っているときはそうです。
　しかし、私は怒りません。例えば、私は米国債のトレードを中断していますが、日を改めてまたトレードを始めるでしょう。市場に戻る

のは、そこにまだファンダメンタルズがあり、テクニカルが戻って来たときです。

　怒りに任せてトレードをすることはありません。状況を見極めてからトレードをするだけです。

　また、私は一度に賭けます。それで終わりです。おそらくスコット（スコット・ラムジー氏。後述）は良いときにポジションを積み増すタイプでしょうが。

──大金を失ったときも冷静ですか？

　よく眠れます。金額は大きな問題ではありません。

　私が悔しいのは、トレードが成功しなかったことです。お金を失ったことではありません。

　私が初めてトレードで損をしたとき「5000ドルも損をしてしまった！」と、世界のすべてを呪ったものです。しかし、今は５万ドルを失ってもゆっくり眠れます。次には５万2500ドル勝つこともあると知っているからです。

　「トレードのときは金額を忘れろ」と思うようにしています。「これはゲームなのだ」と。ゲームはいつも勝てるわけではありません。それが真実です。

──やはり、ポジティブな性格だと思います。

　私が人生について思うのは、すべて勉強だということです。前の妻と一緒にいたときは、トラブル続きでした。離婚し、ビジネスはうまくいかなくなり、何百万ドルも失いました。彼女は家を愛したので、私は数年間にわたって1500万ドルも払いました。

　もちろん、腹も立ちました。しかし、そのときでさえ私は「物事は

いずれうまくいく」と思っていたのです。一番どん底のときでさえ、起き上がれると信じていました。

――人生のターニングポイントは？

　たくさんあります。最初に思い浮かぶのは、頭を使うビジネスを選んだことです。これは父親にとって大きな衝撃だったでしょう。
　オレゴン大学時代、私はジャーナリズムを専攻しました。これはこれで、今でも本を書いているわけですから、私にとって良い訓練になったといえます。しかし、当時の私はトレードについて何も知りませんでした。ビジネスクラスも経営クラスもとっていなかったからです。
　しかしある日、友人が投資について話してくれたのを聞いて、「何!?」と思いました。これが大きなターニングポイントだったといえます。
　私は、人々がそれで成功していると感じましたし、「自分も勉強して、これで儲けなければならない」と思いました。誰もがそう思うわけではないでしょうが、私には大きなターニングポイントになったのです。

――トレードについての信条は？

　「小さく賭けて、大きく儲ける」です。まずファンダメンタルズを考え、それにテクニカルを組み合わせます。

――トレード戦略についてどう思いますか？

　感覚や推測でなく、テクニックを学ぶことです。戦略は必要です。ただし、それはほかの誰かが準備してくれるわけではなく、自分で作るものです。ほかの誰の仕事でもなく、自分の仕事です。

——資金管理についてどう思いますか？

　もし生き残ろうと思うなら、最も大切なことです。トレーダーにとって最高の本は、資金管理について書かれたものです。人にはいつも「トレードを学ぶ前に、まず資金管理を学べ」といっています。
　資金管理のなかでも最も重要なのは、ポジションサイジングです。私も若いときは間違っていました。同じ市場でも、あるトレードについては２枚、あるトレードについては50枚と、違う枚数でトレードをしていたからです。そして50枚のときにかぎって儲かりません。現在の私は、どんなトレードでも基本同じ枚数で賭けるようになりました。
　よく「この賭けはうまくいくから」といって大きく張ろうとする人がいます。しかし、私にはどれがうまくいく賭けなのか分かりません。ですから、賭ける必要があるときには、同じ枚数だけを賭けます。
　同じだけ賭けるから、どのポジションも同じだけのリスクと期待があります。そうすれば冷静でもいられます。

——ポジションサイズや、トレードのタイミングは、市場の流動性や価格変動率をみて決めるのですか？

　大きな資金を運用しなければならないスコットたちと違って、私は50枚や100枚を一度に賭ける必要がありません。ですから流動性を心配せずに済みます。一度に賭けるのは2000〜3000ドル程度です。
　昔はもっと大きく賭けていました。しかし、今は50枚も賭けません。基本的に同じ枚数です。
　ただし、売買システムがサインを出し、その確率が平均よりも良ければ、今でも多少は大きく賭けることもあります。

——個人心理については、どのようにお考えですか？

心理学でいうところの「Systematic Desensitization（系統的脱感作法）」が、トレードに使えます。これは何かを何度も繰り返すことで、恐怖を乗り越えられるという意味です。

　例えば、あるホラー映画を最初にみたときは、かなりの怖さを感じるでしょうが、30回繰り返してみれば、スクリーンに向かうのも最初ほど怖くありません。心理学的テクニックのひとつです。

　ギャンブルも同じです。ラスベガスで１ドルを賭けるのと、200ドルや300ドルを一度に賭けるのとでは心のもちようも違いますが、最初は「自分がギャンブルでお金を失ったら家族はどう思うだろうか？」などと、ネガティブなことを考えるでしょう。しかし、何度も繰り返すと、次第に気にならなくなってしまいます。

　私は今、多額の資金でトレードをしており、そしてうまくいっています。トレードをするのに、特に覚悟はいりません。リアルマネーもペーパーマネーと同じです。

　感情的な行動は、逆に大きな代償を払うことになります。自分の心理をコントロールすることで、私はここまでやってくることができました。

——あなたにとって理想のトレーダーとは？

　自分に合ったスタイルで売買をするトレーダーです。そのスタイルは、トレンドフォローかもしれないし、アービトラージかもしれないし、100％システムかもしれません。しかし、いずれにせよ自分の個性に合ったスタイルを選んだトレーダーが理想のトレーダーです。

　ただ、もしかしたら、大半の人々はトレードをすべきではないかもしれません。危険なビジネスだからです。

——今後、相場を大きく変えるような出来事は何だと思いますか？

大統領選後の1年で大きく変わるでしょう。戦争やエネルギー問題も相場に大きく影響しそうです。

私の長期サイクルによれば、相場はこれから動きそうです。2015年には株式市場に大きなブルマーケット（強気相場）が到来します。その始まりは2014年からです。商品市場は2013年、特に大豆にブルマーケットが来ます。

毎日、新聞のニュースに相場を動かす材料をみつけることはできます。しかし、忘れてならないのは、そこにはまずサイクルが存在することです（このあと、私たちに彼自身が描いたサイクルチャートをみせてくれた。そこには確かに、株式のブルマーケットが2014年中ごろから始まり、2015年に一気に上がるチャートが描かれていた）。

＜ラリー・ウィリアムズ氏の略歴＞
50年のトレード経験を持ち、世界で最も高い評価を受ける短期トレーダー。トレーダー教育の第一人者としても有名で、これまで何千人というトレーダーを育ててきた。ロビンズワールドカップをはじめ、トレードの腕を競う大会で何度も優勝経験を持つ。フューチャーズ誌の「ドクター・オブ・フューチャーズ賞」の最初の受賞者で、「オメガリサーチ・ライフタイム・アチーブメント賞」とトレーダーズ・インターナショナルの2005年の「トレーダー・オブ・ザ・イヤー賞」も受賞。さらに2002年、サンディエゴ市は10月6日を「ラリー・ウィリアムズ・デー」に制定した。CNBCやFOXニュースをはじめ、各種メディアでとり上げられることも多い。著書に『ラリー・ウィリアムズの短期売買法【第2版】』（パンローリング）など多数。

7-2　スコット・ラムジー
　　　（デナリ・アセット・マネジメント社代表）
──ラリー・ウィリアムズが「世界最高」と激賞する裁量トレーダー

> 　ジャック・シュワッガー著『続マーケットの魔術師』（パンローリング）にもインタビューが掲載されているスコット・ラムジー氏は現在、欧米の投資家たちに最も注目されているヘッジファンドマネジャーのひとり。ラリー・ウィリアムズ氏とは奇しくも同じ島の隣同士で、個人的にも親しく交流している。今回のインタビューもラリー・ウィリアムズ氏の推薦で実現した。
> 　「今、世界最高のヘッジファンドマネジャーであり、トレーダーだ」とラリー・ウィリアムズ氏が激賞するトレーダーである。

──トレードを始めた経緯を聞かせてください。

　大学に在籍していた70年代末から自分のお金で先物取引を始めました。大学では最初、エンジニアリング学科に入ったのですが、経済学科に移り、それと同時に銀や銅の先物を買い始めたのです。
　当時はインフレ時代で、買うだけで儲かりました。だからこそ興味を持ったわけですが、相場が下げに転じた途端に損をし始めました。
　特に銀は、ハント兄弟の買い占めが問題になって暴落し、1オンス50ドルで買ったものが26ドルに下げるまで売却できませんでした。それまで儲けたお金を含めて、すべての資金を失うほどの大損です。
　しかし、そのおかげで、それまで以上にトレードに関心を持つようになりました。また、トレードが一層好きになりました。なぜなら、あの暴落で90％の投資家が私と同じように損をした一方で、10％

の人々は儲けていたからです。
　「私も10％の人間になりたい」と思いました。これが、私の原点であり、最終目標かもしれません。
　当初は、何の勉強もせずにトレードをする「フィーリング投資」です。しかし、ハント事件以後は熱心に勉強をするようになりました。個人的なトレードについていえば、大きな資金ではありませんが、それ以降、年間ベースで損をした年はないといえます。

――それはすごいですね。ヘッジファンドを運用するようになったきっかけは？

　大学卒業後、シカゴの先物会社に就職して、法人部門を担当しました。CTA（先物投資顧問）やヘッジャー（当業者）などの注文を受けるブローカーです。
　しかしあるとき、その顧客のひとりから「ファンド資金を運用してみないか？」と勧められました。CTAのなかには成績の悪いトレーダーもいて、その人たちよりは自分のほうがやれそうだと考えていたこともあります。
　それから独立をして、ヘッジファンドを始めました。自分のお金と合わせて大きな資金を運用するようになったからです。

――ビジネスとしてトレードにとり組み始めてからも、成績は良かったのですか？

　幸い、良い結果が出ています。多くのトレーダーは、運用金額が大きくなるとアプローチの仕方を変えてしまいます。1000ドルであれ、5万ドルであれ、リスク（の割合）は変わらないのに、感情が違ってくるからです。

スコット・ラムジー氏と

　ポジションサイズが変わっても、戦略は同じであり、戦略が正しければリスクも同じなのです。成功しようと思ったら、この感情の壁を破らなければなりません。

――現在のトレードについて、具体的にお聞かせください。まず、運用に使っている市場は？

　当初は商品先物です。今でもいくつかの商品はトレードをしています。それから店頭FX、金利先物、株価指数先物、通貨先物などで、今はトレードの80％が通貨先物と金利先物です。

――システムトレードですか？

　システムトレードではありません。すべて、30年の経験に基づく裁量トレードです。

——仕掛けと手仕舞いは、どのように決定しているのですか？

　２つあります。トレードには、まずマクロバイアスが必要です。そしてファンダメンタルズ分析です。
　数多くのリサーチをしなければなりません。10～15社の情報会社と契約をして、そのリサーチを購読しています。また博士号を持つリサーチスタッフを２人雇いました。
　大きなトレンドと、個々の市場の需給関係を理解するわけです。マクロバイアスでトレンドの方向を感じたら、こうした情報と知識で裏づけます。
　そのうえで、実際にポジションをとるときには、テクニカル分析を使うのです。

——損切りはどのように決めますか？

　当初の損切り位置は、テクニカルに基づいて決めています。１トレード当たり何枚のポジションをとるかで、とれるリスクの幅も変わってきますが、基本は５ベーシスポイントか10ベーシスポイントです。リスクをとるトレードをするときは、10ベーシスポイントにします。

——ベーシスポイントとは？

　0.1％が１ベーシスポイントです。この場合、10ベーシスポイントは投下資金の１％を意味します。

——資金管理で重要なこととは？

　ポジションサイジングです。リスクを計算し、それに基づいてポジ

ションサイズを決めます。それから、価格レンジに応じてポジションサイズを標準化します。

　例えば、1日に期待する売買損益額を決め、予想される値動きからポジションサイズを計算します。普通の相場ならこの程度動くと仮定して算出するのです。この作業は重要です。

　もうひとつ重要なのは、異なる市場が互いにどのように関係し合うかをみることです。例えば、経済が上向くと、リスク資産が上昇し、金利も上昇します。もし株式が強気なら、原油も強気です。通貨をみるときは、経済をみます。現物の需給が逼迫しているかどうかなどです。

　これまでのところ、日本も良い例です。日本経済はデフレーションで通貨供給もタイトでした。経済は悪いというものの、低金利で、GDPは依然高く、経常黒字でもありました。通貨も基本的には強いということになります。

　ところが、大震災後、原子力発電をやめたことでエネルギー需要が高まり、円高が輸出の足を引っ張りました。こうして経常黒字も減ることで、徐々に円安に向かいつつあります。

——年間の収益目標は？

　利益を想定することは困難であり、損失を正確に考えることが第一です。利益は利益自身で調整します。ですからリターン目標はありません。もし相場が良ければ20％とれるでしょう。

——損失は、どの程度まで想定していますか？

　1日の終わりに売買報告書をみるとき、考えるのはダウンサイドだけです。10％までは許せます。通常は、その市場に投下している金額の5％のマイナスまでは想定しています。

——1回のトレードでは、どれくらいまでのリスクを覚悟していますか？

　1回のトレードでは10ベーシスポイント以上の損は出さないことです。確かに、市場もトレードもたくさん扱っていますから合計すれば数％の損失になることもあり得ます。しかし、1回のトレードでは1％以上の損は出しません。
　いくらか利益が乗っていれば、2〜3％のリスクをとるときもあります。しかし、通常はその時点でトレードをやめて、再び1％のリスクでのトレードに戻ります。

——トレード計画がそのとおりにいっているかは、どのように判断するのですか？

　売買報告書で判断します。過去に2度、大きなドローダウンがありました。そのときは4〜5％でした。

——トレードという事業に、あなたはどのような立場でかかわっていると思いますか？

　自分自身ですべてを判断します。

——ミスを起こさないために、どのように防いでいますか？

　常にミスをしています。どのトレードが儲かるか損するかは、分かりません。ヒストリカル的に万全であっても、結果は違うこともあります。ただ、やっていることが正しければ、リスクのイメージも正しいということはいえます。

第7章 トレード勝者へのインタビュー

スコット・ラムジー氏（左）とラリー・ウィリアムズ氏（左から2人目）

——毎日していることはありますか？

　日曜19時から金曜16時15分まで、相場にかかわっています。トレードについては、私は非常に熱心だと思います。

——トレードをどのように勉強したのですか？

　自分の資金でトレードを始めた70年代、私はラリー・ウィリアムズの本を読んでいました。ワイルダー（J・ウエルズ・ワイルダー・ジュニア）やウィリアムズは当時、テクニカル情報を出しており、それを読み、理解しようと努めたのです。
　1年目は分かりませんでしたが、10年経つと第二の天性になっていました。パターンをみて、世界の情報をみて、それが相場にどのような意味を持つかが分かるようになったわけです。今、私はラリー・ウィリアムズの家の隣に住んでいます。これは凄いことです。

297

――トレードの最終目標は何ですか？

　成功したトレーダーになることです。

――最終目標を獲得したとき、どんな感情を得たいですか？

　満足感です。すべての人がトレードに成功するわけではありません。成功すれば、満足感を得られるでしょう。

――ほかの感情についてはどうでしょうか？　率直にお伺いしたいのですが、安全、自由、自己重要感、愛、成長、貢献といった「言葉」のなかで、トレードに重要と思われるものはありますか（※質問が本書でいう「欲求」ではなく「言葉」であることに注意）？

　上司がいないという意味で「自由」が第一だといえるでしょう。
　次に「安全」です。ただし、これはリスク管理という意味です。単なる"安全"を求めるなら日本国債でも買えばいいでしょう。トレードに安全はありません。
　損をしたときのリスク管理が大事です。ミスは避けられません。儲けるときもあれば、損するときもあります。すべてのトレードで儲けられたら、それに越したことはありません。しかし、それは至難の業です。したがってダウンサイドになったときの管理が必要となります
　悪いときに大きな穴を開けないことです。もし運用資産の20～30％の損を出したら、あとが大変です。５％や10％の損ならとり戻すのも簡単です。戦略が正しいことが第一となります。
　そして「貢献」です。トレーダーとして成功すれば、公共に奉仕もできます。人々の助けとなれば、気持ちも良くなります。
　ただ、今いったなかにはないかもしれませんが、私は「バランス」

という言葉が好きです。これは相場への強い情熱が重要ですが、人生には家族との幸せも必要となります。そのうえで、トレードにも成功するというバランスが大切なのです。

——ほかにトレードに必要なことは？

　トレードで、私が大事にしているのは２つ——「自己規律」と「リスク管理」です。もしトラブルが起きても、この２つがあれば乗り越えられます。
　トレードについての感情の問題は、私自身も興味があります。それは自分自身の感情を知りたいと同時に、相場の感情も知りたいという意味です。
　例えば、突然のニュース発表で、自分のポジションがストップに引っかかったとき、どうなるでしょうか。自分がパニックに陥ると同時に、ほかのトレーダーもパニックに陥っているのかどうかも知りたいと思います。
　黙ってポジションを手仕舞うことは大事です。しかし、そこで再びトレードをするかは、自分と相場の状況によります。その意味で感情は大事です。

——トレードに関することで、日ごろ無意識に重点を置いている考え方は何ですか？

　コストです。私は「トレードはビジネス」だと思っています。真剣なものであり、軽い気持ちで参加するのは考えものです。
　ビジネスならまずコストを考えます。買ったものが上がるという夢も大事ですが、まず考えなければいけないのは、ビジネスを始めるときのコストなのです。トレードは自分でやるビジネスであることを念

頭に置いておかなければなりません。
　ストレスについて考えることもあります。トレーダーにとって、相場の変動も売買報告書もすべてがストレスの種になり得ます。しかし、思うにどのようなビジネスでも、同じ程度のストレスはあるのではないでしょうか。

——目標を口に出すことで、ポジティブになれる人と、逆にプレッシャーになる人がいます。あなたは、どちらのタイプでしょうか？

　目標を口に出すことも、どのビジネスにもあることです。私自身も口にします。ただ「利益目標は30％、損失は１％に抑えることを目指す」とは、スタッフにも顧客にもいいません。困難ですし、現実味もないからです。もし、そのことについて話すとすれば「大きな収益を求めるなら、リスクも大きくなりますよ」といいます。
　私が口にするのは「戦略は正しいか？」「リスク管理は正しいか？」「相場が考えたとおりに動いているか？」です。動き始めて、考えたとおりにいけば、より大きく張ります。それだけです。

——増し玉をするとき、特にルールはありますか？

　相場が当たっているときは、そして相場がリサーチどおりになっていれば、ポジションを大きくします。ただし、そのとき重要なのは、リスクを２倍に増やさないことです。最初に１枚買い、上がったところで２枚にしてしまえば、リスクは２倍となります。増やすときは半分がよいです。
　また、今は以前とは違う状況であることも知っておくべきです。世界金融危機以降、さまざまな市場が相関関係を強めています。株式が上がれば、通貨は下がり、商品は上がります。総合的に考えていかな

デナリ・アセット・マネジメント社のパフォーマンス

(グラフ: デナリ、HFRX マクロ CTA 指数、S&P500 の 00年6月～12年6月のパフォーマンス推移)

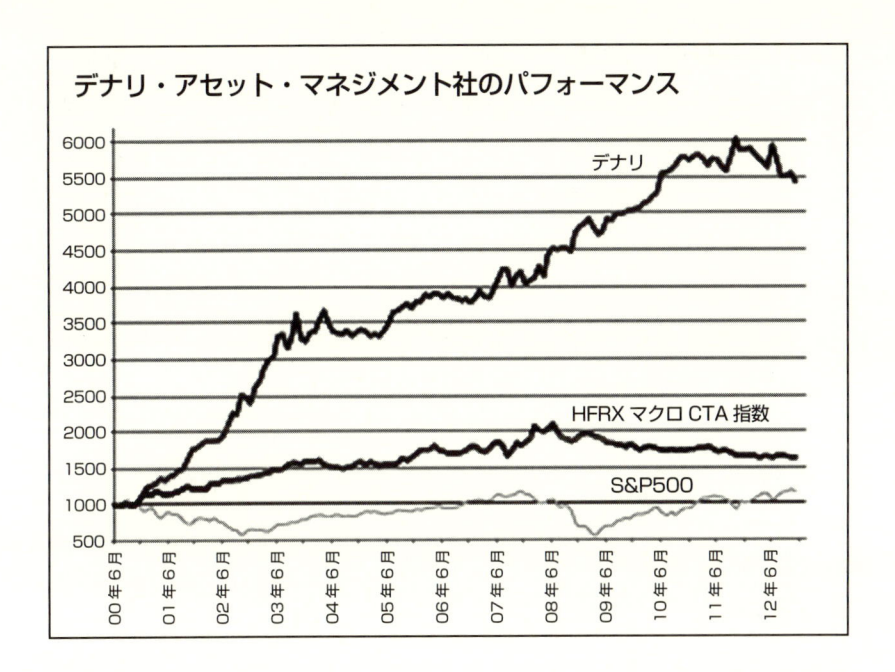

ければなりません。

　誰かがある市場で大きく売れば、その価格は下がるでしょう。そして、そのプレッシャーがほかのどの市場にどう影響するのかを、私はいつもみています。

　以前、WTI（米国産）原油はブレント（北海産）原油に対して割高でしたが、今は22ドル割安になっています。ブレントや中東産に、地政学的な供給不安が出ているためです。

　大きく成功する人は、複数の市場でトレードをするか、ポジションが大きいか、どちらかです。もし少額の資金でトレードを始めたにしても、いずれ大きく成功したいと思うなら、賭け金は大きくしていかなければなりません。

　そのためには、複合的にトレードをする力を養い、実際に複合的にトレードをすることです。そして、リスクを増やさずに、それを実行するには、戦略を学ばなければなりません。

1日の終わりに50％勝ち、50％負けていたらトントンです。50回のトレードで10ドル儲け、それがコストを引いてトントンなら、その利益を20ドル、30ドルにしていかなければなりません。そうするためには、ポジションを増やすか、トレード回数を増やすか、と同時にリスクを減らしていくことです。

——トレードがうまくいかなくなるとネガティブになるトレーダーも多いと思います。そのようなとき、あなたならどうしますか？

　良い質問ですね。トレードがダメなときは身体の調子も悪くなります。ですから健康のために運動をします。バランスをとるのです。
　そして、もうひとつ重要なのは原点に立ち返ることです。私は最初の15年間、限られた資金でトレードをしていました。ですから、いくら儲けても、次にトレードをするときは元の水準に戻してトレードをしたものです。
　自分を追い込んではなりません。まず、第一ステップをクリアしてから、次のステップに移るのです。資金量が増えてきても、リスクの割合は同じにしておきます。
　特にトレードを始めてまだ勉強が足りないと感じているトレーダーには、学校の授業と同じように、相場の本を読み、内容を理解し、システムを知ることが求められます。そして、自分の資金量に合ったリスクリターン比率を総合的に考えていくことです。そうすれば、どのようなトレードをしたらいいかという戦略がみえてきます。
　つまり、なぜネガティブになるかというと、勉強が足らず、自分の戦略ができていないからです。勉強が足りないと考えたら、そして落ち込む暇があったら、何年か小さくトレードをすることです。
　戦略を理解し、感情を理解するために、何百回でもトレードをします。損を出しても失望せず、その理由と損をした戦略を理解すること

が重要です。「自己規律はあっただろうか？」「リスク管理は正しくできただろうか？」と問い続けるべきです。それを続けていれば、ネガティブにはなりません。

——最後に、トレードに対するあなたの信条を聞かせてください。

「相場にはチャンスがある」「経験から常に学ぶ」「それを生かすためには、繰り返しになるが自己規律、資金管理、リスク管理が必要だ」ということです。

ほかにいえることは、まずはファンダメンタルズ、そしてテクニカルではブレイクアウトを知ることです。

そして良いときも悪いときも、戦略は同じにすることです。ポジションサイズによって考え方を変えてはいけません。

ポジションサイズは、リスクと同じです。ですから、どこで仕掛けようと、どこに損切り値を置こうと、ポジションサイズから考えます。

仕事と同じで、学ぶ時間は長いほうがよいです。そして学んでいるときは、小さなトレードをすればよいのです。

インタビューを終えて

ラムジー氏の第一印象は「クールでさわやか」。益永氏の古くからのご友人で「一般的なトレーダーのように個性的な印象はなく、気さくな方ですよ」と紹介されたとおり、落ち着いた紳士的な感じの方だった。証券会社で営業職をされていたこともあってか、コミュニケーション能力のある、誰とでも打ち解けやすい印象を受けた。

ウィリアムズ氏のホームパーティーでも小さなお子さんと同席され、優しいパパという印象。周りと協調しながらかかわっていくような、一見あまり個性的ではない印象があるが、誰にも束縛されず自由

が第一だということから、実は自分の個性を大切にする重要感の欲求もしっかり持っている方なのだろう。

　ウィリアムズ氏とは対照的で、情熱的な印象は受けない。だが、利益が出たら、少しずつ着実にポジションを増やしているように、足場を固めつつ利益も狙っている。安全と情熱のバランスをとりながら、冷静に頭の中でロジックを組み立てて、淡々とトレードをこなすタイプなのだと思う。

　もともとは勉強熱心（負けず嫌い）でハングリー精神もあるうえに、天性のマインドコントロール能力をお持ちの方である。

7-3　ケン・ジェイコブザック（KMJキャピタル社代表）
──立会場のトレーダーからFX運用のファンドマネジャーへと転身した"第三世代のタートル"

> 　ケン・ジェイコブザック氏は、リチャード・デニス氏が教育したトレーダー集団「タートルズ」の第三世代。1987年からタートル流の売買手法を使ってトレードを始め、94年には独自に進化させたFX運用プログラムを開発した。97年にCTAとして独立、G7通貨の現物・先物をトレードする売買手法の成功で、2008年には運用資産を1億100万ドルにまで積み上げた。
> 　デニス氏の売買手法はハイリスクハイリターンで知られるが、ジェイコブザック氏の年平均リターンは過去17年間で18.12％、月間最大ドローダウンは6.12％であり、ローリスクハイリターンの安定運用に特徴がある。
> 　金融危機のあと、金融機関の顧客からの引き出しがあったため、運用資産を減らしたものの、運用成績は従前どおりハイリターンを続けている。2012年は多くのCTA、ヘッジファンドにとって厳しい年だったにもかかわらず、15％以上の成績を叩き出した。氏はアジアの投資家資金もぜひ受け入れたいとも語っていた。

──トレードを始めた経緯を教えてください。

　トレードを始める前は、アメリカン航空の営業部門で5年間働いていました。良い仕事でしたが、人間関係が煩わしかったのと、トレードに関心があったので、セントルイスの先物会社に口座を開き、ミネアポリス穀物取引所の立会場でトレードを始めました。1978年のこと

です。

　まとまった資金ができたので、82年にCBOT（シカゴ・ボード・オブ・トレード）の会員権を購入し、同取引所の立会場で大豆や米国債の先物・オプションをトレードするようになりました。そして87年に、タートルズの第二期生（第二世代）だった親友からデニス直伝の売買システムを教えてもらい、同時にCME（シカゴ・マーカンタイル取引所）に上場するS&P500株価指数先物や通貨先物で運用するファンドにかかわるようになったのです。

　89年にCTAとして正式に登録をして、その友人とタートルの売買システムを使ったファンド運用を始めました。しかし、デニスの売買システムはボラティリティが高いため、独自に「カレンシーシステム」を開発することになりました。

　そして94年8月にKMJを立ち上げて、G7通貨のトレードを始めたのです。なお、デニスの売買システムは、98年に使うのをやめています。

——デニス氏たちが私財を投じて育成したトレーダー集団「タートルズ」は当初、新聞広告で募集されたと聞きましたが、本当ですか？

　はい、私にも声がかかりました。ただ、そのときはCBOTの正会員として立会場で大豆のトレードをしていたので、プライドもありましたし、システムトレードそのものが、それほど儲かるとも思えなかったので、誘いに乗りませんでした。

　2年後に第二期生の募集がありましたが、そのときも私は立会場でのトレードを続けました。友人がその売買システムの話をしてくれたのは、それから7年後です。リチャード・デニスがCDコモディティーズを閉めて、ドレクセル・バーナムでトレードを始めてからでした。それまでは一応、秘密のシステムということになっていたようです。

——あなたが学んだ売買手法は、デニス氏のオリジナルだったのですか？

はい、すべてブレイクアウトシステムです。異なる３つのブレイクアウトによる長期トレンドフォローになります。

ボラティリティが大きく、なかには50％の利益を狙うため、10％の損失でストップするというのもありました。トレーダーにとっては非常に厳しい売買手法です。40％上がっても利食わずに、そこからマイナス10％まで下がってしまえば、50％のロスとなってしまうわけですから。したがって、私には修正が必要でした。

——98年に使用を停止したデニス氏の売買手法とあなたの売買手法とは何が違うのですか？

当社のカレンシープログラムでは、ダウン時のボラティリティを低減しています。アップ時のボラティリティも若干修正しましたが、基本的には大きなままです。

誰だって朝、起きたときに、１日で２％も５％も損をしているのをみたくはありません。１カ月で10％、１年で30％の損をするのも嫌です。それが、再構築の第一の理由でした。

それと、FXには裁量の部分も必要だと考えました。FXのトレンドには世界的なマクロ経済が影響するからです。ファンダメンタルズを加味する必要がありました。

——では、トレードは100％システムではないと？

違います。トレード戦略には裁量が含まれています。最初にマクロ経済を読み、通貨動向をみます。それらが相場のトレンドに与える影響を考えて、アイデアを得たら、テクニカルをみるのです。

ケン・ジェイコブザック氏と

　テクニカルはタートルの売買システムをベースにしています。ただし、ファンダメンタルズが良くなければ、テクニカルの指示が出てもトレードはしません。

──具体的に、テクニカルの指標は何をみているのですか？

　ボラティリティ、マーケットモメンタム、ストキャスティックス、フィボナッチなどです。

──移動平均線などは？

　みています。10日線、55日線、200日線などを使っています。特に200日線と10日線あるいは55日線とのクロスは、シグナルのひとつです。そしてフィボナッチは、これからのレベルを推測するのに使っています。

売買手法自体はトレンドフォローですが、FXにはフィボナッチが有効だと考えています。

——当初の損切り位置は何を基準に決めているのですか？

　損切り位置は、リスクリターンに応じて決めます。そのときポイントとなるのが、タイム・プライス・ボラティリティです。これは1日の高値と安値の幅を統計化したもので、これを使って損切り位置のポイントを算出します。
　例えば、高値安値の幅が200だとすれば、損切り位置を3カ所に入れ、幅が広がれば7カ所まで増やします。そして価格が下げてきたら、ポイントごとにポジションを減らしていくのです。

——損切り位置の幅は短期と中期とで違うのですか？

　価格とボラティリティによりますが、損切り位置は1トレード当たり0.25〜0.7％の範囲に設定します。ポジションサイズも価格とボラティリティに基づいて決めています。
　中期も短期と同じ0.25〜0.7％のところで損切りを入れておきます。そして24〜27ベーシスポイント（2.4〜2.7％）まで来たら、自動的に利食いすることになっています。
　中長期トレンドを狙うと、スイング（値段の振れ幅）が大きくなるものの、高い収益を狙えるという利点があります。

——主に使うのはCMEの通貨先物ですか？　それとも店頭FXですか？

　両方を組み合わせています。現物通貨のみの顧客もいますし、店頭FXとCMEの先物を求める顧客もいます。

――リスク管理は？

　証拠金ベースでみています。まず確認するのはリスクリターンが3対1以上であることです。預け入れ証拠金に対するポジションの比率は、通常は4～6％です。大きくても9～11％の範囲となります。

――リスクリターンで3対1というのは、利益対損失が3対1ということでしょうか？

　損失が1％なら利益は3％を見込めるということです。つまり、2％以上の利益が見込めるように仕掛けるということです。

――年間の利益目標は？

　15～20％の間です。当社の過去17年間の年平均リターンは18.12％でした。

――そのためには、どれぐらいの損失を覚悟しているのですか？

　リスクはできるだけ小さく設定してあります。このプログラムの過去5年間のドローダウンは28カ月合計でも9.14％。そのうち最大の月間ドローダウンは6.12％でした。
　通貨のボラティリティは、ダウン時について注意する必要がありますが、アップ時については長期にとりにいくつもりで緩やかに設定してあります。

――プログラムは自分で作っているのですか？

KMJキャピタル社のパフォーマンス
26000
21000
16000
11000
6000
1000
94年8月
95年8月
96年8月
97年8月
98年8月
99年8月
00年8月
01年8月
02年8月
03年8月
04年8月
05年8月
06年8月
07年8月
08年8月
09年8月
10年8月
11年8月
12年8月

自分で書いています。テクニカル部分は、デニスの売買システムを使っていると述べましたが、デニスは価格変動が大きいことを前提にしていました。そのため、すでに話したように、高いリターンが見込める反面、ドローダウンも大きくなる可能性があったのです。

私はボラティリティに応じて、ポジションサイズを小さくし、リターンは良いけれども、ドローダウンのリスクは減らすように戦略を立てました。

また、ファンダメンタルズの影響がテクニカルにも反映されることを前提に戦略を立てています。

おそらく通貨は、現在の経済の動きを即座に、そして直接反映する唯一の市場です。中央銀行の政策が変わったら、すぐに市場が反応します。

時代とともにファンダメンタルズも変わってきました。例えば、かつて中央銀行の政策は、それをみた市場が判断して動く材料のひとつ

であり、中央銀行自体が市場を動かそうとするものではありませんでした。しかし、今はそうなっています。中央銀行の発表を機に相場が動くのです。

　金融危機でも政策要因の動きが目立ちました。それを素早く読みとって反映させる戦略が必要です。

　ほかの要因も変わってきています。例えば、15年前には住宅販売数は相場の大きな材料でした。しかし、今はそれほどでもありません。15年前の変動要因のうち、今もみられるのは3つのうち2つといったところでしょう。もちろん、住宅販売数も相場を動かさないまでも、今もサポート要因のひとつではあります。今は世界的にPMI（購買担当者指数）などが通貨市場を動かす材料になっています。

――あなたの売買手法は、最低いくらぐらいの資金を必要としますか？

　最低100万ドルは必要です。だからこそファンドで運用をしているのです。

――100万ドルで1年間にどれぐらいトレードをするのですか？

　年間、およそ900トレードぐらいです。100万ドルといっても、実際にトレードに使うのは30％前後、つまり30万ドルぐらいです。

――ところで「コーチング」については知っていましたか？

　詳しく知りませんが、どのようなビジネスにもコーチは必要です。私自身、先物の世界に入ったときにも、CBOTの会員になったときにも、そしてCTAになったときにも、さまざまな人々からコーチを受けました。継続的に、トレーダーの価値を評価・分析し、常に原点に

立ち返らせてくれるようなコーチがいれば、人生も変わるでしょう。

——ポジティブな考え方を維持するために何をしていますか？

　身体的にはマーシャルアーツ、沖縄空手です。ドローダウンに耐えるだけの強靭な肉体を作らなければなりません。子供が大学に通うお金も必要ですから、健康第一です。

——目標を口に出して宣言しますか？

　はい、スタッフにも家族にも目的や理由まで話します。私にとっては、それも健康法です。
　目標を掲げるとプレッシャーになるという人もいるかもしれません。確かに根拠のない目標はプレッシャーになるでしょうが、根拠のあるものなら大丈夫です。
　目標を持つことは良いことです。宣言できれば、なお良いといえます。

——それでもネガティブな心理に陥ったときにはどうされますか？

　昔は酒を飲みました（笑）。今はやはり運動です。
　デニスは「休め」と教えたそうです。なぜなら相場は常にそこにあるからです。仕事を休み、リフレッシュをしてから、またトレードを始めればよいのです。

——あなたにとって理想のトレーダーとは？

　偉大なトレーダーをたくさんみてきました。ポール・チュダー・ジョーンズ、ジョージ・ソロス……もちろん、リチャード・デニスも

そのひとりです。彼らは1980年代から売買システムを作っており、いくつかは今もなお機能しています。

　誰にも損をするときはあります。問題は、その後、どう続けていくかです。彼らはそれでも続けているところが私の理想です。

——ミスを繰り返さない方法は？

　ありません。

——どのようにトレードの勉強をしていったらいいでしょうか？

　トレードで勝つための勉強なら、何よりもまず市場に関することをすべて学んでおくことです。ポジションサイズ、1ティック動いたらいくらの損益が出るのか、1トレードで生じるリスクなど、知っておくべきことをまず知ることから始めます。

　何らかの売買手法を作ることも必要です。感情だけでトレードをしないためにも売買手法は必要であり、そのアプローチを洗練させていきます。

　そして、もし損をしても、とり返してやろうとは思わないことです。個人投資家も、資産を増やすために市場に参加してくるのだと思います。

　仕事だと思えばいいのです。ラスベガスに遊びにいって、サイコロを振るのとはワケが違います。

——あなたのトレードでの目標は何ですか？

　一貫性です。顧客が安心して儲けることが重要だからです。安定したリターンが理想です。トレード戦略やトレードについての信条も含

めて、一貫性が第一です。

> **インタビューを終えて**
>
> 　ジェイコブザック氏は、非常に感情の豊かな方という印象。過去のトレードについて話をしてくださっている間も、感情表現が非常に豊かであり、気さくで打ち解けやすい親しみを感じた。
> 　この方も非常に熱心な勉強家であり、そこからくる自信も感じとれた。目標を公言してもプレッシャーにならないことから、独自性も強い方で、普段は重要感の欲求が上位にある方ではないかと思う。
> 　ただトレードでは、リスクに対して非常に慎重であり、安定の欲求がかなり上位にくる方だと感じた。

7-4　クリストファー・スタントン
　　　（サンライズ・キャピタル・パートナーズ社）
――完全自動売買で500億円超を分散運用するシステムトレーダー

> 　サンライズ・キャピタル・パートナーズ社は現在、5億ドル以上の資金を世界75市場で運用する米国のヘッジファンドである。100％売買システムによる運用だ。
> 　今回インタビューに応じてくれたクリストファー・スタントン氏は、売買システムの構築、トレード計画の設計、ポートフォリオのチェックまで、運用のすべてを統括している。米国ヘッジファンドの運用戦略の現状や、アルゴリズムも含めた売買システムの実際についても、貴重な話を聞くことができた。
> 　「仮に損失が出ても落ち込まない。原因究明のために売買システムからトレード計画まで、改めて徹底的に検証することで、逆にポジティブな気持ちになることができる」という氏の言葉に、長年生き抜いてきたトレーダーの強さの秘密を感じた。

――トレードにかかわるようになった経緯を教えてください。

　シカゴのノースウェスタン大学でエンジニアリングと法学の学位をとって卒業したあと、10年近く、JPモルガンで通貨と商品にかかわるスワップ、フォワード、オプション、先物などを取引していました。そして、プライベートエクイティ部門で数年間ポートフォリオマネジャーとして過ごしたあと、サンライズに参加しました。
　現在は2人のパートナーとともに、ポートフォリオマネジャーとして、ビジネスとトレードの現場をみています。

――トレードをしている市場は？

　世界75市場でトレードをしています。分類すれば、農産物、通貨、エネルギー、株式、金利、非鉄・貴金属の6部門です。大半は先物でのトレードですが、通貨は為替リスクをヘッジするため現物、デリバティブ、フォワードのすべてを使ってトレードをしています。例えば、シンガポールドルには先物がないので、現物かフォワードでのトレードとなります。

――運用資産額は？

　5億5000万ドルです。

――トレードは100％システムによるものですね？

　はい、100％システムです。マザーシステムといくつかの売買プログラムがあり、それぞれのアルゴリズムに従って運用をしています。また、それぞれの市場に、ヒストリカル研究に基づいて設計されたリスクマトリクスがあります。
　かつては独自のリサーチとそれに基づく裁量トレードが主でした。しかし、今では完全にシステマティックなアプローチに切り替えています。個人的にもシステムトレードは、自己規律という面で優れたものだと思っています。

――売買システムは、全市場に共通したひとつを使っているのですか？

　基本的には、どの市場もひとつのマザーシステムで対応します。しかし、どのテクニカル指標に重きを置くかという点は、それぞれの市

場で異なります。テクニカルベースのアルゴリズムシステムで相場の動きをとらえて、自動的に売買機会を発見し、発注もします。

──具体的には、どのような流れでトレードをされるのですか？ 例えば、仕掛けや手仕舞いについては、どのようなテクニカルが中心でしょうか？

仕掛けと手仕舞いについては「モメンタム」「パターン認識」「タイム＆プライス」という3種類の売買ルールの組み合わせで自動的にシグナルを出します。

各市場での売買システムの決定については、3人のポートフォリオマネジャーが次の6つのポイントについて話し合います。

①価格データの取得
②値動きの検証
③有効なシグナルを出すプログラム
④副次的にインストールをするソフト
⑤データを常時分析するモデル
⑥発注システム

このうち「副次的にインストールをするソフト」というのは何かというと、基本的にひとつのハードウエアを使ってトレードをしており、使う売買ルールと市場によって使用するソフトが異なるということです。例えば、アジアやブラジルなどの取引所については、ロイターやブルームバーグからリアルタイムの価格を入手するほうが速いし、安いといったケースがあります。

また「データ分析モデル」というのは、異なるテクニカルで分析されたものを定義し、とりまとめたうえで、実際のトレードに導くシグナルを出すモデルです。

そして「発注システム」は、そのシグナルを受けとり、それが売りのシグナルなら「すぐに売れ」と取引所など売買プラットフォームに自動的に発注するシステムです。つまり自動売買システムです。

実際には、市場やブローカーの違いがあり、自動発注と人間による注文入力の2つの方法で発注していますが、自動発注については、シグナルが出されると「執行アルゴリズム」と呼んでいるプログラムを通じて、すぐに発注されます。

このように、トレードはすべてデータに基づいて決定され、売買ルールが市場からその売買タイミングを読みとり、発注します。これがトレードの流れです。

——どの売買ルールをどう使うかの決定をするのは？

ほかの2人のポートフォリオマネジャーと決めます。この決定は大変です。基本的に、私たちはそう簡単に売買ルールを変えません。新しい市場でトレードを開始するときにも、どの売買ルールがほかの売買ルールよりも優れているというのは難しいのです。

売買システムによるトレード戦略を決定するときに難しい問題のひとつに、過剰最適化があります。売買システムは、結果が良くなければなりません。しかし、その判断は、すべての戦略を横断して公平でなければなりません。

そのプログラムは、ある市場ではほかの市場で使うよりも成績が良いかもしれませんし、短期的には利用してもよいものかもしれません。

しかし、実際に今使っている売買システムは、25年間にわたり、徐々に変えてきたものです。洗練させ、育ててきたといえます。ですから、その売買ルールをすべての市場で使うこともできますが、新しい市場でそれを使うのがベストなのか、新たな売買ルールを追加して使うべきなのか、それを研究するのが仕事だといってもいいでしょう。

――大変ですね。しかし、実際にはどのように判断されるのですか？

　市場を分散して運用するのが私たちの基本ポリシーです。ですから、新しい市場については、まずほかの市場との相関関係など、分散するのに適しているかどうかを考えます。相関関係が高すぎれば、使う意味は小さくなります。

　相関関係が低い、あるいは取組や出来高が大きいといったメリットがあれば、その市場のデータを私たちの売買ルールに当てはめ、研究し始めます。先ほど話した売買ルールをすべて使って、そのそれぞれについてトレード期間を変えるなどしてバックテストを何回でもやります。

　リアルマネーでなく、シミュレーションで、どれだけのリターンがあるのか、その市場をどれだけ加えたら、運用資産全体にどれだけの影響があるのかなどをみます。そのうえで、最初は自己資金でトレードし、その後で顧客資金を投下するという具合に時間をかけて運用を進めていきます。

――現在75市場で３つの売買ルールを使っているとおっしゃいましたが、例えば日経225先物には、どの売買ルールが適合すると思いますか？

　３種類すべてが適合します。実際には、３種類の組み合わせを使うのです。ただし、相場と時期を判断したうえで、これらの売買ルール間での分散に挑戦します。モメンタムがよく機能しているときにパターン認識の売買ルールはどうか、タイム＆プライスモデルはどうなっているのかなどを確かめながら、最適な組み合わせを作りこんでいくのです。なぜなら、基本的にこの３つの売買ルールは、それぞれ異なる働きをしようとしているからです。

　少なくとも過去20年間は、それぞれ皆、それぞれの市場で上手に適

合してうまく機能していると思います。ときには、すべての売買ルールがベストに機能するときもあります。相場次第です。

——相場次第となると、ときには３つの売買ルールのうち、ひとつは走らせないでおこう、というときも出てくるのではないでしょうか？

　私たちがやめることはありません。それぞれの売買ルール自身が、テクニカル的に、何も示さないという選択もするからです。
　それ自身が知性を持っており、相場を監視しています。ですから、パターンがあれば仕掛けますし、なければ何もしません。そのとき、別のテクニカルが別のパターンをみつけてトレードをするかもしれません。それぞれが異なる視点でトレードにとり組んでいるのです。
　売買システムは通常、静かに相場を見守っており、トレードをしないときもあります。ただ、何かを確認したら入ります。
　異なるタイミングで異なるポジションを持つこともあります。ですから、３種類の異なる売買ルールを組み合わせることに意味があるのです。ひとつの目でひとつのトレードをする以上のものがそこにはあります。システム自身が、私たちにトレードのポイントを教えてくれるのです。
　システムにはまた、売買ルールを明確にするという役割があります。初心者は、何をすればよいかがまだよく分からないので、買いか売りかを考えるときに、誤った理由で仕掛けるかもしれません。
　例えば、一般的なトレンドやニュースをみてソニー株を買うという人もいるでしょうし、友人の「ソニーが良い新製品を出したよ」という一言で、買う人もいるかもしれません。トレードをする理由はたくさんあります。当たるときもあれば、外れるときもあるかもしれません。
　市場の情報をたくさん集めて、それを勉強することも大事ですが、トレーダーの成長という面で考えると、本当に良いトレーダーは、よ

インタビューに回答するクリストファー・スタントン氏

り優れた自己規律とルールを確立していることが分かります。
　どんな考え方でもうまくいかないことがあり、やめなければならないことはあります。それを私たちは感覚でなく、システム的に判断したいと考えています。
　例えば、プログラマーには「私は、10回のチャンスがあるとしたら、人間的な判断抜きで、少なくとも8回はポジションをとりたい」ということもあります。その「10回のうち8回」というのは、私の人間的判断ですが、それ以上の人間的判断は入れません。これが、私たちのしていることですし、挑戦です。そして、そうやって作ってきた売買システムが機能していると信じています。
　システム構築もトレードも、最初は学べば学ぶほど「うまくいかない」と思うかもしれません。頭に実力が追いつくには時間がかかるからです。
　それは野球のバッティングのようなものです。最初は誰でも素振りをします。やがて足の位置や手の位置を気にし始めます。そして、ピッ

チャーの投げる球とのタイミングや球種なども考えるようになります。

なかなか結果が出ずに途中で挫折する選手もいるでしょう。野球だけが人生でもありませんし、やれることはほかにも山ほどあるからです。

しかし、野球が好きで、自分なりのルールを考え始める選手もいます。トレードも同じことです。それをしなければ、自分の目標に到達しません。

――それぞれの売買ルールで異なる損切りルールも持っているのですか？

リスクについては少し違う見方をしています。

システムでは、どの市場についても1日1.5％以上のリスクを許容しません。システムがいくつかの市場でトレードをしている場合は、合計して最大1.5％が限度です。

例えば、複数の市場で合計1日7回のトレードをするとすれば、リスクの確率も高まります。また、トレードの継続性を優先して考えれば、何カ月もポジションを持ち続ける場合と、1日単位の短期売買の場合とでは、リスクのとり方も変わってきます。

ですから、損切りも、1トレードのポジションが大きければ、そして想定されるトレードの回数が多くなれば、ストップの幅を小さくします。ポジションが小さければ、多少幅を大きくすることもあります。そしてそれは、売買システム自身が判断します。

――仮に、あなたが個人投資家だとして、さらに日経225先物しかトレードをしていないとして、どの程度のリスクまで許せると考えられますか？

年間で運用資産の10％までの損失なら許容できるとしましょう。そして、年間で220回のトレードをするとします。1回のトレードに、

どれだけのリスクをとれるでしょうか？　初日の最初のトレードに10％の損切りを設定するでしょうか？　おそらく違うと思います。では５％でしょうか？　違うでしょう。

　運用資産自体が小さければ、それはさらに難しくなります。3000ドルでトレードをするのと、3億ドルでトレードをするのでは、リスク管理のルールも異なってくるのです。

　例えば、1回のトレードについて0.5％の損までは許容できると考えたとしても、3000ドルの0.5％では、金額的に小さすぎます。運用資産が小さい場合は、より大きなリスクを覚悟してトレードするしかありません。それが私たちの考えることです。

　年間、どれだけのトレードをするのか、そのポジションを何日間維持するのか、どれだけのリスクで、どれだけのリターンを期待するのか、そういったトレード計画を立てる必要があります。もし方向が間違ってしまったにしても、損失を最小限に食い止めれば、また次があるのです。

——現在使っている売買システムのリスク管理について教えていただけますか？　1日1.5％のリスクまでは許容できるといわれましたが、それぞれの売買ルールにもリスク管理のルールはあるのでしょうか？

　3つの売買ルールは、それぞれ別個のものです。それぞれがリスクをとりにいきます。そして、それぞれにリスク管理ルールがあります。

　例えば、モメンタムモデルでは、まず特定の標準偏差が設定してあります。価格の強さや、相場について私たちが良いパラメータだと考えるポイントを測定するための標準偏差です。しかし、この標準偏差はまた、リスクを示すバロメーターでもあります。

　さらに、この売買ルールではもうひとつ、移動平均も独自のものが設定されており、ひとつの条件として効果的に働いています。モメン

タムモデルの核になっているのは標準偏差ですが、移動平均を使うことで効果を高めているわけです。

そして、もしモメンタムモデルでシグナルが消えたら、その市場ではトレードをしません。

タイミング＆プライスモデルのリスクはちょっと違います。このモデルは、統計的にみた価格水準と変動をみるものです。ここで私たちが設計したのは長期トレンドフォローです。

ある特定の条件に基づいて売買機会が生じ、トレードを始めたとします。そこで考えるのは、どれだけのリスクをとるのかということです。

考えるのは、リスクリターン比率です。2対1、つまり1ドルの利益のために0.5ドルまでのリスクなら許容すると設定します。そして、それぞれの市場で過去のデータを用いて、このルールでの統計をとります。

繰り返しますが、鍵になるのは、自己規律です。もし、特定のパラメータが認められないなら、その売買ルールもまた認められません。

——運用資産の資金管理については？

資金管理については、大きなポートフォリオの観点から考えます。ひとつは個々のトレードの結果が全体の資金に与える影響です。私たちは資金を分散している個々の部門ごとに、常にバリュー・アット・リスクの数字を出しています。

例えば、16％が農産物、18％が通貨、13％がエネルギー、19％が株式、18％が金利、16％が非鉄・貴金属。これが私たちのポートフォリオです。これで過去36カ月間、私たちの目標に近い成績を上げていれば、そのままでいいということになります。しかし、そうでなければ、リスクがある部門をみつけ、再分配を考えます。

次に考えるのは、地政学的リスクです。世界的にみて、欧州はリス

クが高い、あるいはアフリカはリスクが高いと考えれば、再分配を考えます。

　私たちは自分たちの売買システムや売買ルールをよく理解しています。それが24時間、リスクにさらされているかどうか、リスク要因を抱えているかどうかも統計的に判断できます。資金管理は、そういうものを総合して行います。

——分散の比率決定ルールは分かりましたが、1トレード当たりのポジションの大きさについては、どのように決めるのですか？

　ポジションサイジングは、市場の大きさによります。ですからコンピューターだけでなく、人も考えます。
　流動性が大きな市場であれば、コンピューターを使ったアルゴリズムプログラムで参加しますから、ポジションもシステムが決めますし、それなりの大きなサイズになります。
　しかし、アルミや錫（すず）、ニッケルといった小さな市場では、自動発注は使わず、電話でブローカーに発注します。こういう市場では、大きなポジションが相場を動かしてしまうので、いかに相場に影響を与えずに注文を執行するかに注意を払うのが優先課題となります。

——最初に小さく入ったけれども、その後、トレンドの強さが分かってきたとします。増し玉はしますか？　その場合のルールは？

　相場が強いと思えば、ポジションを増やします。売買システムには、そのために基本的なモメンタム、パターン認識、タイム＆プライスのほかに「カット＆アゲイン」という売買ルールも組み込んでいます。
　例えば、トレード期間をまず3カ月に設定したとします。そして6カ月、9カ月と、最初のものよりも少し長めの期間でも設定するので

す。それによって、テクニカルな分散に加えて「時間的分散」もしていることになります。

例えば、大豆は2012年に約7カ月以上、一時期を除いて、ほぼ上昇トレンドが続き、私たちもかなり稼ぐことができました。このときはまず3カ月の時間枠でトレードをするシステムにシグナルが出ました。トレンドが続いたので、次に6カ月のシステムにもシグナルが出て、それから9カ月、12カ月と順番にシグナルが出たので、トレードを仕掛けたのです。

つまり、最も短期のシステムから中期、長期へと順番に注文を入れていくことになります。この期間が長くなるほど、ポジションは大きくなり、目標とする利益幅も大きくなっていきます。

これらのシステムは、それぞれ個別にトレードをしています。中期システムは、中期の枠をベースに設計されていますので、ほかのシステムとは関係なく、独自の目標値と損切り位置を設定しています。期間が違えば、システムは別のものとして扱われるわけです。そして、それぞれのシステムに、増し玉の枠もあります。

今のところ、天然ガスで同じように短期システムが動いています。2.7ドルで買い仕掛けて3.4ドルになっていますが、まだ長期システムは動き始めていません。このトレンドが続き、システムが買うのをやめなければ、いずれ長期システムも動き出すでしょう。

——仕掛けが遅くなっても関係ないのですか？

本当に動く相場であれば関係ありません。それが人間的な動きでもあるのです。

人間、特にトレーダーは、お金を基本に動こうとします。例えば、まず「アップル株を1000株買って、1万ドルを稼ごう」と考えたとしましょう。しかし実際に1万ドルを稼いだら、そこで目標を達成した

のだから利食えばいいのに、なかなかそうはいきません。

　現実には、300ドルだったアップル株が600ドルになり、いずれ1000ドルまでいくといわれたら、いくら儲かるかと皮算用をするのです。そして、それが２年かかるか、３年かかるか分からなくても、期待してしまいます。それが人間なのです。

　売買システムはいくら儲かるかは考えません。常に価格だけで考えます。期間についても、100の統計的に潜在的な結果を弾き出し、その最大公約数をみるのです。どこまで上げるか、そのためには何カ月かかるかは、売買システムである程度の予測ができます。

　ただし、私たちの売買システムは、相場が動くなら、そして利益を生むと判断したら、ポジションをとるでしょうが、利益をとる確率が10％のときに、逆に損をする確率が20％あれば、ポジションをとりにはいきません。これは運用資産に対して責任があるからです。

　同様に、個人投資家も、まずリスクリターン比率を考え、そのうえでどれだけ損をしても大丈夫なのかを考えることです。1000ドルまで損を許容できるのであれば、それに見合ったポジションと損切り位置を考えなければなりません。

　短期トレードなら、短期の時間枠で動く値幅を基準に、リスクもポジションも考えます。また、初心者であれば、買ったものが値上がりする分には問題ありませんが、上げ続けてポジションを持ち続けるときには、ストップの位置もまた切り上げていくことです（つまりトレイリングストップのこと）。

――運用資産のうち実際にトレードをしているのは何％程度ですか？

　リスクにさらしているのは10％程度です。もし、すべてのポジションが今日、マイナスになっても、最大で10％の資金を失うだけで切り抜けることができます。損切りにもよりますが、実際には５～７％程

度のリスクでしょう。

　逆に、当たっているときは、今年の場合、20％でトレードをしていたこともありました。しかし、その場合でも、損切り位置には注意します。

　仮に3万ドルを投下して、10％のリターンを期待したとしましょう。3000ドルの利益です。では、3000ドルの期待利益に対して、損失リスクはどれぐらい許容できるでしょうか。私は、3000ドルの期待利益に対して1500ドル以上の損失リスクは犯せないということです。

――運用資産全体の10％程度しか実際のトレードに回さないとすれば、「残りの90％は別のところで運用するから返してくれ」といいだす投資家はいませんでしたか？

　当社のファンドは、2008年には年35％の利益を出しました。しかし、そのときのリスク度は10％以上でした。リスクが高ければ利益が大きくなります。ですから、それだけのリスクを許すだけの資産もまた必要になります。別のレバレッジの大きなトレードに使えば、小さな資金で大きな利益を期待することもできるでしょう。しかし、リスクも大きくなります。

　いずれにしても、私たちは自動的にリスクを管理するために、ある程度の資金を必要とします。それが現実です。

――年間の目標利益は？

　基本的には10％以上です。15％が理想です。36％稼いだ年もありましたが、過去のデータによれば、当社の平均は10％ですから、それが私たち自身と顧客を失望させない水準といえます。

　ただし、肝心なのは、利益目標ではありません。リスクをいかに管

理できるかという点です。

——年間のリスクについては？

　すでに話したように、私たちはトレードごとにリスクを想定しています。年間あるいは1カ月という期間ではみていません。もちろん、過去25年の実績や、毎日の成績、毎月の成績については数字が出ていますし、顧客には毎月成績表を送っています。それ以外でも顧客が望めば、いつでも開示することはできます。

——御社はほとんどが取引所市場での運用なので、不動産ファンドや店頭デリバティブファンドに比べて流動性ははるかに高いといえます。しかし、一般的にヘッジファンドは解約が面倒くさいという声もありますね。

　解約は24時間受け付けています。返金も契約では決済後2～3日後ということになっていますが、実際にはもっと短期間で返金されています。もちろん、返金額の大きさによっては、保有しているポジションの決済が必要になる場合もありますが、それが済めば、すぐに返金されます。

——あなたのようなトレーダーになるため最初に何をすべきでしょうか？

　小さく始めることです。トレード計画を立てて、チェックリストを作ることです。そして、その計画が機能しているか常に確認しなればなりません。トレードで儲けることも大事ですが、まずはテクニカルの価値を判断する必要があります。
　資金的に50単位や100単位でトレードができるとしても、1単位から始めます。そして、さまざまなテクニカルを試してみます。

それは私たちもしていることです。5億ドルの資産を運用していたとしても、新しい売買ルールを思いついたときには、先物なら1枚からトレードをします。通常は1トレードで200～300枚のポジションをとりますが、それでも新しいトレードについては1枚からです。成功すれば、5枚にするかと考えます。そして、サイズを増やしていきます。同じ戦略で、ほかの市場でも試してみます。

なお、ポートフォリオを考えるときには、取引単位がどれだけになるかも考えなければなりません。例えば、香港取引所のH株指数先物の取引単位は、インド先物取引所のNIFTY株価指数先物の25倍もあります。ですから、H株を1枚買うとすればNIFTYは25枚買います。取引単位の小さな銘柄で、大きな銘柄と同じだけ稼ごうとすれば、枚数を大きくしなければなりません。その分、手数料も増えるでしょう。

また、値動きの大きさも知っておく必要があります。昨日、ヤフー株は16ドルで、アップル株は60ドルでした。そして、年間の価格変動幅をみると、アップル株のほうがヤフー株よりも大きいのです。ポートフォリオを考えるときには、市場や銘柄にどれだけ大きなスイングがあるかを考えることも重要なポイントです。

――売買システム以外に使っているシステムは？　例えば、バックテストの検証システムは？

　バックテストの検証システムは、リサーチツールのなかにあります。洗練されたリサーチツールが24時間データを集め、蓄積しています。そして、シミュレーションでも、リアルタイムでトレード結果が出てきます。

　ポジション管理は、発注システムのなかにあります。これも洗練されており、個々の口座、ポジション、顧客別、市場別などで、すべてリアルタイムで成績が分かるようになっています。

——世界中の市場で運用されているわけですが、ファンドの1日の成績は、どの時点で判断されるのですか？

目安は米東海岸時間で16時のクローズです。しかし、どの取引所市場もクローズすれば、その結果が清算会社から送られてきますので、それぞれ個々に付け加えられ、成績はリアルタイムに更新される仕組みになっています。

——成績をみるポイントは？

損益、口座残高、ポジションなどすべてです。

——いつの時点で、翌日のトレードのことを考えますか？

考えません。すべて売買システムが考えます。ある期間トレードをして、見込みがないと判断すれば、売買システムがトレードを停止します。それがシステムです。

——相場が小さくなって、見込みがなくなったら、その市場に対応するシステムもなくなるのですか？

いえ、すべてそのまま残ります。その市場がある以上、システムが再び、シグナルを出し始めることを期待するわけです。一方で新しくて、面白そうな市場も多く新設されています。ですから今後もトレードをする市場の数は増える一方でしょう。

——売買システムがうまく機能しているか、どこで判断するのですか？

損益です。毎日、結果は出ます。それを記録して判断します。この市場では何％のリターンを出している、これは何％の損失を出している、この市場は動かないから収益も損も出ないなど、いろいろと考え合わせながら判断します。

――会社での立場についてお聞かせください。

　会社のパートナーです。売買システムの設計から構築、実際のトレードまで、すべてにかかわり、報告もすべて受ける立場です。

――日本では、AIJ問題などで、ヘッジファンド運用に対する信頼が揺らいでいます。また、個人レベルではあまり縁がないとも考えられています。それについてはいかがですか？

　先ほどいったように、当社のファンドは、運用成績から内容まで聞かれれば毎日でも答えられるし、顧客資金についても、外部監査法人と監査人にチェックしてもらっています。実際、大口のマネージドアカウント（一任運用口座）を開き、電話で運用手法の中身や、日々の売買の逐一まで尋ねてくる個人投資家の顧客もいます。
　例えば、公共の乗合飛行機では、乗客はパイロットに直接話しかけることはできません。しかし、プライベートジェット機なら、パイロットに直接なんでも聞くことができます。ヘッジファンドは今、このプライベートジェット機と同等以上のサービスをするファンドだと考えてもらってもいいでしょう。

――売買システムなどの知識はどこで勉強を？

　最初は趣味で始めました。その後、プログラミングの講習会やいろ

いろなイベントに参加して、勉強をしました。経済についても、ゴールドマン・サックスやJPモルガンの友人たちから教えてもらったものです。彼らが何をしているのか、特に自動売買はどのようにやっているのかについては興味もあったし、勉強もしました。イベントやセミナーでも、自分が聞きたいことは、直接質問しました。

——トレードの最終目標は？

ビジネスとしてのトレードは、いろいろな顔を持っています。トレードで自分が儲けるだけでなく、顧客にマーケティングをして、顧客に満足を与えることに挑戦して、成功することが目標です。

——トレードに必要な気持ちとは？

ゲームを楽しむ気持ち、そして挑戦する気持ちです。

——ときには、ネガティブになることもあると思います。ネガティブにならない方法と、ポジティブな気持ちを毎日維持する方法は？

システムにミスがあったり、自分がコントロールすべきところでコントロールできなかったりすれば、フラストレーションはたまります。しかし、そんなときでも失敗を十分に検証することで、自分自身で理解するようにしています。

ストレスをためないことが第一です。そのために、身体的には、毎日１時間はジムに行って体を動かしています。また車が好きなので、週末にはカーレースに出場することもあります。

そして、失敗からも何かを学んだと思うようにしています。常に前を向いて進むことだけを考えるようにしているのです。少なくとも、

うつむいて歩いたりはしないようにしています。

——非常にポジティブな性格だと思いますが、例えば「来月の目標は5％のリターンだ」など、自分の目標を口に出すほうですか？

　私はいいません。最初に「今年は30％儲けるぞ」と口に出すと「そのために何をしなければならないか？」というところから考えてしまい、それは自分自身へのプレッシャーとなります。余計なプレッシャーはかけないほうがいいと思っています。

インタビューを終えて

　スタントン氏は、もともとプログラマーということで、すべて数字で弾き出し、完全にデータ化をして、トレード戦略を組んでいる。思考回路が"理数系"の方だ。気さくな方だが、情熱的な印象はあまりなく、戦略的でクールなイメージが前面に出ていた。

　どちらかというとマニアックな印象が強く、トレードでお金を儲けるという欲求よりも、数字のゲームを楽しむ欲求が優先という印象を受けた。おそらく利益を出すことよりも、システムで結果を出すことのほうが達成感を感じるタイプだろう。完全にゲームとしてトレードを楽しんでいる印象を強く受けた。

7-5　マーク・シュレイス（トレードトレーナー）
――200人以上のトレーダーを育て上げたシカゴの伝説的サヤ取りトレーダー

　マーク・シュレイス氏は、1972年から28年間、CBOTの立会場で主に穀物や米国債の先物・オプションをトレードし、利益を上げ続けた伝説的トレーダーである。長い間、CBOTの理事も務めている。
　2000年からはトレードトレーナーとして、ニューヨークの大手プロップハウス（主に自己勘定で資金を運用する投資会社）で若手トレーダーたちを育成しており、その数は200人以上にのぼる。その実績を買われ、現在では欧州や南米の金融機関でもトレード教育にあたっている。
　生き馬の目を抜くシカゴの立会場で30年近くも生き残ってきたことだけで驚きだが、60歳を過ぎ、世界の金融・デリバティブ市場が電子取引時代に突入したあとも、現役のトレーダー兼トレーナーとして経験と技術を生かし続けていることにも驚かされる。
　氏は何億ドルという資金を運用しているわけではない。しかし「毎日着実に利益を持ち帰る」という姿勢は、プロップハウスの若手トレーダーたちにとってだけでなく、日本の個人投資家にとっても参考になるはずだ。

――トレードを始めた経緯について聞かせてください。

　1970年に先物会社に就職しました。ただし担当は個人営業です。
　当初から、いずれは先物のトレーダーになるつもりでいました。しかし、まずは営業から始める必要があったのです。2年ばかり営業を

やりましたが、そこでの経験は貴重なものとなりました。個人投資家の大半はお金を失うことを知ったからです。

　CMEで、取引所の立会場で自己勘定による売買をしているトレーダーたち（ローカルズ）をみて、その仕事に興味を持ち、1972年に銀行から資金を借りて、CBOTの会員になりました。CMEではなくCBOTの会員になったのは、当時CMEの会員権が7万ドルもしたからです。銀行から借りられたのは4万ドルでしたし、CBOTの会員権は3万5000ドルでした。

　当時CBOTで最も大きかった市場は、小麦やトウモロコシなどの穀物先物です。私は小麦の限月間サヤ取り（スプレッド）から始めました（世界の主要先物取引所では、限月間や市場間の値幅＝サヤ自体が"価格"のように扱われて取引されている。サヤ取りとは、ある銘柄を買い、別の銘柄を売る組み合わせで、サヤの伸縮から収益を狙う売買スタイルである。立会場では、サヤの1ティックの変動をいち早くとることも可能であった）。

　サヤ取りを始めたのは、私が口座を開設したオコーナー社を経営する2人の兄弟が「スキャルプスプレッドを学べ」と教えてくれたからです。2人とも頭が良く、優れたトレーダーで、後にCBOTの会長にもなっています（スキャルプとは1～2ティックの瞬間的な値動きを狙う売買スタイルのこと）。

　その後、小麦の出来高が低下したので、主戦場をトウモロコシの立会場に移し、さらに大豆ミールや大豆油のトレードもしました。そこでの経験から分かったことがあります。それは「基本を学んだトレーダーは、どこへ行っても稼げる」ことです。

　新しいことはあります。しかし、流れを追うことは変わりません。

　それから10年後、私の主戦場はT-Bond（米30年債）先物の立会場になりました。CBOTが70年代末に開設した金融先物のフロアに舞台を移したわけです。

マーク・シュレイス氏と

　私はそこで、イールドカーブのトレード方法を学び、30年債市場だけでなく5年債市場や10年債市場の動きを学び、その市場が互いにどう影響し合うかも学びました。そして、やがて主なトレード対象が「5年債-10年債」「5年債-30年債」の市場間サヤ取りになっていったのです。
　もっとも、市場間サヤ取りは、穀物先物のフロアにいたときに「トウモロコシ-小麦」などでやっていました。ですから、特に問題はありませんでした。
　そうして2000年まで立会場でトレードをしていたのですが、大手プロップハウスのゴールデン・バーグ・ヘイマイヤー社の会長だったクリス・ヘイマイヤー氏から、誘いを受けました。同社はシカゴとロンドンの事務所に数百人のトレーダーを抱えており、先物では世界最大手のプロップハウスのひとつでした。ちょうどニューヨークにも事務所を構えたばかりなので、そこでスタッフを指導してもらえないかと依頼されたのです。

取引所の電子化が発展しており、注文が立会場から電子市場に流れ始めていましたから、良いタイミングだと思いました。ニューヨークに移り、大学のようなカリキュラムを作成して、スタッフにどのようにトレードをすればいいのかを教え始めたのです。

――プロップハウスについて、もう少し詳しく教えてください。

会社に雇われ、会社の資金を運用するトレーダーをプロップトレーダーといいます。ですから、ヘッジファンドのトレーダーやミューチャルファンドのトレーダーもプロップトレーダーです。銀行が雇い、資金を提供する場合もプロップトレーダーとなります。

彼らは給料をもらい、利益の何％かを受けとります。一方、ダウンサイドのリスクはありません。

銀行が雇うのは、大半が経験者です。しかし、私たちは新しく若いトレーダーをコーチし、教育することにしました。トレードにかかる手数料も当社の支払いです。

ですからトレーダーは、ほかの一般投資家よりも低いコストでトレードができました。そして当社は、彼らを雇用し、給料やトレードの手数料を支払ってもなお、利益を上げることができたのです。

ただ、当社のトレーダーは、独自の判断がまだできないケースも多く、私たちが電話で「原油が動き出している。ブレイクアウトしている」などと注意を促すこともしていました。「２分以内に発表があるから注意しろ。ポジションを確認しておけ」といった具合です。

――トレーダー教育の内容について教えてください。

最初の週は、トレードの基本を教えます。まずは相場での心理の重要性です。私の妻は、もともとトレーダーで、同時に心理学博士でも

ありました。彼女はトレードを理解しており、トレーダー心理も分かっています。

それから、トレードに関係するソフトと社内で使うテクノロジーについて教えました。そして、サヤ取りについて教えます。なぜならサヤ取りには常にチャンスがあるからです。

次の週からは仮想売買を始めます。仮想売買の期間は個人によって異なり、5～8週間です。収益性がみえてきたトレーダーから実践にとり組ませます。

最初は、私たちがそばについて、過去データとの比較を教え、ライブでその相場の見方を教えました。例えば、政府レポートが発表されたら相場がどう反応するかといったことを教えるわけです。

こうした教え方は効果的です。彼らの横に座り、彼らのスクリーンで、彼らのトレードをみます。仮想売買のときも、彼らが相場をどう分析し、なぜこのトレードをしたのか尋ねるのです。同じデータ、同じソフトを使っていても、トレーダーは皆それぞれレベルが違います。

最初の1年間から利益を出し続けたトレーダーもいました。しかし、そのケースはまれです。普通は学ぶのに2年はかかります。簡単なビジネスではありません。

——最初はどの市場でトレードをさせるのですか？

米国債先物です。2年債先物、5年債先物、10年債先物、30年債先物のサヤ取りをさせます。そしてバタフライスプレッドなど複雑なサヤ取りもすべて教えます。

重要なのは、すべての相場が動けば絶好の機会が生まれるのだと体験させることです。1日の終わりに、その日の利益を報告させ、ポジションの動きを話し合います。

サヤ取りでは物足りないという人には、アウトライト（片張り＝い

わゆる通常の売り買い）のスキャルプも教えました。当社では10年間で300～400人にトレードを教えましたが、そのうち100人はスキャルプ中心となっています。

相場があまり動かないと、スキャルプはお金を失うばかりです。ですから、スキャルプのトレーダーには、S&P500株価指数先物や原油先物など、よく動く市場でのトレードをすすめました。

ただし「あまり欲張らないように」と忠告するようにしました。そのころNYMEX（ニューヨーク・マーカンタイル取引所）のWTI原油先物市場には、大きなデイトレードの会社がいくつかあり、1回のトレードで6000枚を建てるところもあったからです。当社は、せいぜい50～60枚でした。

――生徒のうち、今も生き残っているトレーダーの数は？

私自身がニューヨークで教えたのは約200人です。そのうち30～50人がうまくいっています。25％の確率です。

最初はサヤ取りで儲けても、その後アウトライトに移ってから負ける例も少なくありません。ですから、トレーダーには、時間をかけてよく学んでもらうと同時に、心理的な教育もしています。テクニカル分析は心理と経験がすべてです。

経験を積めば、心理面もそこで学ぶことができます。それで初めて利益を得るチャンスが生まれるのです。

――25％が成功した理由は？

多くの場合、失敗するのは、自己規律を維持できなかったからです。儲かり始めると、ポジションを大きくしてしまうのも、そのひとつです。成功しているトレーダーは、ポジションサイズについても注意を

怠りません。

　大きく張りすぎて、トレードをやめるハメに陥るケースがほとんどです。これは自己規律の問題といえます。

　私が立会場で学んだのは「利食いをしたら、最初の5枚に戻れ」というものでした。周囲からは「何だ？　たった5枚でしかトレードをしないのか？　もっと儲ければいいのに」と、よくいわれたものです。

　しかし、私は原点に立ち返ることが重要だということを当時からよく知っていました。ポジションが大きくなり、先がみえなくなったら、意図的に200枚から5枚に戻したのです。

　もちろん、相場にリズムが生じたら、5枚でなく、100枚も200枚もトレードしました。しかし、負け始め、リズムが違ってきたな思えば、戦線から離脱しました。

　息子がバスケットボールのリトルリーグに入っていたとき、私はそこでコーチをしており、何度も同じことをいったものです。

　「初心者は、格好良さを求めず、基礎をよく学ぶべきだ。そして、うまくなってからも、リズムが壊れたら、基礎に戻るべきだ」

――心理学、テクニカル分析、サヤ取りについて教えたわけですね？

　ほかには、市場間の相関性について教えました。ある市場の動きに、どれだけの市場がどれだけ影響されるかというものです。

　S&Pが上がったら、米国債は下がるでしょう。もちろん、100％同じ反応をするわけではありません。債券が上がり、株式も上がることはあるでしょう。しかし、それぞれの市場の関係を知ることは重要です。

　米連銀が何をしたのか、中国が何をするのか、各国の中央銀行がどうするのかも、すべて米国債市場に影響してきます。それがまた、どの市場にどう影響するかを学ぶ必要があります。

　サヤ取りは、その後どのような道を進むにせよ、市場の相関性を知

るために学ぶべきだと思います。サヤ取りは儲からないと思い込んでいる人もいますが、実は収益性のある手法です。2011年は、小麦やトウモロコシ、大豆で大儲けをした人が多いのですが、なかでもサヤ取りは、リスクが小さく、リターンの大きな手法でした。

　私が教えるテクニカルは、トレンドライン、サポート、レジスタンスなど基本的なものです。最近はローソク足のほうが優れているという人もいますが、個人的にはチャートはトレンドをみるものであり、ローソク足は余計な情報が多すぎると思っています。

　そうでなくても、電子取引には情報が多すぎるのです。私が立会場でトレードをしていたときには、目にみえるもの、聞こえるものがすべてでした。

　相場に重大な影響を与える情報が出てきたら大騒ぎになり、自分の目の前にいるトレーダーが大きく儲けて、はしゃいでいるのも目に入ります。電子取引には、そういった反応がありません。ですから現在は、パソコンの画面上で今何が起きているのか、どう読むのかを教えることになります。

——アルゴリズムによる高頻度取引（高速取引。通常1000分の1秒に満たない時間枠で取引が行われる）が市場で大きな存在感を持つようになり、目で値動きを追う個人投資家は、もはや儲からないという人もいます。

　高頻度取引は、かつて立会場で繰り広げられていたトレード以上のものではないと、私は考えています。ただ、はるかにスピードが速いだけです。

　現在はコロケーション（取引所サーバの近くに取引ターミナルを設置すること）によって、より速く相場に入ることができます。それを利用する大口トレーダーであれば、いの一番に売り買いができるでしょうが、それは実は、かつて立会場のトレーダーたちがやっていた

ことと同じなのです。

　立会場のトレーダーは、相場が上下どちらに動いても、それをスキャルプでとりにいきました。高頻度取引もまた、同じことをしています。それが速くなったにすぎません。

　カジノでも、利益の確率が50％あれば賭けるでしょう。高頻度取引も同じことをしているだけです。

　個人投資家がこれに対抗するためには、相場をよりよく理解することです。まず1トレードのポジションサイズを減らします。100枚、200枚でトレードをするのではなく、50枚で対抗するのです。

　次に、スキャルプはやめることです。スピードでかなわないのですから。1ティックをとりにいくのではなく、3ティック以上の利ザヤを狙います。

　ただしそうなると、より大きなリスクを抱えることになります。ですから、個人投資家はチャートをもっとよく読み、相場観を持つようにならなければなりません。

　私たちにはまだチャンスが残されています。例えば、WTI原油の代わりにバルテックス市場（バルチック海運取引所の電子取引市場）でトレードをするのです。まだ小さなこの市場では、30ティック、いや40ティックはとれます。2011年に私はこの市場で100ティックが動いたときに、30〜40ティックをとることができました。

　高頻度取引と市場の内部構造を理解することです。そして、より大きな値動きをみせる市場で、少しでも大きな幅を狙います。

——高頻度取引は、70〜80年代の立会場のトレーダーのようなものであり、個人投資家はトレンドを狙い、より幅の広い利ザヤをとりにいく必要があるということ、そしてスピードに対抗するためには、より勉強しなければならないということですか？

そのとおりです。そのために個人投資家が利用できるツールもあります。ツールを駆使するのです。

私自身は「オーダースプレッダー」というツールを使っています。私たちサヤ取りトレーダーの問題は、多くの場合、売りポジションと買いポジションを両方同時にとりたいのに、どちらか一方の注文が通らないことです。個人がコンピューターで売りを出し、それに見合う買いポジションを同時に作るのは、通常の発注方法では困難です。しかし、このツールを使えば、売り買い両方の注文を同時に執行できます。執行したい売り買いの価格帯を指定することも可能ですし、複数の市場を監視してくれます。

CQG（チャートソフトに定評があり、法人だけでなく、個人でも契約できる米国のベンダー）にもサヤ取りツールがあります。例えば、ライブキャトル（肉牛先物）の価格が突然動き始めたら、それと同時に自動的に別の市場で注文が出せるのです。

──そうした技術的問題からだけでなく、心理的問題からも、ツールを活用したシステムトレードを学びたいという投資家がいます。プロでも心理的な問題は大きいのではないですか？

そうですね。当社は、ある時期から若いトレーダーを雇うのをやめて、立会場の経験者を雇うようになりました。電子取引の普及と拡大によって、ニューヨークの各先物取引所の立会場にいるトレーダーたちの売買機会が減り、当社にとっては売買経験のあるトレーダーを雇う良い機会だったからです。

私は、先ほど述べた話──「基礎に戻る」──をしました。彼らにとっては、かつて100枚、200枚単位のトレードをしていた時代から5枚しかトレードのできない時代が来たのです。

私は「まだ電子取引の中身を理解していないのだから、ポジション

CBOT ビル（中央）　　　　　　　　CME ビル（右から2つ目）

サイズを小さくすることは、けっして恥ではない」と述べました。しかし、彼らは「立会場では100枚単位でトレードをしていたんだ。たった5枚のトレードなんてできない」と反論します。

そこで私は、こう言い放ちました。

「まず5枚のトレードで利益が出せることを証明してみろ。ポジションサイズの問題ではないんだ」

市場に本当のチャンスが現れるのは1日3回しかないと思います。これも高頻度取引の弱点のひとつといえるでしょう。高頻度取引では1日に100回も売買をしますが、実際のチャンスは1日に3～5回あればいいほうなのです。

個人投資家は、このチャンスに狙いを定めるべきです。それには、異なる市場をよく観察し、調査し、どの市場が適当かみつける必要があります。

――市場には高頻度取引が求めるほど多くのチャンスはないと？

　チャンスの種類が違うということです。成功したトレーダーは、より多くの利益を１回のトレードでとれる人といえます。
　１日200回のトレードで1000ドルを得るのではなく、１日５回のトレードで2000ドルを稼いでいるのです。１ティックの代わりに３ティックをとります。原油なら１日40ティックは動くでしょう。そこで15ティックでもいい、30ティックでもいい、という判断をするのが個人投資家です。

――高頻度取引は、それほど大きな利ザヤを望まないのですね？

　中身をとることに興味があるのです。
　例えば、ある高頻度取引のアルゴリズムは、ほかのトレーダー、特に弱い小口のトレーダーが動き出した直後に狙いを定めています。あるパターンがあり、相場の上下動で弱い小口のトレーダーが振り落とされてしまうと、利益を確定します。
　たとえ相場のトレンドがまだ続くものであっても、興味を失ってしまうのです。小口のトレーダーたちがいなくなり、動きが止まれば、このアルゴリズムは、そこで手仕舞ってしまいます。

――アルゴリズムは人間と競わないのですね？

　そうです。注目していることが異なります。
　例えば、あなたが５枚買い、５ティックのリスクをとっているとして、あるアルゴリズムが100枚買い、２ティックのリスクをとっているとしましょう。相場が３ティック上昇したら、おそらくあなたはポジションをそのまま持ち続けるでしょう。トレンドを確認できれば、

10ティック、20ティックまで持ち続けようと考えるかもしれません。
　しかし、アルゴリズムは、3ティックあるいは5ティックで利食いをしてしまいます。リスクとリターンは、それぞれの考え方で異なるのです。

——研修期間の仮想売買ではトレーダーにサヤ取りをさせたわけですね？

　そうです。ただし、サヤ取りでも、トレードをするのはひとつの相場ですから、やることは同じです（米国の先物市場では、サヤ幅もひとつの"相場"としてトレードされている）。
　要は、そこで相違を知ることが大事なのです。トウモロコシの12月限を買い、翌年7月限を売ると、どうなるのかを勉強します。

——何か売買ルールを教えるのですか？　それとも各自で考えさせるのでしょうか？

　各自で考えます。もちろん、サヤがなぜどのように動くのかは説明します。例えば「トウモロコシのサヤが広がったのはなぜか？」といったことです。ただし、仮想売買のときは、サヤ取り用のツールは使いません。

——実際の資金も、その時点では入れないのですね？

　入れません。CQGには確か「リスクマネジャー」というツールがあります。そこで仮想売買の結果もすべて分かります。

——習ったことをもとに自分なりの手法を考えさせるということですね？

独立したトレーダーになってほしいのです。皆が皆、一緒ではないのですから。

──仕掛けと手仕舞いをどのように決めているのですか？

まず、あらかじめ自分が望む利益と、それに伴うリスクを決めておきます。悪いトレードとは、そうした目標のないトレードです。

原油先物なら、30～50ティック動けば十分とするのか、150ティック動くことを望むのかによって、リスクの大きさも違ってきますし、仕掛けるポイントも違ってきます。相場が動いたとき、それを追いかけるかどうかも定まらないトレードでは成功しません。

逆に、目標値に届いていなくても、相場をみていて、今やめるべきだと直感するときもありますし、それには従うべきです。相場は明日もあるのです。

──元金に対して、どの程度の利益を狙いますか？

若いトレーダーには、会社のコストをカバーしてほしいと望んでいます。会社は給料を2000ドル払い、育成経費として3000ドルを出しています。ですから、月5000～6000ドル、年7万2000ドル。これをカバーするのが第一です。

ただ、1年目はクリアしなくてもかまいません。まずはチャンスを与えるということです。ただし、損失が2万ドルを超えたら、やめてもらうこともあります。個々のトレーダー次第です。

なかには1年間まったくダメだったのに、2年目に20万ドルを稼いだトレーダーもいます。当社は経費を差し引いた残りの利益の60％を彼に支払いました。通常は40％からスタートしますが、最上級のトレーダーには60％でも支払います。だからこそ、彼らは頑張っているわけ

です。

　年間粗利で100万ドル以上稼ぐ人もたくさんいます。一方で、5～10万ドルしか稼げないトレーダーもなかにはいますし、損を出すトレーダーもいます。事務所にスペースがないときは、より稼ぐトレーダーに替えることもあります。

――立会場でトレードをしていたときは、どのように考えていましたか？

　トレーダーになったときは、すでに妻がいたので、1日2000～3000ドルを稼げれば幸せでした。友人のなかには1年で200万ドルを稼いだ人もいましたが、リスクも大きくとっていました。
　私には妻もいましたし、子供もいましたから、損を出したくありませんでした。毎日立会場に行って、毎日稼いで帰れればよかったのです。もし損を出し始めたら、転職も考えたでしょう。
　といっても、穀物の立会場では、4時間半の間、1分ごとにトレードをしていたときもありました。それだけのチャンスがあったわけです。
　ですから、相場そのものと利益について、よく勉強することが必要です。ときには、相場はそうチャンスをくれないこともあります。立会場も今では随分と閑散となりました。

――当時立会場にいた多くのトレーダーたちが敗れ去ったと聞いています。そのなかで、あなたは成功者のひとりだといわれています。何が違ったのでしょうか？

　自己規律の違い、知識の違い、観察力の違い、そして自分自身が幸せであると感じるかも大事なポイントです。
　この気持ちの問題は大きいと思います。もし、妻が病気になれば、

それを心配するでしょうし、新車を買えば、その支払いのことを考えるでしょう。子供がいれば、その心配もしなければなりません。

ですから、トレーダーたちには「何か心配事があれば、私に知らせろ」といっています。もしトレーダーが70万ドルの家を買ったのであれば、私たちはそれを知っている必要があるのです。子供が生まれたら、それがそのトレーダーにどのような影響を与えるかも知らなければなりません。

私自身、新車を買ったとき、その倍の費用がかかってしまったことがあります。というのも、新車の代金を支払い、その分を稼ごうと思って、同じくらいの損をしてしまったからです。

お金のことを考えると、トレードにも影響します。私にとって最高のアプローチとは、毎朝立会場に来たら、1日の準備をして、心理的に落ち着かせ、相場をみて、どのようなチャンスがあるか考えることです。チャンスがあると思えば、できる限りのトレードをしますし、ないと思えば手控えます。

何がなんでも稼ごうと思えば失敗します。朝11時までチャンスが来なければトレードはしないで、午後までじっとしていたものです。そして、常にトレードができる体勢を整えて待ちます。

――立会場で儲けること、損することに何か共通点はありましたか？

たくさんのトレーダーたちをみてきました。なかでも弁護士が多かったのですが、トレードを軽くみて、その学習をあまりしない人たちがほとんどでした。ですから、最初は威勢よくトレードをするものの、そのうちそれでは難しくなります。

また70～80年代には、たくさんの日本人投資家がいました。そのなかには1年目に1200万ドルを稼いだトレーダーもいます。彼は、すべてを買っていました。トウモロコシも小麦もすべて買いです。

ところが翌年、彼は1200万ドルの損失を出しました。なぜなら、彼は再びすべてを買いまくり、相場はすべて下げたからです。
　おそらく彼は、米国で穀物を買いつける商社のトレーダーだったのでしょう。ヘッジャーであれば、相場が上がろうが下がろうが、ヘッジのために取引をしなければなりません。しかし個人投資家であれば、損失を食い止めるために、相場から離れるべきです。
　ポジション管理も重要です。相場に「待った」はありません。例えば、ある値段で「やめるべきだ」と思ったのに、やめられず、相場が下げてしまって、「あぁ、下がらないでくれ」と思うことはよくあることです。そのようなときのために、売買ルールが必要であり、最初のルールを忘れてはポジション管理も何もなくなってしまいます。
　損得に左右されるなということです。スキャルパーであれば、相場の流れに反応するのもあると思います。しかし、そうでなければ計画を優先させるべきです。

――同じ失敗を繰り返さないために、何をしていますか？

　人は同じ失敗を繰り返すものです。若いトレーダーたちも大体、同じところで同じミスをする傾向があります。だからこそ、私たちが後ろに座って観察し、指摘するのです。そういうコーチが必要となります。
　オールスターに出るような野球選手にもコーチがいます。トレードも同じことです。

――若い人には、どのような勉強をするようにすすめていますか？

　まず本を読むことです。私は読んでほしい本のリストを持っています。トレードの基本について書かれたもの以外では、エドウィン・ルフェーブル著『欲望と幻想の市場』（東洋経済新報社）がおすすめです。

著者は相場のトレンドをティッカーテープから読みとります。

あと推薦しているのが、LTCM（ロングターム・キャピタル・マネジメント）の失敗について書かれた本です。彼らは、博士号取得者やノーベル賞受賞者をパートナーにしていましたが、それでも失敗しました。相場に普遍の法則などないと分かります。

またトレーダーは、市場の外にいても、何からでも学ぶことはできます。チャートを読み、本を読めばよいのです。

——トレーダーとしてのシュレイスさんの目標は何だったのでしょうか？

毎日継続的に稼ぐことです。ただし、大きなポジションで一度にとろうとはしません。

友人のチャーリー・デフランシスカは、いつも大きなポジションのトレードをしていました。最初に1000枚のトレードをして、さらに積み増していったのです。常にオール・オア・ナッシングというトレーダーでした。

残念ながら彼は1990年に40歳の若さで亡くなったのですが、亡くなる２年前に、米国債のコールオプションを１万枚単位で買い、１カ月間で４ポイントをとって、1000万ドルを儲けたことがあります。ところが、彼はそのとき、こういったのです。

「あと３日待ったら、2500万ドルにはなっていた」

それだけポジションサイズが膨らんでいたということです。

しかし、彼が亡くなったとき、１銭も残っていませんでした。彼の奥さんは100万ドルの保険金を受けとっただけだったのです。

トレーダーにはそれぞれのやり方があります。私は、堅実に稼ぎ続けるやり方でした。

——個人投資家にとっても、そのほうがよさそうですね。

人それぞれでしょう。しかし、何よりも仕事があり、毎日コツコツと稼げるのはよいことです。

――トレードには、どのような感情で臨むのが望ましいですか？

　立会場のトレーダーには、ほめてくれる上司もいませんから、まずは勝利を楽しむことです。1日の終わりに売買報告書をみれば、よくやったかは自分で分かります。
　そして何が良かったか、悪かったかを考えることが必要です。1万ドルを儲ければ「自分は天才だ」と思うでしょうが、翌日は1万5000ドルを損するかもしれません。
　浮き沈みはあります。それでも毎日続けるだけの気持ちを持ち続けることが重要です。

――トレードに最も大切なことは何でしょうか？

　私にとっては「堅実」が第一です。初めてこのビジネスに入った1カ月間は、損ばかりでした。あのときはひどかったです。最悪だった日には自制心もなくして、自分がどこにいるのかさえ分かりませんでした。
　しかし、その後30年は、何度か「年をとった」「若い奴よりもスピードが遅くなった」と感じることはあっても、心理的には自分自身を調整できるようになりました。「俺はまだ年じゃない」「若い奴よりも速い」という具合です。
　ですから、時間とともに、自分自身に勝てるように努力する必要があると思います。堅実というポジティブな意味での安全第一です。
　私の目的はお金を残すことです。トレーダーのなかには、何回勝てるのか、1回でどれだけ勝てるのかを競うことや、自分の存在を証明

することを優先する人もいます。そういう人たちは「自己重要感」と答えるかもしれません。この場合、自分が瞬間的に「うまくやった」と感じることが第一となります。お金を残すのは二の次という人です。

　しかし、私は瞬間的に200万ドルを稼ぐよりも、継続的に安定して収入を得ることのほうが達成感を得られます。

——最初の1カ月以外にも、大きく損をしたことはありますか？

　あります。20年ぐらいたってからですが、1月から5月まで毎月損を出したときがあり、トレードを手控えざるを得ませんでした。しかし、家のローンや子供の学費などで請求書は毎月来ますから、支払いばかりで大変でした。

　そして、なぜ勝てないか考えたのです。その結果、11月と12月の2カ月で、ほぼ1年分を稼ぐことができました。

　ダメなときはあります。しかし、そういうときはパニックにならず、考えることです。

　チャンスは常にあるのです。5カ月損が続いても「2日でその分を稼げるときもある」と考えます。

　数年前、ニューヨークの事務所で、あるトレーダーが1日で50万ドルを稼いだことがあります。しかし、彼は1年間の残りのすべてを合わせても20万ドルしか稼げていませんでした。

　チャンスとはそういうものなのです。1回でもチャンスがあれば、よかったと思えばいいのです。

——相場を愛するのは、冒険心ゆえですか？　それとも成長することが好きなのですか？

　挑戦、競争が好きなのだと思います。ただし、100万ドルを稼ぐ必

要はありません。自分のベストを尽くすだけです。
　他人と見比べる必要もありません。自動車レースにも、車種の違うレースがあります。ポルシェと小型車を競争させて比較することはないのです。

——どうしたら、そのようにポジティブになれるのでしょうか？　損をしたときは、どのような態度になるのですか？　うつむいてしまわないのでしょうか？

　立会場では、いつも心のメンテナンスが大事です。もし、弱気な自分をみせると、ほかの人が強気になってしまいますから、負けてしまいます。ですから、ダメなときでも常に強くならなければなりません。

——シュレイスさんは体も声も大きいからよいですが、体の小さい人は難しそうですね？

　私だって、ダメなときは狙われました。逆に、小柄な女性でも頭が良ければ、そしてチャンスがあれば、勝てます。
　その意味で電子取引は立会場取引よりもよいと思います。小柄な女性でも大柄な男性に対抗できるし、勝てるからです。実際、ロンドンの事務所にいたある女性トレーダーは、独５年債で全世界の約20％にあたるトレードをしており、１回のトレードのポジションサイズも世界最大でした。

——トレードについての信条は？

　トレードとはチャンスです。今はアジアにもチャンスがあります。中国、ベトナムなど成長している国々には、非常に大きなチャンス

があります。何よりも米国に比べて高頻度取引が少ないですし、規制が少ないです。

──日本を除いて？

日本を除いて……ですかね（笑）。

──トレード戦略についての信条は？　サヤ取りですか？

サヤ取りは手法のひとつにすぎません。戦略とは、相場を理解すること、チャンスをとらえること、そして待つことです。トレードには待たなければならないときがあります。閑散な日、昼飯時など、待たなければならないときは待つことです。

──資金管理については？

相場が考えているとおりにいっているときは、ポジションサイズを増やします。

──感情のコントロールは？

常にバランスをとることです。

──最も記憶に残っているトレードは？

同じトレードで１日に２回、大きな金額を失ったことです。1987年のブラックマンデーの３週間前のことでした。米10年債のサヤ取りで、450で買ったポジションが下げ始め、150で売って損をしました。それ

から14ポイント動いたので改めて買いましたが、また下がり、結局15万ドルを1日で失いました。それが最も記憶に残るトレードです。

その後、トレードをしていない友人が「損をしたあと、どうした？」と聞いてきたので「別に。家に帰って、シャワーを浴びて、また次の日に仕事に行ったよ」と答えました。それが大事です。

ただ、イールドカーブについては改めて勉強をしました。経済学博士号を持つ友人のトレーダーが、イールドカーブのレシオを計算して、米10年債先物が1ティック上げ始めたら買って、逆に1ティック下げたら売るというやり方で、そこそこ儲けていたのです。その計算方法を学び、チャートをつけ、動きのパターンをよくみるようになりました。

一度下げたら買い、中間まで戻ったところで売る、そんなことをやっていたら、2カ月でとり戻すことができました。それまで、私はイールドカーブをよく学んでいなかったということです。

——失敗に学んだわけですね？

そうです。それまでは、米10年債と米5年債を観察しただけで、上げは遅く、下げは速い、両者のレシオは大体、標準偏差の中だけで動くといった具合に、大雑把に分かったつもりになっていました。付け焼刃でちょっと勉強するだけではダメだと学び、もう一度勉強し直したわけです。

——しかし、少なくとも、その日は平常心を保ったわけですね。損をしても平常心でいられるようになるには、どれくらいの年月がかかりましたか？

おそらく4～5年かかりました。実際にモノになったと感じたのは12年ぐらいたってからでしょうか。私は立会場に入る前からトレード

をしていましたから、それも入れての12年です。
　それを実感するようになったのは、精神的に別のことを考えるようにしてからだと思います。家に帰ったら、まず自分の部屋の扉を閉めて考えます。そして忘れます。それから家族との時間を過ごします。息子の野球をみて、ゴルフをして、妻と過ごすことに気持ちを集中させました。
　私の妻は、先ほどいったように心理学者でもありました。立会場で我を失いそうになったときは「自分の手首に触れ」と教えてくれました。実際に、手首を触ると、目の前がすっとして、私を成功に導いてくれたように思います。

――あなたにとっての理想のトレーダーとは？

　堅実に利益を出せて、相場を理解しているトレーダーです。
　トレーダーを雇うときは、いろいろ可能性を持っている人を雇います。スポーツをやっている人やチェスチームやオーケストラにいた人、ミュージシャンもいいですね。
　面接では特に、自己規律を学ぶことができるか、また柔軟性があるかなどをみます。
　逆に、学歴はそれほど重要ではありません。イエール大学やハーバード大学出身のトレーダーもいましたが、当社ではあまり成功した例はみられませんでした。

インタビューを終えて
　シュレイス氏とは食事もご一緒させていただいた。落ち着いてじっくり話に耳を傾けてくださる、非常に物腰のやわらかな、人当たりの良い優しい紳士という印象を受けた。

人との繋がりを大切にする、愛の欲求が上位にきている方と感じている。長年トレードトレーナーという職につき、たくさんのトレーダーを育て上げたという経緯も、もっともだと思った。
　ポジションをとるときは安定の欲求が強く、いつでも初期のポジションサイズに戻せるという言動から、自我が強い、独占的といった重要感のネガティブ欲求は、まったく感じとれない。一方、他人から何をいわれても動じないという独自性（重要感のポジティブ欲求）を持っている。
　安定の欲求が高いので、リスクに対しては弱い面もあるかもしれない。だが、その分マインドコントロールの術を熟知していた。チャンスを待つことも、ポジションを戻すこともいとわない。奥様からアンカリングを教わるなど、うまく対処されていると思った。

7-6　斉藤正章（個人投資家）
――約3年で6000%近くを弾き出し現在は年利40%の個人システムトレーダー

　斉藤正章氏は、2003年より独学でシステムトレードを始め、約3年間で6000%近くもの利回りを達成したことのある個人投資家である。しかし、2006年に運用資産の4割にあたるドローダウンを出してからは、積極運用から安定運用に転じ、新たに開発した売買システムで現在は年利40%前後の運用を続けている。

　氏の売買システムは、日本株が対象で、高勝率の逆張りルールを中心に数種類の売買ルールを組み合わせているのが特徴だ。目指すのは、複数の売買ルールが補完し合うことで、いかなる相場局面にも安定したパフォーマンスをみせるシステムである。

　とはいえ"安定"といいながら、年40%を目標としているのは驚きだ。おそらく、リスクをとりにいけば、さらなるパフォーマンスが期待できる売買システムなのだろう。

　また個人投資家ならではの"身軽さ"も高成績の要因かもしれない。氏は、プラスになったときは毎月トレード口座から出金しているという。つまり口座にある運用資産を身軽にしているわけだ。自らの生活スタイルに合わせた資金管理を実践している点でも、大いに参考になる。

　著書に『システムトレード発見のポイント』（パンローリング）『入門株のシステムトレード　利益が出るロジックのつくり方』（日本実業出版社）など多数、DVDに『システムトレード運用術』（パンローリング）がある。

　氏には、第2章で紹介した「欲求を探る」「感情を探る」「過去の選択を探る」「無意識の自問をみつける」「価値とルールを探る」「ニュー

ロロジカルチェックによる現状認識」に回答をしていただいた（なお、一部質問と回答に重複している箇所があるが、これは分かりやすくするために、それぞれの主題ごとに編集しているためである）。長時間にわたる作業にもかかわらず快くご協力いただいたことに、改めて御礼を申し上げたい。

「欲求を探る」への回答

①安定の欲求

——トレードで「安定と快適・安全と自信」を得るために、自分で満たしていることは何でしょうか？

　過度なリスクをとらずに、自分の精神が安定していられる状態での運用を心がけています。今の楽しい満足な生活を維持できることが重要です。大金持ちになることは意識していません。運用資産に対してポジションサイジングは小さめにしています。
　運用資産の少なかった昔のほうが積極的にリスクをとっていました。2002～2006年までは、レバレッジを3倍にしていましたから。しかし、それ以降は運用資産が増えるたびにレバレッジを低くしています。

——トレードで「安定と快適・安全と自信」を得るために、他人から満たされていることは何でしょうか？

　妻が精神面の安定を満たしてくれます。ひとりだと悪い意味で考えすぎてしまうので。妻と話をすることで安定します。またトレードでお金がなくなったとしても、私が働くから大丈夫と励ましてくれます。

斉藤正章氏と

——トレードで「何もしない・思い込み・過信・過保護」を得ることを自分で満たしていることは何でしょうか？

　勉強をするのに人とかかわるのがいやだったので、セミナーには行きませんでした。
　しかし、2005年に妻からすすめられて、セミナーにいくと主催者の方に気に入ってもらえて、セミナーをやってくれといわれ、収入が増えました。

——トレードで「何もしない・思い込み・過信・過保護」を得ることを他人から満たされていることは何でしょうか？

　「妻がいるので、大きな失敗はできない」ということでしょうか。

②自由の欲求
――トレードで「冒険とバラエティ・達成感」を得るために、自分で満たしていることは何でしょうか？

　さまざまな売買システムを遊び感覚で検証し、成績の良いものが出てくることで満たしていました。そうしているうちに技術的な問題が解決しました。

――トレードで「冒険とバラエティ・達成感」を得るために、他人から満たされていることは何でしょうか？

　自分の知識をセミナーなどで公開することによって、他人から評価を受けることでしょうか。

――トレードで「不安・心配・無力感・無価値観」を得ることを自分で満たしていることは何でしょうか？

　2006年ごろまでは、ナンピンを前提としていた売買システムを作っていました。当時はこのシステムで儲かっていたものの、リターンだけでなくリスクも大きく、知識を得た今思えば、このシステムは下落相場では危険であり、通用しません。しかし、当時は常に通用すると思い込んでいました。

③愛の欲求
※思いつくところはなく、回答なし。

④重要感の欲求
――トレードで「重要感」を得るために、自分で満たしていることは何で

しょうか？

　自分自身で開発した売買システムが期待どおりに機能し、利益を出ているときです。

――トレードで「重要感」を得るために、他人から満たされていることは何でしょうか？

　公開した知識やセミナーが評価されたときです。

――トレードで「傲慢・孤独・支配」を得ることを自分で満たしていることは何でしょうか？

　2006年に公開した逆張りシステムに欠点があったため、逆張り自体が間違っていると否定され、悔しい思いをしました。

⑤成長の欲求
――「成長」を感じるために、自分で満たしていることは？

　既存の売買システムの欠点を知って改良のポイントを発見し、新しいシステムに反映できたときです。

⑥貢献の欲求
――「貢献」を感じるために、自分で満たしていることは？

　相場にわずかばかりであれ、流動性を提供していることです。

――「貢献」を感じるために、他人から満たされていることは？

自分の提供したノウハウが評価されたときです。

「感情を探る」への回答

——日常、トレードをしているときによく感じている感情に、どのようなものがあるでしょうか？

　普段感じるのは「抑圧、制御をしなくてはいけない」「売買シグナルが出なくて退屈」です。
　よく感じるのは「資産の停滞期間が長くてじれったい」「本当はナンピンしたい、まだ手仕舞いをするべきではないのではないか？」です。

——あなたに力を与えてくれるポジティブなキーワード（言葉）は何でしょうか？

　リスク管理（安定）、裏づけ（自信）、暴落（冒険）です。

——これらポジティブなキーワードのうち、上位2つの「リスク管理」と「裏づけ」は、あなたのトレードに、どのような力を与えてくれたのでしょうか？

　「リスク管理」は、大きなリスクを避けたトレード戦略の開発を後押ししました。「裏づけ」は、過去のデータで徹底的かつ客観的に検証されたトレード戦略だけを実践すると決意させました。

——あなたから力を奪うようなネガティブなキーワード（言葉）は何でしょうか？

停滞（不安定）、暴落（不安）、エッジの寿命です。

――これらネガティブなキーワードのうち「停滞」は、あなたのトレードから、どのように力を奪ったのでしょうか？　それによってどのような代償を払ったのでしょうか？

「停滞」によって、一時的にひとつのシステムを中断したときがありました。その結果が機会損失です。
したがって、年単位でしかシステムを見直さないことにしました。現在パフォーマンスが悪いシステムも１年は見直さないというルールです。

――６つの欲求（安定・自由・愛・重要感・成長・貢献）のうち、あなたが最も追及しているのはどれでしょうか？

「安定」です。

――もし、ある欲求を最優先に選ぶことでトレードが劇的に変わるとしたら、あなたはどのような欲求を選びますか？

次のとおりです。

①成長
②安定（安定と快適）
　安定（安全と自信）
③自由（達成感）

――過去のトレードで、どのような状況になったとき、ポジティブな感情

を利用したことがあるでしょうか？

　過去に大きなドローダウンを受けたとき、教訓として前向きに受け入れました。

——あなたのトレードに、やる気や気力を与えてくれるポジティブな感情とは、どのようなものでしょうか？

　成長・平穏・安定です。

——やる気や気力がわいてくるようなポジティブな状態となるために、何か身体を使っていることはありますか？

　100キロマラソンに挑戦することで、精神的に健康でいられます。最初は興味本位で始めてみたのですが、始めてみると、もっと上にいきたいと思うようになり、順位や成績に目標を持つようになりました。

——やる気や気力がわいてくるようなポジティブな状態となるために、何か宣言をすることはありますか？

　周りの人に目標を公言することで自分を奮い立たせます。現在は年率40％を目標にしています。

——このようなポジティブな状態をさらに強化するため、何かしていることはありますか？

　何であれコストを意識するようになりました。１％でも有利なものがあれば、それを重視します。例えば、携帯電話のプランでも、少し

でもコストダウンになるものを利用します。

――あなたのトレードへの、やる気や気力を失わせるネガティブな感情とは、どのようなものでしょうか？

悲しみや落ちこみですね。

――このネガティブな状態から、やる気や気力がわいてくるポジティブな状態に回復させるため、何をしていますか？

ほかのことをして時間の経過を待ちます。

「過去の選択を探る」への回答

――これまでトレードで、どのような選択をすることでポジティブな状態になれましたか？

　感覚よりもデータ（裏づけ）を重視するという選択をした結果、システムトレードに行き着き、多くの利益を得ました。
　他人への知識の提供という選択をした結果、より慎重に多くのことを研究するようになり、トレード戦略を発展させることができました。
　利益を定期的に出金するという選択をした結果、心の平穏を得ることができました。
　最大ドローダウンの２倍のドローダウンが今後発生してもおかしくないことを心し、１銘柄当たり最高100万円までしかポジションを大きくしない（慎重すぎるぐらいがいい）という選択をした結果、運用資産の変動が抑えられ、安心してトレードをみていられるようになりました。

銘柄とシステムの分散を選択し、資金が大きくなるにしたがってリターンよりもリスクを抑えるほうに注意するという選択をした結果、運用資産の変動が抑えられるようになりました。

——こうしたポジティブな選択には、どのような共通点がありますか？

　リターンの大きさよりも安定を求めています。

——こうしたポジティブな選択をした結果、あなたのトレードに、どのような素晴らしい結果をもたらしましたか？

　リスクに対して慎重になり、運用資産の変動が小さくなりました。

——これまでのトレードで、結果的にネガティブな状態となった選択は何でしょうか？　その選択はいつのもので、どのような不満を持っていますか？

　システムトレードを始めてから2006年までは売買システムの指示に従わず、執行のタイミングに裁量を加えるときがありました。例えば、手仕舞いのシグナルが出ていても、相場が反発しそうだと思えば、ポジションを維持してしまったわけです。しかし、ルールを犯すという選択をした結果、平均するとルールどおりに従ったほうが、成績が良いということが分かりました。
　2006年はシステムトレードを始めて唯一マイナスになった年です。その原因は、売買システムに欠陥があっただけでなく、頻繁に裁量を加えていたことにもあります。裁量への警戒心はありましたが、どこかで過信していました。

――このような結果的にネガティブな選択をしたことで、どのような代償を払うことになりましたか？

　良い結果になることもありましたが、総じて利益をとり逃したり、損失を膨らませたりすることになりました。

――そこから何を学びましたか？

　システム以上の利益を望むのではなく、システムどおりの利益が得られればいいということです。また、失ったものをとり戻そうとやっきになると、必要以上の資金を失ってしまうことになります。したがって、リスク管理に切り替えることが大切です。

「無意識の自問をみつける」への回答

――トレードをするときに、いつも知らず知らずに、つい自分に問いかけてしまうことはありませんか？

　「トレード戦略や売買システムに修正すべき点（追加すべきルールなど）がないか？」です。

――この問いかけを日ごろ繰り返していることで、自分にどのような良い影響があったでしょうか？

　このようなタイミングでは仕掛けるのを見送るような条件を追加したほうがいいという気づきがあります。

――自分がトレードをするとき常にこの問いかけをしてしまう、最も強い

感情や信念は何でしょうか？

「もっと洗練したトレード戦略を構築しよう」という気持ちです。

──うまくいかなかった場合、どのような結果になるでしょうか？ 失敗したとき、何か失うものはあるでしょうか？

前向きな内容なので、うまくいかなかったからといって、特に失うものがあるわけではありません。

──そのように自分に問いかけるようになった原因（強烈な出来事や経験）があるとしたら、それは何でしょうか？

2006年に受けた大きなドローダウンです。

──この問いかけの良い面とは何でしょうか？

常に良い（安定的な）戦略の開発につながることです。

──この問いかけによって、あなたはどのような欲求を満たそうとしていたのでしょうか？

「安定と快適、安全と自信」の欲求です。

──自分が理想とするトレードを実現するため、この問いかけをしている自分自身に必要なものは何だと思いますか？

探究心（好奇心）と絶対的にシステムに従う心掛けです。

斉藤氏には長時間のインタビューに応じていただいた。

「信念とルールを探る」への回答

――理想のトレーダーになるためには、どのような信念を最優先にすべきだと思いますか？

　成長を最優先し、そのあとに安定です。

――その信念を優先することによって、何を得ることができますか？

　新たな発見（法則や値動きの癖）を得られます。

――その信念を優先することによって、どのような代償を払う可能性がありますか？

　"投資"をしなければならない時間があります。成長過程ではドロー

ダウンや失敗を経験することになるでしょう。

——理想のトレーダーになるためには、どのような信念を捨てる必要があると思いますか？

　その場かぎりの結果を求めることです。

——理想のトレーダーになるためには、どのような感情に占有され続けることを避けなければならないと思いますか？

　消極的な感情、うまくいかないのではないかという気持ちです。

「ニューロロジカルチェック」への回答

①環境
——あなたは専業トレーダーあるいは兼業トレーダーですか？

　兼業トレーダーですが、収益のほとんどはトレードからのものです。

——トレードのほかにどんな仕事をしていますか？

　システムトレード用ソフトウエアの開発や、トレード関連の執筆などです。

——運用資産はどれくらいですか？

　金額に関しては非公開にしています。

──運用資産のうち、損失を許容できる割合は？

　基本的にトレード用の口座に入金しているものはリスク資金だと思っています。あえていうなら、運用資産が毎月の生活資金を確保できる程度の額を割り込むことは、避ける必要があると思います。

──生活費には年間いくら必要でしょうか？

　月20万円もあれば、ゆとりのある生活ができますので、240万円くらいということになります。ただ、臨時出費などのトラブルを考えると300万円くらいあれば十分でしょうか。

──トレードでの利益で生活費を補う必要がありますか？

　今のところ、まとまった大きな出費（自宅の購入など）以外は、運用資産に手をつけずに済んでいます。ですから、トレードでの利益で生活費を補う必要はありません。

──生活費のために必要な金額を、毎月運用資産から引き上げることはできますか？

　実際には使わないのですが、リスク資金から切り離すために、現時点でもプラスになったときは毎月トレード口座から出金しています。

──もし生活費が足りなければどうしますか？

　もちろん、仕事を問わず、働きます！

――場中にトレードをする時間はありますか？

　その気になれば時間は確保できますが、実際にはしません。

②行動
――毎日ひとりでトレードをしていても大丈夫ですか？　それとも少しは、あるいは大勢周りにいたほうがよいですか？

　どちらでもかまいませんが、ひとりで大丈夫です。

――周りの人の影響を受けやすいですか？

　かなり受けにくいほうだと思います。

――トレード中にほかに気が散るようなことはありますか？

　特にありません。

――やる気を出したり、力がわいてくるようなポジティブな感情を出すために、どんなことをしていますか？

　100キロマラソンに挑戦することで、精神的に健康でいられます。最初は興味本位で始めてみたのですが、始めてみると、もっと上にいきたいと思うようになり、順位や成績に目標を持つようになりました。
　また、周りの人に目標を公言することで自分を奮い立たせます。
　そのほか、何であれ、コストを意識するようにしています。１％でも有利なものがあれば、それを重視します。

――否定的でネガティブな状態から、やる気や気力がわいてくるポジティブな状態に回復させるために、何をしていますか？

　ほかのことをして時間の経過を待ちます。

③**戦略とスキル**
――パソコンはどれだけ使いこなせますか？　ネット証券に自分で発注できるくらいの能力はありますか？

　PCは使いこなせますが、スマートフォンなどは使用したことがありません。ネット証券には普通に発注できますが、いわゆるデイトレード用の高機能ツールは、必要がないので、使ったことがありません。

――売買手法の構築には常に検証・研究が求められますが、エクセルやプログラムを使い、自分で検証・研究できる能力はありますか？

　はい、可能です。

――数学や統計学について、どのくらい知っていますか？

　数学は一般的な高校卒業レベルの知識でしょうか。統計学については、いわゆる学問として学んだことはありません。

――トレードの知識はどのくらい持っていますか？

　テクニカル指標の計算式までになると微妙ですが、ほとんどトレードに必要な知識全般は網羅していると思います。

《投資戦略について》
——どのような市場でトレードをしますか？

　本来はエッジ（優位性）が強く残っている市場ならどこでもいいのですが、先物よりも個別株（国は問わない）が好みです。

——トレードの時間枠は？　あるいは複数の時間枠を組み合わせますか？

　スイングトレードとポジショントレードの組み合わせです。日中のデイトレード（寄り引けトレードを除く）は、まったく検討しません。

——あなたの得意とする売買方法はなんですか？

　上昇トレンド中の逆張りが最も得意です。しかし、寄り引けのデイトレ（空売り）や順張りなども使います。

——どのようなタイミングで仕掛けますか？

　仕掛けについては、ほとんどが指値か寄り指値です。

——当初の損切り位置は何を基準にしますか？

　逆張りなら期限切れ（日数）、順張りならトレンドが反対方向になったときです。

——ストップ幅が小さいとすぐに損切りされますが、再び相場が戻した場合、直ちに注文を出しなおして、乗り遅れないようにすることができますか？

そういった売買ルールは採用していません。損切りをしたトレードは諦めます。ただし、再び仕掛けのシグナルが出れば、もちろんそれに従って注文を出します。

——利益確定の方法は、逆指値、トレイリング（値動きの幅をあらかじめ率で決めておく）、テクニカルな要因によるストップですか？　それとも目標値を設定するのですか？

　ほとんどの売買ルールで値動き（○日移動平均乖離率が○％以上など）を基準としています。約定値から○％以上などは客観性がないため、あまり使用しません。逆指値やトレイリングストップにも優位性はないと考えています。

——ポジションサイジングは、どのように行いますか？

　どの戦略でも１トレードあたり一律で運用資産の18分の１か100万円のどちらか小さいほうを採用します。そのため、ほとんどは実質的に100万円が上限となります。
　ただし、仕掛けるときは売買シグナルが出た日を基準として、出来高の0.5％までしか仕掛けません。引けで発注する可能性のある売買ルールは出来高の0.2％までです。また、リスクの観点からも動的な資金管理はしません。

——トレード戦略が期待どおりにいっているかは、何を目安に判断していますか？

　１年ごとくらいにバックテストをしなおして、資産曲線の傾き（角度）が今までよりも悪化していたら原因を考えます。

――現在のトレード戦略がうまく稼動しているときとそうでないときの期待値や、リターンとドローダウンの範囲を知っていますか？ また、相場のトレンドや変動の大きさが売買システムにどう影響するか知っていますか？

　一度運用を開始してからは、うまく稼動しているかは、ひとまず考えません。ただし、ドローダウンがだいたいどの程度まであり得るかは把握しています。相場のトレンドによる影響は知っていますが、変動（ボラティリティ）の大きさは、あまり意識していません。

――現在のあなたのスキルで、トレードのみで生活費以上の収益を出して、さらに運用資産を増やすことは可能ですか？

　十分に可能と考えています。

――あなたに合った売買システムの構築、心理的な問題の解決、事業計画の作成に、どれくらい時間・期間が必要だと思われますか？

　すでに自分がすべきポイントは明確なので、これから新たに作るとすれば、じっくり１週間もあればできると思います。

④信念と価値観
――あなたは今までトレードに関連することで、どのような選択と経験をしましたか？

　感覚よりもデータ（裏づけ）を重視という選択をした結果、システムトレードに行き着き、多くの利益を得ました。
　他人への知識の提供という選択をした結果、より慎重に多くのこと

を研究するようになり、トレード戦略を発展させることができました。

　利益を定期的に出金するという選択をした結果、心の平穏を得ることができました。

　最大ドローダウンの２倍のドローダウンが今後発生してもおかしくないことを心し、１銘柄当たり最高100万円までしかポジションを大きくしない（慎重すぎるぐらいがいい）という選択をした結果、運用資産の変動が抑えられ、安心してトレードをみていられるようになりました。

　銘柄とシステムの分散を選択し、資金が大きくなるにしたがってリターンよりもリスクを抑えるほうに注意するという選択をした結果、運用資産の変動が抑えられるようになりました。

　かつては売買システムの指示に従わず、執行のタイミングに裁量を加えていましたが、結果的に平均するとルールどおりに従ったほうが、成績が良いということが分かりました。

——日常、トレードをしているときによく感じている感情に、どのようなものがあるでしょうか？

　普段感じるのは「抑圧、制御をしなくてはいけない」「売買シグナルが出なくて退屈」です。

　よく感じるのは「資産の停滞期間が長くてじれったい」「本当はナンピンしたい、まだ手仕舞いをするべきではないのではないか？」です。

——トレードでどうしようもなく興奮することや衝動的になったりすることはありますか？

　さすがに極端に精神的にブレることはありません。ただ、ドローダウンの期間が長いときは、それはそれで、じれったさを感じるときは

あります。

――個人的な葛藤、家族や仕事上の問題、過去に苦いトレード経験などはありますか？

瞬間的に60％のドローダウンを受けたとき（2006年）が、最も苦い経験といえるでしょう。ただし、それによって家族や生活に影響を与えることはありませんでした。

――時々、恐怖感や怒りがこみ上げてくるような感情面の問題はありませんか？

特にありません。

――トレードをしているときに抱いたことのある感情で、大切だと思えるものは何ですか？

「ルールの尊重」「発注ミスへの注意」「成長・平穏・安定」です。

――トレードをしているときに抱いたことのある感情で、どうしても避けたいものは何ですか？

「発注のときの恐怖心（警戒心）」「悲しみや落ちこみ」です。

――自制心についての良い点と欠点をお答えください。

精神的なブレを行動に反映させないことが良い点です。欠点は何事にも我慢しすぎることでしょうか。

──売買手法を確立するにあたり、心理面からみたあなたの良い点と欠点は何でしょうか？

　自分に都合の良い方法でなく、自分では客観的にデータを分析できていると思っているところが良い点です。悪い点は、特に思い当たりません。

──トレードをするときに、いつも知らず知らず、つい自分に問いかけてしまうことはありませんか？

「トレード戦略や売買システムに修正すべき点（追加すべきルールなど）がないか？」です。

──トレードに対する６つの欲求について、優先順位はどの順番になっていますか？

　次のとおりです。

①成長
②安定（安定と快適）
　安定（安全と自信）
③自由（達成感）

──日常のトレードに対して、あなたが持っている信念は何ですか？

「もっと洗練したトレード戦略を構築しよう」です。

──あなたは、利益と損失を繰り返しながら少しずつ着実に利益を積み重

ねていくような、現実的なトレードが合っていると思いますか？　あるいは、リスクが大きく、リターンを大きく狙う方法が合っていると思いますか？　それとも勝率が90％あるといったような方法論が合っていると思いますか？

　細かく利益と損失を繰り返しながら、利益を積み重ねていく方法です。勝率や利益の大小などではなく、損益曲線のブレの少ないものが好みです。

――勝率が50％（勝ちと負けの数が同じ）で、しかも利益が損失の倍はある、優れたシステムがあるとします。しかし、このシステムの場合、8回連続で負けが続くこともあります。負けが続いた場合、それを受け入れることができますか？

　連敗の回数にはこだわらないので、基本的には受け入れます。ただし、ドローダウンの大きさ次第です。

――方法論を改善するにあたり、あなたの方法論以外の一般的モデルを受け入れることができますか？　あるいはあなたをどう変えるべきかというアドバイスを受け入れられるでしょうか？

　客観的にみて正しいと思われる方法なら受け入れると思います。

《リターンと損失の許容範囲について》
――年間何％のリターンを見込んでいますか？

　最低でも年率40％を目標としています。

――そのためには、どれくらいの年間リスクを許容できますか？

　現在は20％を超えるドローダウンは許容できません。いいかえれば、10％強のドローダウンなら受け入れます。

――1回のトレードでどれくらいまでならリスクを許容できますか？

　1トレードにあてる資金は最大でも「運用資産の18分の1」か「100万円」のどちらか小さいほうとしています。その範囲のリスクしか負いません。

⑤自己認識
――あなたのトレーダーとしてのテーマは何でしょうか？　何を成し遂げるためにトレードをするのですか？

　生涯相場で安定的な利益を得続けることです。ただし金額の大きさではありません

――あなたの理想のトレーダー像とは？

　「年単位で負けなし」です。

> **インタビューを終えて**
> 　斉藤氏は、さすがにプログラマーということもあり、スタントン氏との共通点が多い方だった。お金にはあまり執着がなく、どちらかというとゲームとしてトレードを楽しむほうに達成感を見出している方だと思う。

国内では有名な方なので、出版やセミナーなど、あちこち忙しく飛び回っているが、基本的には積極的に人とかかわるような愛の欲求は低い方のようだ。おそらく、できればひとりで仕事場にこもってあれこれ研究したいタイプの方ではないかと思う。
　また、非常に安定の欲求の高い方で、綿密にバックテストを繰り返し、成績を数値として弾き出し、確認してから実行（トレード）するというタイプである。
　一般に安定の欲求が高い方は、リスクに対して弱い面がある。しかし、トレードでの利益を定期的に一部出金し、別に確保していることから（あくまでも元金はリスクにさらさない）、うまくリスクに対する心理的な防御策をとっていた。「お金がなくなったら私が働くから大丈夫」といったような、奥様の強力なサポートによっても、心理面でうまくバランスをとっていると感じた。

7-7　インタビューのまとめ

　トレード勝者の方たちのもともとの性格は、人それぞれであり、普段の欲求の優先順位に共通点があるわけではありません。特に今回のインタビューでは、それぞれがまったく違ったタイプの方で、独自の個性を持っていました。

　しかし、驚くべきことに、そんな彼らもいざトレードとなると普段の欲求の優先順位とはがらりと変わり、「トレーダーモード」になることが分かりました。本人自身は気づいていないものもあれば、故意的に優先順位を高くもってきているケースもあります。

　トレードのことになると、どの方も、非常に勉強家で（成長）、情熱的で（自由）、リスク管理をしっかりしている（安定）という、共通点があります。そして何よりも、周りの意見を気にせず、トレーダーとして生き続けていたい（個性＝重要感）という自分の意志をはっきり持っていました。これはトレードを楽しむ（自由）という欲求にもつながってきます。

　その場だけの利益が目的である人（魚だけをもらいたい人）は、知識もスキルも浅いため、いつまでたっても自分に自信が持てず、このようにポジティブな欲求の満たし方をできない場合が多いでしょう。

　それぞれ自分の資質にフィットした方法で、工夫を凝らし、それらの欲求をどのように意図的に優先順位の高い位置に置くのかについて熟知しているということが、彼らの成功の要因なのだと思いました。

さいごに

　私は、けっして裕福とはいえない家庭で育ちました。そのため、私の幼少期は、みんなと一緒に学校からバスで帰宅できなかったことや、いつまでもボロボロの服を着ていて恥ずかしい思いをしたこと、自分の部屋もないので友人を自宅に招くことができず仲間はずれにあったことなど、悲しい思い出がたくさんあります。
　もちろん、両親は、私を含め3人の子供を養うために懸命に働き、忙しいなかでも愛情をたっぷりと注いでくれました。そのことには大変感謝しています。
　しかし、朝は2人とも早くに仕事に出かけてしまうため、朝食をとらずに学校に行ったこと、また夜は2人とも帰りが遅いため、自宅で心細く待っていたことを、今でもはっきりと覚えています。お金がないことで両親がケンカをすることも、しょっちゅうでした。
　私が高校を卒業するとなっても、我が家に「大学進学」といった選択肢はまったくありません。私もそれが当たり前だと思っていました。
　ところが、ある日、裕福な友人の家に招かれたとき、それが当たり前でないことに気づかされたのです。お金がある家庭では、まったく違う生活が送られていました。そして考え方もまったく違ったのです。
　私は、そんな友人や彼の家族をみて、自分も大きくなったらお金持ちになり、「豊かで、かっこいい大人」になりたいと思うようになりました。そして高校卒業後、ある広告代理店に入社して営業力を身につけ、25歳で会社を立ち上げたのです。
　ところが、私はそこで何度も大きな試練にぶち当たることになりました。そして結局のところ、どんなに仕事ができたとしても、またど

んなに一生懸命やっても、お金に対するネガティブな感情をとり除き、マネジメント（管理）能力を鍛えなければ、ビジネスの世界では成功できないことを思い知らされたのです。

いくどかの失敗を経て、ようやくそのことに気づき始めたころ、私はお金を作り出すための素晴らしい武器と出合いました。

「トレード」です。

私はトレードで、両親や妹、私の知らない人たちや過去に出会った人たちに、自分の真価を証明し、逆境を乗り越えられることを示したいと強く思うようになりました。トレードとの衝撃的な出合いが、未来の扉を開けてくれる鍵となり、今の私を作り上げてくれたのです。

同時にトレードは、私に課題を投げかけてきました。実は、この世界でも、これまでのビジネスとまったく同じことが起こっていたのです。

さまざまな個人投資家の方たちと出会うなかで、その多くが、技術的に不足があるだけでなく、心理的に失敗していることに気づきました。この世界でも「お金に対する考え方次第で、幸せになるか不幸になるかが決まる」ことを発見したのです。

このことに気づいた私は、トレードの勝者と敗者の違いを熱心に研究しました。それが現在の自分自身のトレードとビジネスでの成功につながったのだと確信しています。

そして私のビジョンが次第に明らかになってきました。それは多くのトレーナー（トレードコーチ）とトレーダーを育てること、そして世界トップレベルの成績を叩き出せる自分のチームを作り、日本人のお金に対する考え方に、ひとつの変化を引き起こすことです。

現在、かなり多くの日本人が、お金に対してネガティブな感情を持っています。そのため、多くの大人たちが夢を持てずにおり、ほとんどの子供たちが"お金は汚い"と考えているのです。

ひとりでも多くの大人たちの考え方を変えることができれば、その

子供たちは、きっと夢を持てる大人に育つでしょう。そしてトレーダーとしてだけでなく、起業家として成功する人も多く輩出され、未来は素晴らしい世界へと変わっていくはずです。

そのような未来を信じて私は、今の自分にできることを精一杯、頑張っていきたいと思います。

最後に、この場を借りて、本書の執筆を支えていただいた方々にお礼を申し上げたいと思います。H.L.アソシエイツ株式会社の福地みずほ氏と高橋知大氏、NLPトレーナーの坂本哲子氏、有限会社スピードコーチングのクリス岡崎氏、NPO法人日本デイトレーダー協会の砂田洋平氏、東岳証券株式会社の猪首秀明氏、株式会社ミリオネア・インスティテュートの金井信次氏と京谷一氏、トレーディングスクールREEDの吾田昌謙氏と榎智洋氏と宮崎由貴氏、本書出版のきっかけをくださり、ロングインタビューにもご協力いただいたシステムトレーダーの斉藤正章氏、出版を快諾していただいたパンローリング株式会社の後藤康徳氏、編集等を担当していただいた敬静社合同会社の世良敬明氏、海外トレーダーとのインタビューにご協力いただいた有限会社エム・ケイ・ニュースの益永研氏とロビンズ証券のチャック・フランク氏とナイトフューチャーズのビル・バリー氏、そしてこのビジネスを立ち上げたときから一緒に苦難を乗り越え、いつも私を支え、子育てやビジネスに忙しいなか執筆を手伝ってくれた妻、有美に、心から感謝します。

村居 孝美

システムトレード
について

付録

Christopher Stanton　　Mark Shlaes　　Ken Jakubzak

Scott Ramsey　　Larry Williams　　Masaaki Saito

*NLP Trader Coaching:
How to Achieve the Successful Trader's Mindset*

A-1　売買ルールを作ろう

　第7章のインタビューからも分かるように、裁量トレードであれ、システムトレードであれ、またファンダメンタルズであれ、テクニカルであれ、あるいはアウトライトであれ、サヤ取りであれ、スキャルピングであれ、ポジショントレードであれ……いかなる売買手法にもトレード勝者は存在しており、絶対的な正解はありません。要は自分の性格や興味や環境に合った、自信の持てるスタイルを確立することです。

　そのための試行錯誤には、それなりに時間とコストをかける必要があります。しかし、ただむやみやたらにあれこれ手を出すのではなく、スタイルを確立するまでに「生き残っている」ことが前提です。その意味でも、これから本格的にトレードを始めようという人には、私はシステムトレードをおすすめしています。

　私は、第1章でも述べたように、システムトレードを次のように定義しています。

> 「過去のデータから優位性のある売買ルールを探り出し、そのルールのシグナルどおりに注文を繰り返すこと」

　そもそも相場は不確実なものです。先行きどうなるか不透明なものに"賭ける"ことに対して精神的に不安定になるのは、極めて正常な人間の本質であるといえます。しかし、そこに"目安"となるものがあれば、いいかえれば暗闇の中に一筋の光があれば、その光を頼りに落ち着いて前に進むことができるのではないでしょうか。

システムトレードでは「このような状況になったら相場はこう動く可能性が高いのではないか？」というアイデアを過去のデータから検証します。そして、次のようなことを数字で明確に知ることができます。

●勝てる確率（勝率）はどれくらいあるのか？
●どれくらい利益が出るものなのか？
●どれくらいの損失を覚悟しておくべきか？
●1トレードで最高どれくらい負けたことがあるか？
●最高何連敗あったのか？
●リスクを限定した場合、運用資産で計算すると、どれくらいのポジションで売買するのがよいか？

したがって、リスクを想定内におきつつ、トレード戦略を組むことが可能となります。これらは精神的な安定につながる要素です。

もちろん、第1章でも述べたように、システムトレードでも失敗するケースはあります。結局、売買システムを運用するのは、個人の裁量となるからです。ただ、明確なルールがそこにあるという点で、初心者にとっては裁量トレードよりも精神的な安定感が違います。

まずは売買アイデアから

「売買システムを構築する」というと、理数系ではない人にとっては「なんだか小難しそうだな」「自分にはできないかも」と敬遠するかもしれません。しかし、その流れは非常に単純で、さほど難しいものではありません。

まずは、売買アイデアを出すことからです。何も浮かばなければ、チャートや書籍などを参考にしてもいいでしょう。「こう動いたときは、こうなる可能性が高いような気がする」という「なんとなく」で

かまいません。そのアイデアをもとに、いろいろと条件を追加したり、変更したりするのです。

例えば、次のようなアイデアがあったとします。

> 「日経225先物のチャートをみていると、日中にすごく値を上げた日の翌日も、今日の終値以上に上げている場合が多いような気がする」
> ↓
> 「日経225先物がすごく上がった日、後場の大引けに買い注文を出し、翌日の前場寄り付きに売り決済をすれば利益が出るのではないか？」
> ↓
> 「このルールのバックテストをしてみよう」

コンピューターでバックテストをしますから、あいまいな部分を明確にしなければなりません。例えば、次のように具体的にします。

> ●すごく上がった日 → 始値と終値の差が＋150円以上の日
> ●仕掛け → 引成注文
> ●手仕舞い → 寄り付き成行注文
> （※条件注文はすべての取引会社で対応しているわけではありません）

簡単ですが、これもひとつの売買ルールです。

こうして明確にした売買ルールの有効性をバックテストで判断します。最終的な利益が、いかにすばらしかったとしても、大きく負けた年もあれば、有効とはいえません。その理由を探っておく必要があります。バックテストの詳細については、後ほど例を使って説明しましょう。

バックテストで納得できるだけの売買ルールが完成したら、それはそれで立派な「売買システム」といえます。しかし、できれば洗練さ

れた売買ルールをいくつも作ることをおすすめします。

　複数の売買ルールを組み合わせることによって、一方の売買ルールが機能しにくい局面でも、他方のルールが機能すれば、売買システム全体の損益グラフがなだらかになる可能性があるからです。売買ルール同士を組み合わせた「売買システム」で、さらにバックテストをします。

　そして売買システムが完成したら、次は実践です。ただし、第6章でも述べたように、この売買システムが自分に合っていると感じられるまでは、バックテストから想定できるポジションサイズではなく、最小単位のトレードを繰り返します。

　システムトレードは、あくまでも過去にみられる優位性が、将来にも実現する可能性が高いことを前提としています。しかし、将来はけっして保証されたものではなく、実際のところ将来の値動きがバックテスト期間の値動きとまったく同じになることは100％あり得ません。

　「絶対に勝てるシステムはこの世に存在しない」と受け入れられるようになりましょう。不確実性に挑戦をするからこその利益であり、そのなかで柔軟に対応していくために心理学が必要となるわけです。

売買ルール作成の流れ

　システムトレードで使用する売買ルールは、注文執行のタイミングが収益のポイントとなることもあり、テクニカル分析から作られるのが一般的です。ただ、ひとことでテクニカル分析といっても、いろいろとあるため、際限なく売買ルールを作れるようにもみえます。

　しかし、結局のところ大半のテクニカル分析が計測しようとしているのは、相場の傾向とその強さです。ですから、重要なのは売買アイデアであり、そのためにどのテクニカル分析を利用するかを決めるというのが順序となります。

当たり前と思うかもしれませんが、相場の傾向は大きく次の3つに分けることができます。

●上昇
●下落
●もみ合い

私たちは、リスクリターン（特にリスク）を念頭に置いたうえで、上昇分を狙って買いを仕掛け、下落分を狙って売りを仕掛ける作戦を立てることになります。

ただ、同じ上昇分の利益を狙って買いを仕掛けるにしても、上昇気流に乗って買うのか（順張り）、一時的に下げたところで買うのか（逆張り）、その下げが転換したのを確認してから買うのか（押し目買い）によって、テクニカルの設定やルールが異なってきます。

ここで具体例を挙げて、売買ルールを作成する大まかな流れを紹介しましょう。

①逆張りルールを作る

まずは「逆張り」のアイデアをもとに売買ルールを作ってみましょう。逆張りとは、その名のとおり、相場の目先の流れとは逆方向にトレードを仕掛ける方法のことです。なお、売買条件の対象指標は現物の日経平均株価で、トレードの対象市場は日経225mini先物とします。つまり日経平均で条件を絞り込み、日経225miniで売買するわけです。

＜売買アイデア＞
終値が5日間の終値平均を下回ったら、翌日は総じて上昇する（陽線となる）のでは？　ならば、翌日始値で買って、終値で売るのはどうだろうか。

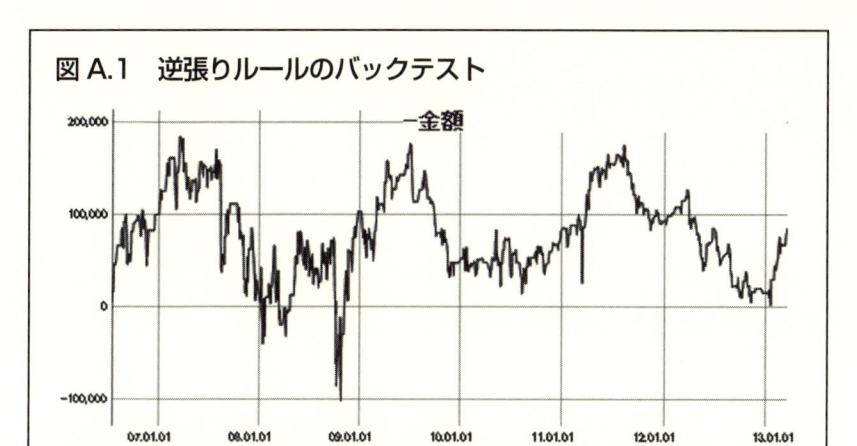

図A.1　逆張りルールのバックテスト

（グラフ：金額の推移　2007.01.01〜2013.01.01）

期間別運用実績

期間	運用実績	利回り	最大DD	トレード数	勝率
2006/07/18〜2006/12/31	101,000	35.4%	-60,000	40	57.5%
2007/01/01〜2007/12/31	-71,500	-25.0%	-177,000	112	50.0%
2008/01/01〜2008/12/31	74,500	26.1%	-285,500	143	50.7%
2009/01/01〜2009/12/31	-55,000	-19.3%	-152,000	112	44.0%
2010/01/01〜2010/12/31	33,500	11.7%	-169,500	110	50.0%
2011/01/01〜2011/12/31	11,500	4.0%	-158,000	120	47.0%
2012/01/01〜2012/12/31	-77,500	-27.1%	-179,000	114	47.3%
2013/01/01〜2013/03/27	64,000	22.4%	-181,500	16	68.8%

総合運用実績

最低運用資金	285,500
損益累計	80,500
利回り	28.2%
勝率	49.2%
最大ドローダウン(DD)	-285,500
全体リスク(%リスク管理法)	100.0%
1トレード最大リスク	-74,000
1トレード最大リワード	58,500
プロフィットファクター	1.02
年平均損益	12,017
月平均損益	1,001
年平均利回り	4.2%
月平均利回り	0.4%
年平均トレード回数	114.5
月平均トレード回数	9.5
最大連勝数	6
最大連敗数	8

＜売買ルール＞
●次の条件を満たした場合、翌日寄り付きに成行で買う。
　・終値が４MA（移動平均線）以下となる。
●翌日大引けに成行で売る。

この売買ルールをバックテストしたのが**図A.1**です。残念ながら、このままでは使えません。

逆張りは、相場の目先の流れに逆らっているため、読みが当たったときには利益を大きくとれる可能性が高い反面、外れたときには損失も大きくなる可能性が高くなります。特に株価の下落は、上昇に比べて大きく動くケースが多いです。この場合、１トレードの最大リターンが１枚当たり５万8500円であるのに対し、１トレードの最大リスクは１枚当たり７万4000円（先物価格にすると740円）でした。

そこで「初めから損切りの設定をしたらどうだろうか？」というアイデアが浮かんできます。先ほどのルールに損切りの条件を加えてみましょう。

＜修正アイデア＞
トレード当日、下げ幅が80円くらいまでなら、反発して上昇する見込みがあるのではないか？　いいかえれば、80円を超えて下げたら、反発の見込みはないのではないか？

＜売買ルール＞
●次の条件を満たした場合、翌日寄り付きに成行で買う。
　・終値が４MA（移動平均線）以下となる。
●翌日大引けに成行で売る。
●ただし買い約定値から80円下げたら、成行で損切りをする。

付録　システムトレードについて

図 A.2　修正逆張りルールのバックテスト

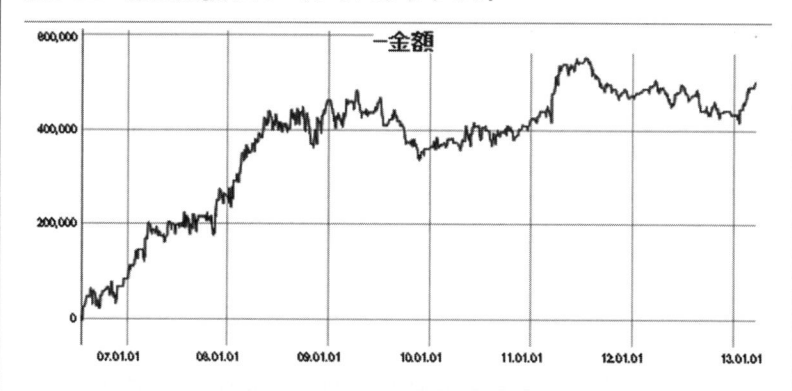

期間別運用実績

期間	運用実績	利回り	最大DD	トレード数	勝率
2006/07/18～2006/12/31	86,000	58.9%	-45,500	40	45.0%
2007/01/01～2007/12/31	180,000	123.3%	-48,000	112	45.5%
2008/01/01～2008/12/31	197,500	135.3%	-86,000	143	39.4%
2009/01/01～2009/12/31	-101,500	-69.5%	-146,000	112	37.8%
2010/01/01～2010/12/31	60,000	41.1%	-124,500	110	49.1%
2011/01/01～2011/12/31	52,000	35.6%	-87,000	120	46.1%
2012/01/01～2012/12/31	-39,000	-26.7%	-126,500	114	47.3%
2013/01/01～2013/03/27	69,500	47.6%	-136,000	16	68.8%

総合運用実績

最低運用資金	146,000
損益累計	504,500
利回り	345.5%
勝率	44.6%
最大ドローダウン(DD)	-146,000
全体リスク(%リスク管理法)	100.0%
1トレード最大リスク	-8,000
1トレード最大リワード	55,000
プロフィットファクター	1.19
年平均損益	75,314
月平均損益	6,276
年平均利回り	51.6%
月平均利回り	4.3%
年平均トレード回数	114.5
月平均トレード回数	9.5
最大連勝数	6
最大連敗数	9

この売買ルールのバックテストをした結果が図A.2です。

損益グラフも右肩上がりになり、使えそうな売買ルールになってきました。最大ドローダウンも半分に減っています。損切りの条件を入れているため、1トレードの最大リスクが1枚当たり8000円となりました。

もちろん、寄り付きから80円超の下げをみせてから反転上昇し、結果プラスになるというケースもあります。したがって、損切りの条件を追加したことで、勝率はダウンしました。また、成績がマイナスになる年もあり、最大ドローダウンが運用実績を上回っている年が多いのも問題です。さらに条件を追加・修正すれば精度を上げることができるか、探らなければなりません。

②順張りルールを作る

次に「順張り」のアイデアをもとに売買ルールを作ってみましょう。順張りとは、その名のとおり、相場の目先の流れと同じ方向にトレードを仕掛ける方法のことです。

＜売買アイデア＞
終値が過去3週間の高値を超えたら、かなり強気の相場とみて、翌日は今日の終値よりも上げて（ギャップアップをして）始まっているような気がする。

＜売買ルール＞
●次の条件を満たした場合、本日の大引けに成行で買う。
　・当日終値が過去17日間の最大高値を超える。
●翌日の寄り付きに成行で売る。

この売買ルールでバックテストをしてみましょう（図A.3）。

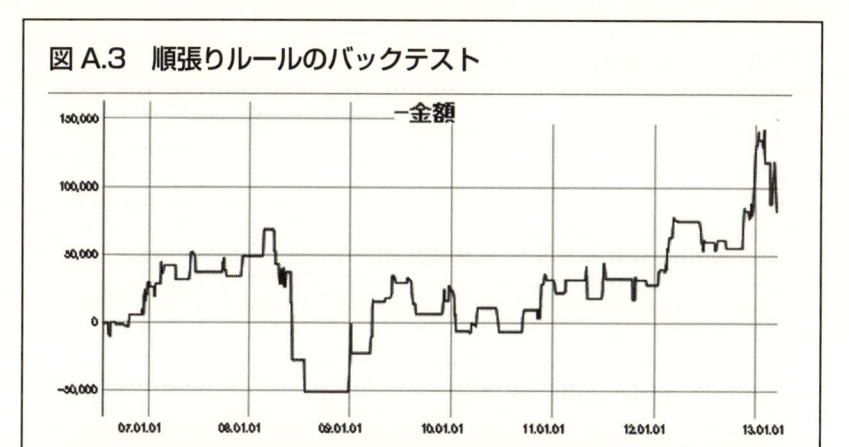

図 A.3　順張りルールのバックテスト

期間別運用実績

期間	運用実績	利回り	最大DD	トレード数	勝率
2006/07/18～2006/12/31	30,000	25.1%	-10,000	16	56.3%
2007/01/01～2007/12/31	19,500	16.3%	-17,500	19	52.6%
2008/01/01～2008/12/31	-100,000	-83.7%	-119,500	13	30.8%
2009/01/01～2009/12/31	74,500	62.3%	-91,000	28	57.1%
2010/01/01～2010/12/31	8,000	6.7%	-76,000	24	52.2%
2011/01/01～2011/12/31	-3,500	-2.9%	-51,000	19	47.4%
2012/01/01～2012/12/31	66,000	55.2%	-40,500	37	50.0%
2013/01/01～2013/03/27	-11,500	-9.6%	-60,500	16	56.3%

総合運用実績

最低運用資金	119,500
損益累計	83,000
利回り	69.5%
勝率	51.2%
最大ドローダウン(DD)	-119,500
全体リスク(%リスク管理法)	100.0%
1トレード最大リスク	-42,000
1トレード最大リワード	34,000
プロフィットファクター	1.14
年平均損益	12,391
月平均損益	1,033
年平均利回り	10.4%
月平均利回り	0.9%
年平均トレード回数	25.7
月平均トレード回数	2.1
最大連勝数	5
最大連敗数	5

図 A.4　修正順張りルールのバックテスト

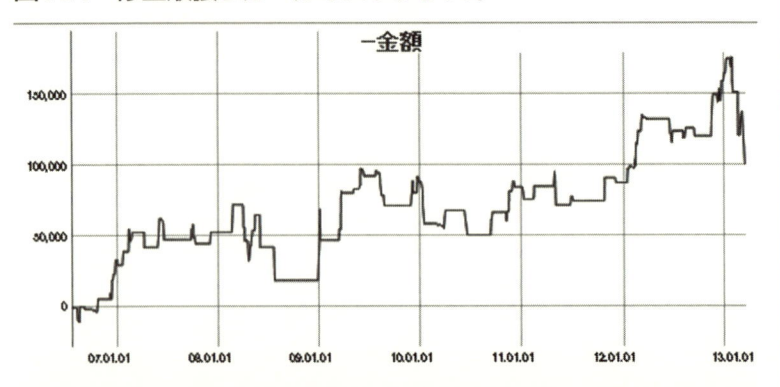

期間別運用実績

期間	運用実績	利回り	最大DD	トレード数	勝率
2006/07/18～2006/12/31	33,500	44.7%	−10,000	14	57.1%
2007/01/01～2007/12/31	19,500	26.0%	−17,500	17	52.9%
2008/01/01～2008/12/31	−34,000	−45.3%	−53,500	10	40.0%
2009/01/01～2009/12/31	69,500	92.7%	−26,500	25	56.0%
2010/01/01～2010/12/31	−3,500	−4.7%	−47,000	20	47.4%
2011/01/01～2011/12/31	3,000	4.0%	−26,000	12	50.0%
2012/01/01～2012/12/31	72,000	96.0%	−19,500	29	57.1%
2013/01/01～2013/03/27	−58,500	−78.0%	−75,000	11	45.5%

総合運用実績

最低運用資金	75,000
損益累計	101,500
利回り	135.3%
勝率	52.2%
最大ドローダウン(DD)	−75,000
全体リスク(%リスク管理法)	100.0%
1トレード最大リスク	−30,500
1トレード最大リワード	34,000
プロフィットファクター	1.22
年平均損益	15,152
月平均損益	1,263
年平均利回り	20.2%
月平均利回り	1.7%
年平均トレード回数	20.6
月平均トレード回数	1.7
最大連勝数	5
最大連敗数	4

右肩上がりの局面が何度かあるものの、2008年度のような下落相場では、かなりのマイナスを被っています。このままでは使えません。
　そこで、もう少しアイデアを追加してみるとどうでしょうか？

<修正アイデア>
当日の相場が総じて上昇して終わった（陽線となった）ほうが、翌日はよくギャップアップしているのでは？

<売買ルール>
●次の条件を満たした場合、本日の大引けに成行で買う。
　・当日終値が過去17日間の最大高値を超える。
　・当日のローソク足が陽線である。
●翌日の寄り付きに成行で売る。

　この売買ルールで再度バックテストをしなおしてみましょう（図A.4）。損益グラフは右肩上がりに改善されました。
　しかし、やはり2008年の下落相場ではマイナス成績ですし、最大ドローダウンが運用実績を上回っている年もあり、もう少し条件を見直さなければなりません。

　いかがでしょうか。このようにひとつのアイデアを具体的なルールにしてバックテストをすることで、その長所と弱点が明らかになり、さらにいろいろな修正アイデアが生まれてきます。創意工夫を繰り返しながら、安定した収益を出せるように売買ルールを洗練させていけること、またその過程で相場への見識を深めていけるところが、システムトレードの醍醐味のひとつといえるでしょう。

A-2　システムトレードでありがちな失敗例

　システムトレードは、売買システムのシグナルに機械的に従うのが基本です。そのため、裁量トレードに比べると一見、感情に振り回されることがなく、簡単な売買手法に思えます。
　ところが、それでも現実にはいろいろな問題が出てくるのです。システムトレードの失敗例をいくつか紹介しましょう。

①毎日の単純作業ができない

　サラリーマンのＡさんは、日経225mini先物のシステムトレードを始めた当初、必要に応じて携帯電話から発注していました。朝は自宅から発注できるのですが、16時30分から始まるナイトセッションでは、寄り付きの気配を確認してから注文することがあり、その場合、自宅から発注できないからです。
　デスクワークが多かったＡさんは、寄り付き前になるといったん携帯電話を持ってデスクを離れ、廊下やトイレで注文を出していました。しかし、担当部署が変わり、工場での仕事を受け持つようになると、決まった時間に必ず携帯電話を確認することができなくなったのです。
　シグナルどおりに仕掛けられない日が続くと、当然成績にもムラが出始めます。そして、そのように仕掛けられなかった日にかぎって大きな収益機会を逃してしまうという気持ちにさいなまれるようになっていきました。こうして精神的に不安定になり、トレードができる日は資金管理を無視して枚数を増やすようになり、ルールはあってないようなものになっていったのです。

このように、環境が変わった場合は、それに応じた売買システムに変更しなければなりません。
　また、性格的に毎日の単純作業ができないケースもあります。
　デザイナーというクリエイティブな仕事をしているBさんは、自宅でフリーの仕事をしていますので、Aさんのように外的要因によって発注ができないというわけではありません。ところが、仕事に没頭するあまり、注文の時間を忘れてしまうことが多々ありました。
　「あと数分あるからまだ大丈夫」と仕事を続けていたら、いつの間にかトレードの時間を過ぎてしまっていたのです。また、来客や電話があり、会話に夢中になっていたら忘れてしまったことも何度かありました。
　その原因を探ってみると、そもそもBさんは、性格的に毎日同じ作業を繰り返すことを苦手としていることが分かったのです。変化がないことを嫌い、つい興味があるほうに意識がいってしまうのでした。
　そこでBさんは解決策として、携帯電話にタイマーをセットし、注文の時間になったらアラームを鳴らすことにしました。簡単な工夫ですが、これで同じミスを減らすことができたのです。

②発注ミスを繰り返す

　兼業主婦トレーダーのCさんは、発注ミスが多いことに悩んでいました。実際、ミスを数えてみると非常に多く、発注の3割にもなることが分かりました。なんと10回に3回はミスをしているのです。
　売りと買いを間違えてしまったり、損切り位置にストップ注文を置くのを忘れてしまったり、先物の限月を間違えてしまったり、手仕舞ったつもりが持ち越してしまったり……など、ありとあらゆるミスを犯していました。
　普通に考えれば、注文を出したあとに確認をすればいいだけの話で

す。ところが、彼女は仕事と主婦業で忙しいので、発注にそれほど時間をかけられないといいます。その一方で、ミスがあったときにかぎってマイナスが出たり、利益を逃したりするという気持ちにさいなまれており、精神的にもダメージがきていたのです。

Cさんの信念を探ってみると「仕事はたくさんのことを手早くこなすべきだ」「自分ならできる」という信念があることに気がつきました。会社でも家庭でも、いろいろな仕事をテキパキとこなし、優秀な社員、器用な妻、頼れるお母さんと認められることで、モチベーションが上がるというわけです。

トレードでも、素早くテキパキと発注します。いくつかの取引会社に資金を分散しているため、短時間でいくつかの注文を出さなければなりません。実際、私もその様子をみたのですが、あっという間に全部の注文を出し終わってしまうその作業の早さに驚きました。

ところが、彼女は仕事や家庭でも小さなミスが多く、よく周りの人たちからサポートしてもらっていることが分かりました。手早くたくさんの仕事をこなすことに価値を置いているあまり、何事も雑になっていたわけです。

しかし、トレードでは"少し"のミスが命とりになることもあります。誰もサポートしてくれるわけでもありません。そのまま結果を受け入れるしかないのです。

彼女も一応ミスを防ぐため、発注しているときに「ミスはないだろうか？」と自分に問いかけるとのことでした。しかし、次々と仕事をこなしていきたいという感情、「私のことだから多分大丈夫」という信念によって、しっかりと確認できていなかったのです。

彼女は信念を入れ替える必要がありました。まず「仕事は丁寧にこなすべきだ」という信念に変更し、急がず慎重な発注を心掛けるようにすることです。そして「何事も最終確認が必要だ」という信念を持つことで、必ず確認を心掛けるようにしました。

③相場の異常時に発注できない

　相場では外的要因による異常事態が常に発生します。このような状況で、いつものように売買システムのシグナルに従って発注するのは、かなりの勇気がいります。

　実際、東日本大震災のときには、検証ソフトを利用いただいている会員の方から問い合わせが相次ぎました。そのほとんどが「今日、私のシステムではシグナルが出ているのですが、発注すべきでしょうか？」というものです。答えは「イエス」であると理解していても、いざ直面してしまうと、怖くて発注できず、誰かの後押しが欲しいため、問い合わせをしてきたのでしょう。

　バックテストでは、そうした異常時も含めて検証されています。そして、その結果をもとに、資金管理の心構えとポジションサイズを決定したはずです。もし、二の足を踏むようであれば、許容損失リスクについて、まだ深くイメージできていなかったということになります。

④連敗に耐えられず裁量を入れてしまう

　裁量トレードで運用資産を大きく減らしてしまったためシステムトレードに売買スタイルを変更したDさんは、あるとき連敗に遭遇しました。1日でトレードを完結するシステムを使っていたため、毎日負けが続くことになります。耐え切れなくなったDさんは、10回目にとうとう裁量を入れてしまいました。そして、たまたまその裁量がうまくいったのです。

　このことが原因で、Dさんには「やっぱり俺の読みどおりだった」という思い込みが生じました。そしてその後はタイミングをみながら裁量を入れていくようになったのです。

　最初は「運用資産がある程度戻ってきたら、またルールどおりにし

よう」と思っていたようです。しかし、運用資産はなかなか元に戻らず、そのうち意地になって、ほとんどシグナルを無視したトレードをするようになりました。「このシステムは使えない。自分が裁量でなんとかとり戻す！」という意気込みで、どんどん追加資金をつぎ込み、さらに傷口を深くしてしまったのです。

　このケースもリスクを慎重にイメージできていなかったことに原因があります。バックテストで連敗数を確認し、連敗するところを深くイメージしなければなりません。

　Dさんは、なぜ裁量トレードをやめてシステムトレードを始めたのでしょうか。結果が出せなかったからではないでしょうか。それにもかかわらず同じやり方を繰り返してしまうのは、建設的といえるでしょうか。まずは自己認識の作業をする必要があります。

⑤大負けをとり戻すために暴走する

　Eさんは、運用資産全体の許容損失リスクを25％と設定し、また1トレード当たりの許容損失リスクも、精神的なダメージが小さくて済むよう、小さく設定していました。ところが、負けが続き、あっという間に運用資産の20％近くを失ってしまうと、まだ許容範囲内であるにもかかわらず、冷静さを失ってしまったのです。

　焦ったEさんは、早く損をとり戻したい一心でポジションサイズを大きくしてスキャルピングをしたり、レバレッジを上げて一か八かの賭けトレードをしてみたりと暴走し始めました。そして結果はいうまでもなく、運用資産のほとんどを失ってしまったのです。

　Eさんは、1トレードのリスクは金額が小さいため、実際に許容できていました。ところが、資産全体の損失の大きさについては本当に想定できていなかったため、急激な資産の減少にかなりの精神的ダメージを受けてしまったわけです。

このような暴走の背景には「自分は常に正しくなければならない（＝損失を出してはいけない）」という信念や「お金は大事にしなければならない」という信念が存在しています。結果をみると実際の行動と相反しているようにも思えますが、「心理的に本当の許容範囲」の損失額を上回った瞬間に「今すぐとり戻さないといけない」という思いにとらわれてしまい、我を忘れた行動に出てしまったのです。
　Eさんもまた信念を変える必要がありました。「利益は損失を受け入れながら積み重ねていくものだ」という信念に変えて、ルールどおりのトレードを続けるようにするのです。そしてマイナスが出て、また暴走しそうになったときは、いったんトレードを中断し、ジムに行って身体を動かして気分転換をすると決めました。

A-3　検証ソフトでバックテストをする

　システムトレードにバックテストは必須です。ところが、投資家の多くは、このバックテストの作業で、大きな壁にぶち当たります。
　簡単なバックテストであれば、エクセルなど表計算ソフトを使用することも可能です。しかし、過去データの準備や日次データの追加、さらにはデータの修正を手入力で維持していくには、大変な手間がかかります。また、条件を入力するには、関数などの知識も必要です。
　このため「システムトレードは難しそうだし、自分には無理だ」と諦めてしまう方がたくさんいます。しかし「難しいから」「面倒だから」と、自分で売買ロジックを検証するプロセスを怠ってしまうと、必ずといっていいほど、しっぺ返しがくるものです。そこで市販の検証ソフトを利用するのも選択肢のひとつといえるでしょう。
　ソフトには、条件式があらかじめ準備されているものもあり、ユーザーは条件の選択や数値を入力するだけで、知りたい検証結果を表示できます。またこうしたソフトは、その後の相場で入力した条件に合致したときに売買シグナルを表示する機能を搭載しているのが一般的です。チャートをみながらタイミングを計る必要がありません。
　しかし、検証ソフトといっても、実にさまざまです。株式、先物、FXなど、対象とする市場が異なる場合もありますし、主にデイトレード向けのソフトもあれば、長期投資向けのソフトもあります。もちろん細かい機能や価格もいろいろです。無料版や無料トライアルなどを提供しているところもありますので、自分に合った検証ソフトを探し出すためにも、いろいろと試してみるとよいでしょう。
　本付録では、システムトレード初心者に対して、バックテストがど

検証ソフト「KENSHIRO-225」の無料トライアル
（2013年4月現在）

　「KENSHIRO-225」は、日経225先物市場でのシステムトレードの実現を目的に製作された検証ソフトです。パソコンソフトに苦手意識がある方にも簡単に利用してもらえるようデザインに配慮し、できる限り使いやすさにこだわりました。また、WEBアプリケーションなので、パソコンに大きな負担をかけることなく利用できるはずです。

　もちろん、簡単手軽とはいえ、実際のトレードでの使用に十分耐えられるよう、本ソフトにはシステムトレードに不可欠な次の3つのステップが搭載されています。

①過去データで売買ロジックの優位性を確認（検証）
②運用資産での運用シミュレーション（資金管理）
③売買をするときのシグナルチェック（シグナル表示）

　無料トライアルのご利用にあたっては、まず下記URLからお申込みください。

　http://www.reed-jp.com/kenshiro-try/

　自動返信メールにて、無料トライアル専用のID、パスワード、ログインページのURLなどが送られてきますので、これらを使ってログインをしてください。なお、無料トライアルのご利用にあたっては、必ず次の免責事項に目を通していただきますよう、お願いいたします。

【免責事項】
※URLは予告なしで変更および削除する場合があります。
※本ソフトに関するお問い合わせはメールにて承っております。
　support@reed-jp.com
※品質向上のため、本ソフトのデザイン・仕様を予告なしで変更する場合があります。
※本ソフトをご利用いただいた結果生じた損益などについて、一切の責任を負いません。ご利用はご自身の責任でお願いします。
※データの正確性には万全を期しておりますが、その正確性を保証するものではありません。

　無料トライアルは、短期検証・検証結果一覧・月間成績一覧・年間成績一覧、資金管理、サイン表示機能など、正規版のベーシック会員機能をすべて期間限定でご利用いただけます。利用期間については、上記お申込みページをご確認ください。

のようなものか具体的にイメージしていただくため、私が考案・開発した日経225先物トレード専用検証ソフト「KENSHIRO-225」を例に、検証ソフトによるバックテスト作業について説明させていただきます。

なお「KENSHIRO-225」無料トライアル（お試し）期間を設定しましたので、利用申し込みに関しては別掲のコラムをご参照ください。実際にソフトを動かしながら本説明の内容を確認することで、さらにバックテストへの理解を深めてもらえれば幸いです。

バックテストの手順

ログインをするとまず「資金管理」画面が出てきます。こちらはシステムを登録していないデフォルトの状態では、すべて空欄になっています。

では「短期検証」画面を開いてみましょう。画面上部の「短期検証」タブをクリックすると、「新規作成」ボタンがありますので、そこをクリックして検証画面を表示してください（図A.5）。

画面左半分に条件入力の項目がありますので、先ほど紹介した順張りルールを参考に入力してみましょう。

＜順張りルール＞
●次の条件を満たした場合、本日の大引けに成行で買う。
　・当日終値が過去17日間の最大高値を超える。
　・当日のローソク足が陽線である。
●翌日の寄り付きに成行で売る。

システム名には任意の文字を入力します。ここでは仮に「順張り17」としましょう。

次に、シミュレーション対象の項目は「日経225mini」を選択しま

図A.5 短期検証タブ

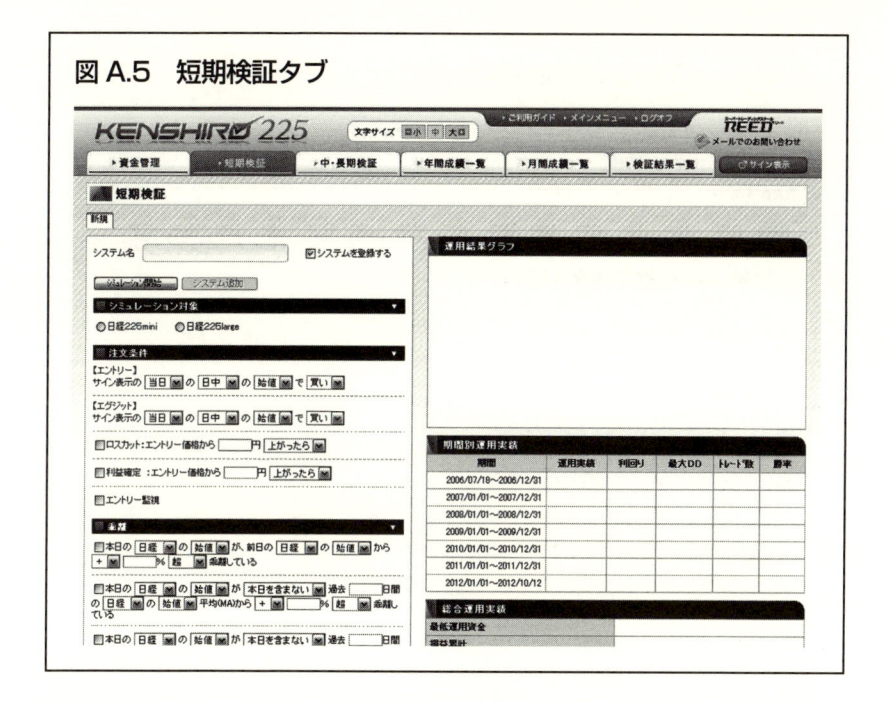

す(トライアルでは日経225ラージは選択できません)。

注文条件の項目で、エントリー条件に「サイン表示の当日の日中の終値で買い」を選択し、エグジット条件に「サイン表示の翌日の日中の始値で売り」を選択してください。

最大高値、最小安値の項目で、最初の文字列の前にあるチェックボックスにチェックを入れ、「本日の日経の終値が、過去17日間の日経の最大高値超である」と入力します。

さらに、ローソク足の項目では「本日の日経のローソク足が陽線である」と入力します。

ここまで設定が完了したら、システム名の下にある「シミュレーション開始」ボタンをクリックしてみてください。

検証している間は「通信中…」のメッセージが表示されます。検証が完了したら、画面右半分に結果が表示されます。

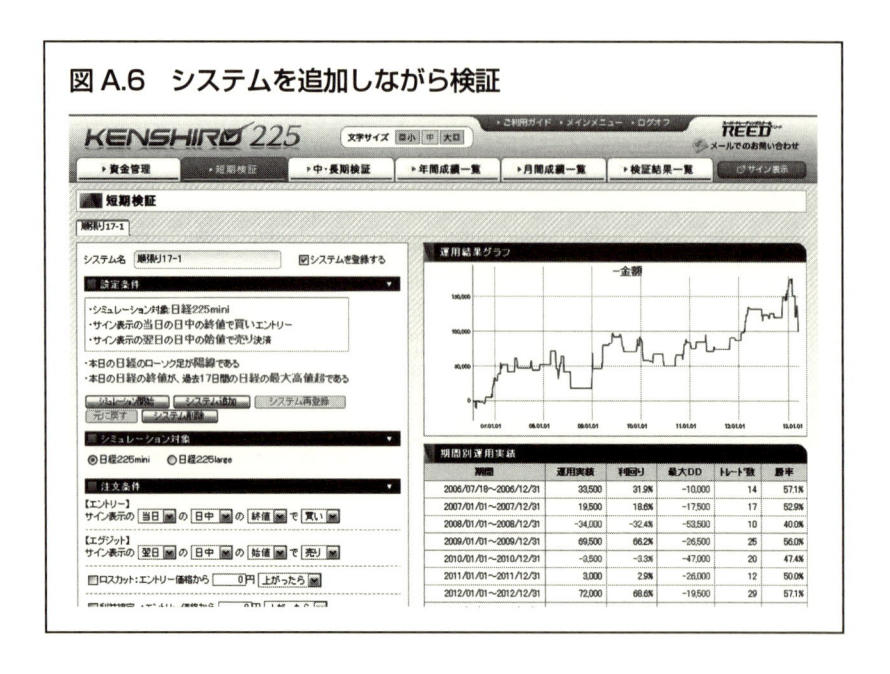

図A.6 システムを追加しながら検証

　「システム追加」ボタンをクリックすれば、この順張りルールの登録が完了となります。
　この売買ルールでより良い結果を出すために、条件を一部修正したり、追加したりしてみましょう。「順張り17」タブ内にある「システム追加」ボタンをクリックしてみてください。「順張り17-1」というタブが追加保存されます。このタブを開けて、条件を修正・追加することが可能です。
　なお、バックテストでは「たまたま」良い結果が出ている場合もあります。売買ルールの堅牢性を確かめるため、条件の値の前後も検証して、結果に極端な差異がないか比較するようにしましょう。例えば「過去17日間の最大高値」であれば、15日間や16日間、あるいは18日間や19日間といったように、前後の値の場合も確認するのです。
　先ほど追加した「順張り17-1」タブ上でシステム名を「順張り15」に変更します。最大高値、最小安値の項目にある「過去17日間の最大

図A.7　検証結果一覧画面

年／条件	平均	順張り17	順張り15	順張り16	順張り18	順張り19
2006年	30,100	33,500	25,000	25,000	33,500	33,500
2007年	17,900	19,500	19,500	19,500	19,500	11,500
2008年	−35,600	−34,000	−66,000	−61,000	−8,500	−8,500
2009年	69,100	69,500	71,500	69,500	69,500	65,500
2010年	500	−3,500	2,500	2,500	−3,500	4,500
2011年	1,700	3,000	−2,000	−2,000	3,000	6,500
2012合計	33,400	33,000	35,000	33,000	33,000	33,000
損益合計	117,100	121,000	85,500	86,500	146,500	146,000
年平均損益	18,754	19,379	13,694	13,854	23,453	23,383
年平均損益(直近5年)	14,200	14,300	8,900	9,100	19,400	19,300
月平均損益	1,563	1,615	1,141	1,154	1,955	1,949
最大ドローダウン	−61,700	−53,500	−85,500	−80,500	−47,000	−42,000
1トレード最大リスク	−25,200	−24,000	−27,000	−27,000	−24,000	−24,000
1トレード最大プロフィット	34,000	34,000	34,000	34,000	34,000	34,000
プロフィットファクター	1.32	1.34	1.21	1.22	1.44	1.46
勝率	50.8%	51.2%	50.4%	50.4%	52.2%	52.3%
総トレード数	119	118	126	122	116	112
年平均トレード数	19.0	18.9	20.2	19.5	18.5	17.9
月平均トレード数	1.6	1.6	1.7	1.6	1.5	1.5

高値」を「過去15日間の最大高値」に変更し「シミュレーション開始」ボタンをクリックします。バックテストが完了したら「システム再登録」ボタンをクリックし、上書き保存をします。

　同じ要領で「過去16日間の最大高値」「過去18日間の最大高値」「過去19日間の最大高値」も追加し、検証してみましょう（**図A.6**）。

　上部にある「年間成績一覧」「月間成績一覧」「検証結果一覧」タブをクリックすると、各ルールのバックテスト結果が一覧表示されます（**図A.7**）。

　それぞれの結果に大きな違いがあれば、たまたま良い結果が出ているだけの可能性が高いといえるでしょう。

　不要となったシステムは、該当するシステムのチェックボックスにチェックを入れ、画面左下の「削除」ボタンをクリックすれば、削除されます。

検証ソフトを使った資金管理

　それでは次に、複数の売買ルールを同時に稼働させた場合、どのようなバックテスト結果を得られるか試してみましょう。先ほど紹介した逆張りルールと順張りルールを組み合わせた売買システムを検証してみます。

　ここまでの作業で順張りルールの登録は済んでいると思いますので、同じ要領で先ほど紹介した逆張りルールを短期検証画面で登録してみてください。検証画面で登録が完了したら「資金管理」画面に戻ってください（**図A.8**）。

　まず「全体リスク設定」に数値を入力します。これは、もし過去の最大下げ幅と同じくらいの損失が出た場合、その損失は運用資産の何％にするのかの設定です。

　つまり運用資産の許容損失リスクのことです。運用資産が100万円の場合、許容損失リスクが20万円であれば、全体リスクの設定は20％となります。

　全体リスクは、過去の最大ドローダウン値をもとに設定します。ただし最大ドローダウン値は更新される場合も当然ありますので、ある程度余裕をもって設定しましょう。

　次に「手数料」と「必要証拠金」に金額を入力します。当然ながら、手数料体系は各取引会社によって異なっており、入力しなくても（「0」のままでも）設定可能です。また、必要証拠金は相場の状況によって変化します。必要最低証拠金額が過去に比べて低い水準にある場合は、少し高めに設定しておきましょう。

　最後に、各ルールの1トレードの枚数を設定します。枚数を入力し、「更新」ボタンを押すと、「最低運用資金」「余裕資金」「合計運用資金」が自動で算出されます。「合計運用資金」が運用資産の金額近くになるまで枚数を調整してみてください。

図 A.8　資金管理画面

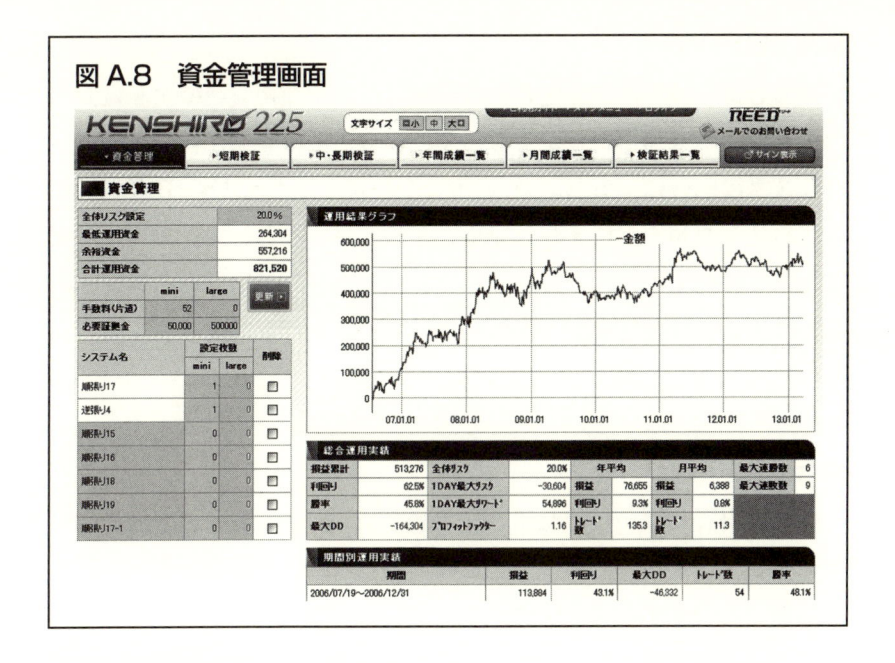

● 最低運用資金

　設定したシステムで仕掛けるとき、現在の必要証拠金額を基に計算された実質的資金額に、そのシステムのバックテストから想定される最大ドローダウンの額を足した金額です。

　例えば、先ほど登録した順張り17ルールと逆張りルールをそれぞれ日経225mini先物1枚で設定したとします（手数料は52円、必要証拠金は5万円で設定）。2013年3月27日時点では、最大ドローダウンが−16万4304円ですので、これに各ルール1枚運用ということで mini の必要証拠金5万円×2枚＝10万円を足した金額26万4304円（＝16万4304円＋10万円）が最低運用資金額となります。

　仕掛けたあとにドローダウンが生じても破産しないためのぎりぎりの運用資金額ですが、ドローダウンはあくまでも過去の推定額であるため、ドローダウン更新時にはポジションを維持できなくなる可能性もあります。

●合計運用資金

　入力した全体リスク設定の割合から計算した運用資金です。最大ドローダウンまで運用資金が落ち込んだ場合、その金額が自分で設定したリスクの割合になるための、運用資金額が算出されます。資金の〇％の落ち込みを想定内に入れた運用資金額ということです。

　先ほどの例でいえば、最大ドローダウンの16万4304円を運用資金の20％にすると、運用資金×20％＝最大ドローダウンとなりますので、運用資金は82万1520円（＝16万4304円÷20％）となります。

●余裕資金

　合計運用資金額から最低運用資金額を差し引いたものです。最大ドローダウン規模の落ち込みを想定内とするには、最低運用資金にいくら追加した資金が必要か確認するための表示です。

　枚数の設定が終わったら、画面右の運用実績を確認し、実際に運用を続けられるシステムかどうかの最終確認をします。

　ポイントは損失リスクに注目することです。バックテストの結果をみるとき、多くの投資家が収益のほうに注目しがちです。しかし、最も重要なことは、損失やドローダウンに本当に耐えられるかどうかです。

　私の経験では、数字をざっとみるだけでトレードを始めてしまった方は、実際にドローダウンを更新するまで損失がかさむと、必ず動揺して、システムを見直そうとします。

　バックテストの損失リスクに関する評価値をひとつひとつ確認しましょう。本当にそうなっても資金的にも心理的にも大丈夫か、深くイメージすることが重要です。

　例えば「1DAY最大リスク」が5万円であれば、実際に1回のトレードで5万円以上負けても動揺しないかイメージします。「最大連敗数」

が9であれば、実際に9連敗してしまっても耐えられるかイメージするのです。もし、どれかひとつでも不安を感じた場合は、資金管理またはシステムを見直します。

● 運用結果グラフ

　設定したシステムでの損益累計をグラフ化したものです。過去のドローダウンがどれくらいの頻度で起きていたか、どれくらいの期間続いたかなど、ざっくりとした結果を確認できます。グラフ上にマウスを置くことで、日付およびその時点での損益累計金額を確認でき、左クリックしながら期間を選択することで、その期間を拡大表示することができます。

● 損益累計

　運用期間中の損益の累計です。

● 利回り

　運用資産に対して何％の利益が上がったかを示します。損益累計額を合計運用資金額で割った数値です。

● 勝率

　損益ゼロ（手数料は省く）となったトレード以外の全トレード数（勝ちトレードと負けトレードの合計数）に対し、勝ちトレードが何％あったかの数値です。

● 最大ドローダウン（DD）

　損益累計額のピークから最大どれだけの落ち込みがあったかの「引かされ幅」をドローダウンと呼びます。最大ドローダウンとはバックテスト期間内で一番大きなドローダウンのことです。

私は、最大ドローダウンを最も注目すべき、そして常に意識すべき数値と考えています。ただし、最大ドローダウンそのものは、あくまで過去データによる目安にすぎません。更新される可能性もあります。

　したがって私は、最大ドローダウン×1.5〜2倍までは"想定内"とし、それくらいの損失がかさんでも大丈夫かイメージすることをおすすめしています。心理的にも資金的にも許容範囲に収まらなければ、収まるまで枚数の設定を減らして調整します。

●全体リスク

　設定した全体リスクの値が反映されます。

●1DAY最大リスク

　設定したシステム全体で、1日に想定される損失額のうち、最大の数値が表示されます。この数値を常に意識することによって、ボラティリティの大きな相場状況でも、損失による精神的ストレスを軽減させることができます。この数値が精神的許容範囲に収まらなければ、枚数の設定を減らし、調整する必要があります。

●1DAY最大リワード

　設定したシステム全体で、1日に想定される利益額のうち、最大の数値が表示されます。この数値はあくまでも目安とし、リスクとは逆に意識しないように努めるとよいでしょう。

●プロフィットファクター

　バックテスト期間内の総利益を総損失で割ったものです。利益が損失に対して何倍かを表します。この数値が高いほど、損小利大ということになります。

●平均損益（年、月）

　それぞれの期間ごとの損益の平均値です。現在の損益が平均値よりも高いのか低いのかを知る目安となります。

●平均利回り（年、月）

　それぞれの期間ごとの利回りの平均値です。現在の利回りが平均値よりも高いのか低いのかを知る目安となります。

●平均トレード数（年、月）

　それぞれの期間ごとのトレード回数の平均値です。トレード数が自分に合っているかイメージする目安となります。

　もし合っていないと、心理的ストレスの原因となります。例えば、トレード回数は多いほうが自分の好みなのに、少ないシステムを選んでしまえば、イライラする可能性が高いといえます。

●最大連勝数

　過去に連続して勝った数です。特に意識する数値ではありません。

●最大連敗数

　過去に連続して負けた数です。こちらは注目すべき数値です。負けが連続すると、かなりの精神的ダメージを受けがちです。「このシステムではもう勝てないのではないか？」「これだけ負けるなんて何かおかしい」とルールどおりに運用できなくなる危険があります。よくイメージしておく必要があります。

●年間運用実績

　1年ごとの運用実績です。

参考文献

- クリス岡崎『一瞬で夢がかなう！「人生のシナリオ」を書き換える法』（三笠書房）
- ピーター・セージ『自分を超える法』（ダイヤモンド社）
- バン・K・タープ『新版 魔術師たちの心理学』（パンローリング）
- バン・K・タープ『魔術師たちの投資術』（パンローリング）
- バン・K・タープ『タープ博士のトレード学校 ポジションサイジング入門』（パンローリング）
- 田渕直也『図解でわかる ランダムウォーク＆行動ファイナンス理論のすべて』（日本実業出版社）
- 米国NLP協会認定マスタープラクティショナーテキスト

<索引>

英数字

5W2H……71
CBOT……306
CME……306
CPR……160
CTA……292
NLP……5, 56
NLPトレーダーコーチング……8
TOTEモデル……62

あ

愛（欲求）……80
アウトライト……340
悪癖……244
アソシエイト……229
アンカー……220
アンカリング……221
安全と自信（欲求）……79
安定と快適（欲求）……79

い

意思決定要因……50
イメージ……150
インプット……60

え

エグジット……61
エッジ……21

お

オーバーフィッティング……54
オペレート……61
思い込み（欲求）……79

か

カーブフィッティング……127
外的要因……54
過剰最適化……54
過信（欲求）……79
価値観……94
過保護（欲求）……79
空売り……16
環境（ニューロロジカルレベル）……97
感情……215
感情欲求……75

き

キーワード……269
期待値……155
気づき……61
逆張り……46
ギャンブラーの誤謬……39
許容損失リスク……54, 161, 164

け

元気が出る問いかけ……264
顕在意識……69

こ

貢献（欲求）……81
高速取引……343
行動……215
行動（ニューロロジカルレベル）……97
高頻度取引……343
傲慢（欲求）……80
五感……211

孤独（欲求）……80
コロケーション……343

さ
最長回復期間……166
裁量トレード……52
魚をもらう……21
サブモダリティ……215, 237
サヤ取り（スプレッド）……337
三位一体のトレード戦略……51

し
視覚……59
しきたり（欲求）……80
事業計画……258
資金管理……154
自己管理要因……50
自己認識（ニューロロジカルレベル）
……98
資産曲線……164
システムトレード……45, 52, 394
支配（欲求）……80
自分で満たしている（欲求）……80
重要感（欲求）……80
終了後の効果的な問いかけ……267
順張り……46
少数の法則……40
信念……45, 68, 94
信念と価値観（ニューロロジカルレベル）
……98
心配（欲求）……79
信用取引……16
信用評価損益率……16
心理的フィルター……212
心理的要因……50

す
スキャルプ……337

せ
成功哲学……5
成功モデル……5
成長（欲求）……81
正当化……41
セリングクライマックス……16
潜在意識……69
戦略とスキル（ニューロロジカルレベル）
……98

そ
損益比率……43
損失回避性……28
損小利大……30
損大利小……30

た
タートルズ……305
体感覚……59
大数の法則……41, 55
達成感（欲求）……79
他人から満たされている（欲求）……80
他人排除（欲求）……80
単純化
　一般化……213
　省略……212
　歪曲……213

ち
知覚のポジショニング……229
知覚のポジション……229
チャンクアップ……72
チャンクダウン……72

中和のアンカー……225
聴覚……59

つ
繋がり（欲求）……80

て
ディズニーストラテジー……232
テスト……61
デソシエイト……231

と
動機……68
ドローダウン……164

な
何もしない（欲求）……79

に
二次利得……244
ニューロロジカルレベル……96
人間の変化の構造モデル……214

ね
ネガティブアンカー……221
ネガティブな満たし方（欲求）……78

は
売買アイデア……397
売買ポートフォリオ……46
売買ルール……396
バックテスト……42
バルテックス市場……344

ひ
ビジョンボード……263

ふ
不安（欲求）……79
フィジオロジー……130
フォーカス……130
プロスペクト理論……28
プロップハウス……336
プロフィットファクター……162

へ
ベーシスポイント……294
ヘッジ売り……16
ヘッジャー……292
偏見……250

ほ
冒険とバラエティ（欲求）……79
ポジションサイズ……159
ポジティブアンカー……221
ポジティブな満たし方（欲求）……78
ポジティブリフレーミング……247
本音……71

ま
マイルストーン……261
マネージドアカウント……333

む
無意識の自問……185
無価値観（欲求）……79
無力感（欲求）……79

め
迷信（欲求）……80
メンター……24
メンタルトレーニング……4

も
目的志向性……149
モデリング……58
問題解決のための問いかけ……267

ゆ
優位性……21

ら
ランゲージ……130

り
リスク管理……155
リスク倍数……162
リスクリターン……162
理想形……146
理想像……6, 60
リフレーミング……245
利回り……421

ろ
ローカルズ……337
ロスカット……2

【著者紹介】
村居孝美（むらい・たかよし）

1966年生まれ。NLP（神経言語プログラミング）を応用したスーパートレーダーのモデリング法「NLPトレーダーコーチング」の開発者および現役システムトレーダー。2006年に「エクセレントホース株式会社」を立ち上げ「スーパートレーディングスクールREED」を開校する。受講生の中にはマイナスから利回り200％へと大逆転を遂げた人も。2012年には、一般社団法人「日本トレーダーコーチング協会」を設立。日本の個人投資家に高水準のスキルを提供できるコーチを育成し、執筆、講演、セミナー等の活動を行う。また、プロレベルの機能を簡単に操作できる日経225先物トレード専用の検証ソフト「KENSHIRO-225」の開発者でもある。

NPO法人日本テクニカルアナリスト協会認定テクニカルアナリスト（CMTA）
米国NLP協会認定マスタープラクティショナー
一般財団法人 日本ライフセラピスト財団認定コーチ

スーパートレーディングスクール REED
http://www.reed-jp.com/

2013年 6 月 3 日 初版第 1 刷発行

現代の錬金術師シリーズ⑯

トレードの成功哲学
──NLPでネガティブな無意識の欲求がポジティブに変わる

著　者	村居孝美
発行者	後藤康徳
発行所	パンローリング株式会社
	〒160-0023　東京都新宿区西新宿7-9-18-6F
	TEL 03-5386-7391　FAX 03-5386-7393
	http://www.panrolling.com/
	E-mail　info@panrolling.com
編集・組版	敬静社合同会社
装　丁	水田智子
印刷・製本	株式会社シナノ

ISBN978-4-7759-9124-4

落丁・乱丁本はお取り替えします。
また、本書の全部、または一部を複写・複製・転載、および磁気・光記録媒体に入力することなどは、著作権法上の例外を除き禁じられています。

©Takayoshi Murai 2013 Printed in Japan

【免責事項】
本書で紹介している方法や技術、指標が利益を生む、あるいは損失につながることはないと仮定してはなりません。過去の結果は必ずしも将来の結果を示すものではなく、本書の実例は教育的な目的のみで用いられるものです。